ブレット・カー

Tea with WINNICOTT
Brett Kahr

ウィニコットとの対話

妙木浩之
津野千文　訳

人文書院

Tea with WINNICOTT

リサとマーセルへ
私のもっとも好きな生前の二人の登場人物に
深い愛をこめて

「…たとえば、コンサートや劇場、あるいは友情において
手に入れられるようなおおいに満足のいく体験。」
ドナルド・ウッド・ウィニコット、「一人でいられる能力」
（国際精神分析ジャーナル、一九五八年）[1]

（訳注1）『情緒発達の精神分析理論』（牛島定信 訳、岩崎学術出版社、一九七七年、二九頁に邦訳がある。）

代表的分析家とのインタビュー

この新しいシリーズである「亡くなった代表的分析家とのインタビュー[1]」において、私たちは、もっとも有名な精神分析家の方々を死後の世界から呼び戻し、そのみなさんをお招きして、人生や仕事について率直で委曲を尽くした対談を行なってきました。

ドナルド・ウィニコット氏は、ロンドンのチェスター・スクエアにあった診察室に戻って来て、自分の幼少時代のことや、訓練のこと、パディントン・グリーン小児病院での仕事や、患者さんたちとの専門的な体験、そしてあの死の朝のことさえも思い出しながら語ってくれます。さらに、ウィニコット氏は、発達心理学や臨床上の実践においてなされた数多くの貢献について広範囲にわたり、その概観を読者のみなさんに語ってくれるのです。

ジークムント・フロイト氏は、ウィーンにある有名なカフェであるラントマンを再び訪れます。そこは、フロイト氏が、新聞を読んだり、コーヒーを飲んだりして、よく楽しいひとときを過ごした場所でした。フロイト氏は、どのようにして精神分析を開発していったのか説明してくれますし、カール・グスタフ・ユング氏に裏切られたときの気持ちについても遠慮なく話してくれます。さらに、ナチスからの脱出のことや、それ以外のたくさんのことを順序立てて述べてくれますし、その間ずっと症状形成論や精神性的発達論についても説明してくれます。

ジョン・ボウルビィ氏は、英国の田舎をめぐりながら、私たちをライチョウ狩り（これは、ボウルビィ氏のお気に入りで、週末はこれに熱中しました）に連れて行ってくれます。その一方で、精神病の本当の起源を理解することができなかったかどで、ボウルビィ氏は同僚たちを非難するのです。

メラニー・クライン女史は、私たちにお気に入りの料理のレシピを教えてくれます。その一方で、患者さんたちと話をする技について話し合います。

このように、今は亡き代表的分析家とのインタビュー（美しく書かれていて、簡潔に組み立てられており、また、充分に歴史的な正確さを持ち、今まで公にされてこなかった古文書の宝石でぎっしり詰まっています）は、学生たちや資格のある専門家の人たちの両方に、等しく心理学の理論と実践における上級セミナーを提供してくれることでしょう。また、これらのインタビューは、持ち運びができて、手ごろな値段の、そしてさらにイラストがふんだんに挿入された一冊の本のなかに心地よく収められているのです。

（訳注1）本書はあくまで想定問答のかたちではあるが、亡くなった有名な分析家との対話のかたちをとったシリーズの一冊。他にフロイトやボウルビィなどがその対話相手になっている。またイラスト付きのシリーズなのだが、紙面の都合で本文のみのかたちで翻訳した。興味のある方は原著を参照していただきたい。

目次

著者について　8
はしがき　10
登場人物　10

インタビュー
1杯目　ウィニコット先生の復活　14
2杯目　独立独行の人になる　34
3杯目　平凡な一人の医者　67
4杯目　ストレイチーの寝椅子の上で　85
5杯目　クライン女史と「半クライン派」　101
6杯目　戦争の足音　124

7杯目　憎しみに耐える　164
8杯目　ウィニコット学集中講座　195
9杯目　診察室のなかでの白熱状態　236
10杯目　精神分析の巨匠　261
終わりに――どのようにしてウィニコットに会ったのか　285

評伝　293
謝辞　358
訳者あとがき　364
推薦図書　382
文献　402
索引　414

著者について[1]

ブレット・カー（著者）は、三五年以上にわたり、精神保健の専門家として働いてきた。彼は、ロンドンにあるタヴィストック医学・心理学研究所の、夫婦関係のためのタヴィストック・センターの上級特別研究員であるとともに、ボウルビィ・センターの心理学顧問である。ウィニコットに関する彼の最初の本は、一九九七年にグラディーヴァ伝記部門賞を獲得した。彼の近刊書のタイトルは、『ウィニコットのAnni Horribiles：「逆転移のなかの憎しみ」の創造　ウィニコット著名論文の歴史的研究』である。カルナック・ブックスから出版されている『精神分析の歴史シリーズ』の共同編集者であるカーは、ロンドンにあるフロイト博物館の評議員でもある。彼は、北ロンドンのハムステッドにおいて個人と夫婦のために独自の取り組みを続けている。

代表的な著作

『D・W・ウィニコット：伝記から知る肖像』（一九九六年）
『司法的精神療法と精神病理：ウィニコット的視点』編集（二〇〇一年）
『露出症』（二〇〇一年）
『ウィニコットの遺産』幼児と児童の精神保健についての（二〇〇二年）
『性とこころ』（二〇〇七年）

『頭の中に誰が眠っているのか：性的空想の秘密の世界』（二〇〇八年）
『フロイトの人生の教え』（二〇一三年）

（訳注1）イラストは邦訳では割愛したが、Alison Bechdel 氏によるイラストが挿入されていた。

はしがき

ドナルド・ウィニコット先生がお亡くなりになってから、四五年近くが過ぎましたが、私は、先生にお会いして、いっしょにお茶を飲むというすばらしい特権をいただきました。

私がとてもうれしかったのは、ウィニコット先生がご自身の人生や仕事についてインタビューを受けることを承諾してくださったことです。私たちは、何時間ものあいだ話し続けました。

私は、私たちの会話の記録を原文のまま、ウィニコット先生のかつての秘書だったジョイス・コールズさんがタイプしたものを、このようなかたちで発表します。私は、心理学や心理療法、および精神分析を学んでいる学生のみなさんが、さらには、赤ちゃんや、子ども、若者、そして大人のケアや発達に関心のある方々が、この会話の記録に興味をもたれることを望んでいます。

ウィニコット：ドナルド・ウッド・ウィニコット先生。医師、小児精神科医、精神分析家、著作家、アナウンサー、理論家（一九七一年一月二五日逝去）
コールズ：ジョイス・コールズさん。一九四八年から一九七一年までウィニコット先生の秘書をつとめる。（一九九七年一月一日逝去）
カー：ブレット・カー。聞き手。（まだ存命中）

時：現在
場所：ロンドンＳＷ１、ベルグレイヴィア、チェスター・スクエア、八七番地

インタビュー

「私は、ティーバッグが浸かったままのお茶をけっして忘れないでしょう。それは、私に魔法のような体験を授けてくれたのです。魔法、はじめはそうでした。でも、それはとてもリアルでユニークなものに変わっていったのです。」

コリン・ジェームズ博士の、クレア・ウィニコット夫人に宛てた一九七一年一月二六日付けの手紙。ドナルド・ウィニコット先生とのスーパーヴィジョンについて書かれている（ジェームズ、一九七一年）。

1杯目 *cup1*
ウィニコット先生の復活

カー　コールズさん、私のために、この出会いを準備してくださり、どうお礼を申し上げたらよいか…。ご承知のとおり、私は常々、ウィニコット先生と話がしたいなあと思っていたんですよ。
コールズ　うまくいって、私もとてもうれしいです。
カー　思うに、あなたはたいへんなご苦労をなさったはずです。
コールズ　いいえ、ちっともそんなことありませんわ。
カー　でも、たしかに…故人とのインタビューですものね？
コールズ　たしかに、このような故人とのインタビューすべてが順調に行なわれるというわけではありません。こうやって、すべてにわたって許可をいただけるように手配しなければならないんですから、その相手の方の…。
カー　ああ、なるほど。
コールズ　でも、ウィニコット先生は、故人とのインタビューの申し出のおおかたを断られるんです。
カー　だれかほかの人たちによって、すでに依頼されたことがあるということでしょうか？

コールズ　ええ、そうなんですよ。似たような招待状を二〜三通、毎週のように受け取らなければならない状況なんです。たいていはアメリカ人からですが。でも、私が、ウィニコット先生に、「カー氏は先生の伝記をすでに書いておられます」と説明したら、先生は、「もし私にその準備ができるならば、今回だけ人前で話をしてもかまわないよ」と言ってくださったんです。

カー　コールズさん、あなたには本当に感謝します。私は、このインタビューが、ウィニコット先生の仕事について学んでいるおおぜいの学生たちの役に立つことを心から望んでいるんです。学生たちもウィニコット先生の「生の」声が聞ける、このような機会にめぐりあえて感謝すると思います。とくに、私たちみたいに、先生に一度も会ったことがなく、今回が初めての者にとってはね。

コールズ　ここだけのお話なんですが、ウィニコット先生は、こうやってお茶を飲むことにも同意なさっていると思います。あら、私、あなたに、「今回のことはインタビューというよりもお茶を飲みながらおしゃべりするというふうにしたい」と先生からお願いされたことを話したかしら？

カー　それは、まったくかまいませんよ。

コールズ　ウィニコット先生も、おしゃべりすることはある程度同意されていると思います。先生は、亡くなってからのご自身の評判が、あの不愉快なできごとのために、かなりの打撃を与えられたことを知っていらっしゃるからです。

カー　マシュード・カーンのことですか？[1]

コールズ　ええ、そのとおりですわ。

カー　なるほど。

コールズ　それに、ウィニコット先生は、誤解を解きたいのだと思います。

カー　あの～、私はですね、この故人のインタビューが、ちょっと失礼、このお茶をいただきますね、ウィニコット先生の人生や仕事、あるいは遺されたものについて、先生が思われていることはなんでも私たちにおっしゃっていただいてかまわない、そういう機会になればよいと思っているんです。数ある話題のなかでも、マシュード・カーンのことについては、たしかに先生におたずねする予定でしたし。

コールズ　それで十分満足だと思います。それに、私はここで、あなたのような紳士ならお手伝いできると思っています。

カー　あなたは十分、手伝ってくれていますよ。

コールズ　ウィニコット先生は、私に記録をすべてタイプで打ってほしいと頼まれました。なにしろ、先生は、私のタイプを信頼しきっていらっしゃるんですもの。それにしても、いわゆる「代理店」からやって来た若い女の子たちときたら…、まあ、あの子たち、タイプなんてからきしだめなんですからね！

カー　私たちの対話の原稿をあなたに準備していただけるなんて、とても光栄ですよ。あなたはとても心が広くていらっしゃる。始める前に、ウィニコット先生について、その、今の体調について、なにか私が特に知っておかなければならないことはありますか。あれば、教えてください。先生はとてもお疲れになりやすいのでしょうか？　いまだに心臓が痛むのでしょうか？

コールズ　「故人」であることの利点の一つは、身体が生前とまったく同じようには感じないってことなんです。ですから、先生はその点においてはまず心配はないはずです。ウィニコット先生、あの方はいまでも熱心に仕事をしていらっしゃるんです。まだ執筆を続けていらっしゃいますのよ。

カー　本当ですか？

コールズ　「『あの方は、いまでは故ドナルド・ウッド・ウィニコット先生ですからね、もうお話することはあまりないでしょう』などと、コールズさんが言うなんてありえない」って、先生はおっしゃるでしょうよ。

カー　先生はいま、何を執筆中なんですか？

コールズ　たしか、新しい本だったと思います。永久に続く下書きですわ、いつものことですが。

カー　何についての？

コールズ　そうですね、私たちはなんていう本にするか、いろいろと考えていましたが、今のところ、先生が気に入っていらっしゃる題名は、『死をとおして、いかに生きるべきか』ですね。

カー　いいタイトルですね。先生の未刊の自叙伝からの見事な名言の引用です。例の「おお神よ！　死してこそ、なおも生きられるとは」ですよ。

コールズ　ええ、それですわ。でも、正直申し上げますと、出版社を探すのがとてもむずかしいと思いますの。

カー　先生の最近の著作について、私がうかがってもかまわないでしょうか？

コールズ　ええ、お願いしますわ。ウィニコット先生は、ご自分が書いたものについて話すのが大好きでなんです。先生は今でも、えー、個人的な研究会で同僚の方たちと会っていらっしゃるんです。そして、みなさん、昔のように、事例の素材を共有しあっているんですよ。

カー　本当ですか？

コールズ　さきほども申し上げましたが、先生は今でも、非常に多くのことをなさっているんです。みなさんに伝えなければいけない知識をたくさんお持ちなんです。申し上げるまでもなく、上の階にはおおぜいのお母さんと赤ちゃんがおりますしね。それでですね…。

カー　それは驚きだ！
コールズ　ねぇ、ほら、先生がやっていらっしゃるのが聞こえますでしょう。私、そろそろタイプライターの準備をしておかないとですわ。
カー　ああ、でもまだここにいて、私のことを紹介してくださいませんか。実を言うと、私、少し緊張しているんです。なんせ、故人とのインタビューは初めてなもので。
コールズ　もちろんですわ。読者のみなさんもきっとこの面接にちょっとはらはらしますよ。でも、あなたは生きておられるのに対し、私たちはすでに死んでいることなんて、すぐにお忘れになりますことよ。

［ちょうどこの時、ドナルド・ウッド・ウィニコット先生が、手書きの書類の束を持って、姿を現わす。］

ウィニコット　やあ、コールズさん。
コールズ　こんにちは、ウィニコット先生。その書類を受け取りましょうか？
ウィニコット　ああ。これが役に立つかどうかわからないんだが、ちょっとした走り書きなんだ。パディントン・グリーンの昔の事例の記録だよ。六歳の幼い男の子だ。今、思い出したよ。二九章のどこかにこの事例があてはまるのではないか、検討してみようと思ったんだよ。
コールズ　わかりました。先生、この原稿について確認したいのですが。
ウィニコット　ああ、万が一きみが話せない場合のためにだね、ここの単語は…
コールズ　「交流しない incommunicado」ということですね。
ウィニコット　そうだね、「交流しない」ということで。

コールズ　ウィニコット先生、先生の字は、今でもとてもきれいですわ。

ウィニコット　いや、ちょうどその時、ペンがうまい具合に動いただけですよ。それから、思うに…。

コールズ　ウィニコット先生、私、先生にご紹介したい…。

ウィニコット　ああ、そうだった。あなたはお茶を飲みに来たんでしたね。

カー　ウィニコット先生、先生にお会いできてとても光栄です。

ウィニコット　いやいや、ナンセンスですよ。こっちも楽しみにしているんですから。コールズさんから話は聞いていますよ、あなたがすでに私について非常に多くのことを知っているとね。

カー　私は長年、先生の人生や仕事について研究する恩恵をこうむってきたのです。

ウィニコット　そうでしたか。すばらしいですね。それに、コールズさんが、私が以前贈った手書きのクリスマス・カードの山を全部、あなたに渡したと言ってきたんですけど。

コールズ　ええ、歴史家の人がそれを大事にとっておいてくれていると思いますわ。

ウィニコット　いいね！　毎年、手書きのクリスマス・カードを贈るのが楽しみなんです。私は絵を描くのが大好きでしてね。

コールズ　ウィニコット先生、ほかになにかありますかしら。それとも、そろそろお茶の準備をいたしましょうか？

ウィニコット　いいや、今はこれで十分ですよ。コールズさん。

コールズ　わかりましたわ、先生。

［コールズさんは、診察室を出ていく。］

カー　かつて先生ご自身が住んでいらっしゃった家の中に先生をお招きして、お話をするなんて、不思議な気持ちです。
ウィニコット　おやっ、私たちは、チェスター・スクエアにいるのかな?
カー　そうです、八七番地です。
ウィニコット　だが、私にはまったくわかりませんでしたよ。改装されているね。でも、たしかに八七番地ですね。
カー　私がまちがっていなければの話ですが、先生はここにおよそ二〇年間住んでいらっしゃったんですよね。
ウィニコット　そう。そして、ここで死んだんだ、死ぬのにそんなに時間はかかりませんでしたがね。私の記憶では、突然のことだった。トイレに行こうと思って、夜中に起き上がったのを覚えていますよ。それから、次に私が知っているのは…、いやぁ、ぼやくのは、もうよそう。この家に戻って来られるなんて、とても感動的ですよ。
カー　この家の新しい持ち主が、先生のかつての診察室で私たちが話をしたりお茶を飲んだりするのをとても快く許してくれたんです。あの方たちは、今日のために外出してくれています。それに、コールズさんに台所を思う存分使ってもいいと言ってくれたんです。
ウィニコット　ほう、それは本当に寛大な方たちですね。
カー　そうなんです。先生が故人とのインタビューのために天国から帰ってこられるんです、と話したら、あの方たち、とても興味をもたれましてね。ただ、先生の帰りを出迎えてくれていた青い飾り板は、家の正面にありません。でも、持ち主さんたちは、かつて世界でもっとも偉大な心理学者の一人が、自分たちのこの家で暮らしていたという事実がとても気に入っているんですよ。

ウィニコット　とてもありがたいことです。

カー　えーっと、座りましょうか?

ウィニコット　ここはどうでしょう?

カー　かまわないですよ、先生さえよろしければ。

ウィニコット　これはかなり奇妙だな。むこうのあの壁のところに寝椅子があったはずじゃないかな…。それに、ほら、私の椅子があそこのドアのそばにあったはずなんだけど…。うむ、これは本当に奇妙だぞ。

カー　そう思いますね。ウィニコット先生、始める前に、私たちの「お茶会」をテープに録音してもよろしいでしょうか。コールズさんもタイプの準備をするために待機していると思います。

ウィニコット　そうですね、彼女は、私のごっちゃになった話を判読するには最高の人物なんです。まったくかまいませんよ。

カー　ありがとうございます。先生、少しだけお時間をいただけますか、今、このボタンを押しますので…。はい、これでうまく動いていると思います。

ウィニコット　あまり見慣れない録音器ですね。私の時代のは、もっとずっと大きくてかっこ悪かった。こまごましたテープがたくさんついていて、それがよくからまって、もつれたものだよ。

カー　テクノロジーが、かなり進歩しましたからね。

ウィニコット　そうだろうね、まちがいない。たしかに、私たちも最新のニュースを聞くようになったが、あなたもわかっているでしょうが、私にはいつも、それについていくだけの時間がないんですよ。知ってのとおり、私は今でも、「上の階にいる」患者さんたちを診察している。いまだにたくさんの需要があって、それに応えなければならないんです。死んでいるということはだね、みんなが予想するほどそう単純ではないんですよ、少なくとも、心理学的観点からはね。そのこと自体が、非常に特別な不安を掻き立てるんです。

カー　よくわかります。それでは、そろそろ始めてもよろしいかと。

ウィニコット　ちゃんと使えるかどうか、調べてみてもよろしいかな、かつてBBCでやったようにね。

カー　音声のチェックですね、いいですね、よい考えです。

ウィニコット　あっあっ、ウィニコットです。こちらはマイクのテスト中、こちらはマイクのテスト中、あっあっ。

カー　すばらしいです。ちゃんと動いているようですね。えー、それでは、ウィニコット先生、ようこそ。私との対談に同意してくださり、まことにありがとうございます。心から感謝しております。

ウィニコット　まず私はここで、今回のことがBBC放送本部での日々を私に思い出させてくれたってことを言わなければなりません。とても大きなマイクに向かってしゃべったもんです。でも、ここにあるマイクは、かなり見慣れないものだ。私はまだそれに慣れていない。ときに、音声担当の技術者はどこ？　ほら、あのおもしろい若者たちですよ。耳にヘッドホンをつけて、いつもコードがからまないようにチェックしてくれる。

カー　テクノロジーのおかげで、以前よりもかなり簡略化されました。ですから、このような非公式のインタビューでは、技術者は必要ないんです。

ウィニコット　「簡略化された」ですと。ほおー、気に入った。でも「簡略化された」は、私がしょっちゅう耳にしていた言葉ではありませんね。

カー　そうですねぇ、大衆文化も変わりましたから。そこでもし、先生に意味が通じない言葉を私が使うようなことがあれば、どうか横から遮って私に知らせてください。

ウィニコット　ええ、わかりました。それを考えついてくれてありがとう。そのとおりだね、多くのものが変わってしまったんじゃあないかと感じています。それは、あなたの着ているスーツを見れば、すぐにわかりますよ。そのスーツはとてもすてきだね、でも私のとまったく同じやりかたで仕立てられていない。

カー　先生はいつも着こなしがとてもおしゃれだということで、大評判だったんですよ。

ウィニコット　この私が？　本当にこの私がですか？

カー　先生は、ご自分が着られるスーツはすべて、オーダー・メイドだったのではないでしょうか。

ウィニコット　そうじゃなかったら、どうやって服を着ろというのかね？　もちろん、オーダー・メイドですよ。

カー　それでは、先に進みましょうか？

ウィニコット　知ってのとおり、生き返るというのは、かなり不思議な気がするものだよ。だが、私はそれをうれしく思っている。それに、このチェスター・スクエアの古い診察室に戻ってくるとは、どんなに特別なことか。その新しい飾りつけがとても気に入りました。だんだん好きになってきましたよ。でも、私の寝椅子はどこかへ行ってしまった、それにおもちゃもみんな。子どもを分析するときに使ったおもちゃですよ。何が起こったんだろうねぇ。摘んだばかりの花があることだけは確かだけど。私は、この部屋で非常に多くのことを経験してきたんです。いろいろな話…それもかわいそうな話をたくさん聞いたし、そうでしょう。

カー　それにまた先生は、患者さんたちのために多くの安心をはぐくむお手伝いもなさってきたのではないでしょうか。

ウィニコット　ええ、そのとおり、私はたしかにそうしようとしてきました。

カー　先生がお亡くなりになってからというもの、世界中の精神保健の専門家たちは、ますます先生の仕事（先生がなされた仕事のあらゆる面）に関心を示すようになったんです。そこで、先生がお話しなさるのを私たちが聞けるというのは、もうたいへんな喜びになるのではないか、と私は考えたわけです。

ウィニコット　それはどうもありがとう。私がやってきた仕事が、今じゃ、実際によく知られているんだろうか、それとも、みんな、私のことはもう忘れてしまったかなあ？

カー　先生は、いまでは不死になられたのだと言ってもよいと思いますし、さらに、先生のお名前は、今では心理学の分野の偉人であるジークムント・フロイトやカール・グスタフ・ユングの名前と引けを取らないと言っても、おかしくないでしょう。

ウィニコット　ちょっとはずかしいねえ、…でも、ほんのちょっとだけど。それを聞いて、とてもうれしいですよ。

カー　先生にご異存がなければ、先生ご自身の過去のできごとについて話し合うことから始めるのがよいのではないかと思うのですが。一九七一年にお亡くなりになる少し前に、自叙伝を書き始められたのを、私は知っております。

ウィニコット　ああ、そうですとも、そのとおりですとも。ええっと、たしか…、私の記憶が確かならば、『すべてにまさるとも劣らない *Not Less Than Everything*』というタイトルにするつもりだったんだ。最初はうまくいったんだけどなあ、まったくもって終わらなかった。自分の病気やら何やらで、単に時間がなかっただけなんですけど。

カー　そうですね、私は、このインタビューが先生のすばらしい人生を私たちに語っていただけるよい機会になればと思っておりますし、さらに、先生がもし自叙伝を完成させたとするならば、どんなことをお書きになったのか、その一番中心となる事柄をいくつか共有する機会になればよいと思っております。

ウィニコット　ああ、それはいい思いつきですね。

カー　先生の自叙伝が、ふっと私の脳裡に浮かんできました。なぜかと言うと、私は、先生がすてきな文句でその本を書き始められたということを、いまなお残っている未完の遺稿から知っていたからです。先生は、「おお神よ！　死してこそ、なおも生きられるとは」という神への祈りの言葉をお書きになったんですよ。思い出していただけますか。

ウィニコット　おお、そうでしたね。それは私の信条であるはずだし、…おそらくはみんなの信条でもあるはずですよ。死んでこそ生きるということは、とても重要なことです。もちろん、私はもっぱら死を素朴に否定するつもりで言ったのでない。私たちはみんな、死を否定したいと思っている。でも、私はまた、非常に多くの人々が心のなかでまさに死んでいると感じるときこそ、生きていることがたいせつさであることを祝福したかったんでしょう。

カー　先生のなさってきた仕事のすべてが、人間の生きることへ可能性や、創造すること、そして遊び心をもつことの可能性を本当に祝福しているんですね。

ウィニコット　そう、そのとおり。私は、遊ぶのが好きでしてね。

カー　それから、秘書のコールズさんから聞いた話なのですが、先生は今でも執筆しておられるのでしょうか？　さらに、『死をとおして、いかに生きるべきか *How to Be Alive, Through Dead*』に関する本にも取り組んでおられるのでしょうか？

ウィニコット　そう、その本を今、書いているんです。そして、『死をとおして、いかに生きるべきか』は、人類の難問でもある。あなたも知ってのとおり、遊びが助けてくれる。私にとって、遊びとは、生きることの究極的な表現なんですよ。

カー　遊びとその重要性に関する考え方は、心理学の専門家たち全員の心のなかで先生と深く結びついておられます。

ウィニコット　さっきも言ったように、私は遊ぶことが好きでね。すでに、手書きのクリスマス・カードについて話しましたが、あれを描くために、夜ふかししたもんですよ。それが遊びなんです。すでに話したように、私は本当に絵を描くのが好きなんです。

カー　先生のクリスマス・カードは、本当にすばらしいですよ。とても明るくて、とてもカラフルで。

ウィニコット　コールズさんのクリスマス・カードをあなたが全部持っているとは、驚くべきことですね。どうやって彼女と出会ったのか、私に教えてくれませんか。彼女が私のように亡くなる以前に、すでにあなたは彼女のことを知っていたと思うんですけど。

カー　はい、そうです。私は以前、一九九四年にコールズさんにお会いしています。それは、一九九七年の元日に彼女が亡くなる数年前のことですね。アンナ・フロイト・センターの児童精神分析家だったイルミ・エルカン婦人が…。

ウィニコット　エルカンさん、思い出したぞ。彼女ももう…？

カー　はい。エルカン婦人は数年前にお亡くなりになりました。彼女は長生きされましたよ、…実際、九〇歳まで生きられました。

ウィニコット　私はまだ、「上の階で」彼女に会っていないけど。…おわかりでしょうが、非常におおぜいの人たちに会ったんですよ、…文字どおり、何十億人という人たちにね。
カー　ええ、わかります。
ウィニコット　それはそれとして、エルカンさんが、あなたとコールズさんとが連絡を取れるようにしてくれたんですか。彼女たちは、私をつうじて知り合いになったと思うのですが。
カー　はい、そうです。たしかに、エルカン婦人が、私にコールズさんと連絡を取れるようにしてくださいました。それから、私はコールズさんに会いに、西ロンドンのイーリングにあった彼女のアパートに何度もたずねたのです。そして、親切にも、先生といっしょに仕事をしてきた体験の一部始終を私がインタビューすることを承諾してくれたのです。実を言うと、私はコールズさんに恋をしてしまったのです。なんて優しい女性でしょうか。とても親切で、心が広くて、よく気がつきます。まさに彼女のおかげで、私は、思想家としてだけでなく一人の人間としての先生に関心を抱きましたし、先生の伝記を書く気持ちになったのです。
ウィニコット　それはなんともすばらしいことですね。私たちは、あなたが書いた伝記についても話し合わなければなりませんね。なんというタイトルかな？
カー　『D・W・ウィニコット：伝記から知る肖像』です。ややタイトルが端的でしょうか。
ウィニコット　あいまいにならずに、それが一番いいと思いますよ。
カー　先生の生誕一〇〇年だった一九九六年に出版されたんです。今から思えば、もう少し奇抜なタイトルにすればよかったかなと。
ウィニコット　だれかがいつか私の物語を書くんじゃあないかと、ずっと思っていましたよ。とてもすばらしいことです。そんなことより、コールズさんだ。彼女は、そうなんだよ…、いや、そうだったと言うべきですかねえ…、私はまったくエチケットというものに疎いんですが、とにかく彼女はすてきな女性ですよ。

カー　おっしゃるとおりです。

ウィニコット　私と彼女は、お互いを怒らせたもんでしたよ。ほんの少しだったけどね。五〇年以上にわたって、コールズさんよりも有能な秘書なんていなかった。それはそれとして、絵の話に戻りますが、私は、とりわけ絵を描くのがうまかったというわけではなくて、それがとても楽しくてやっているということを、あなたは知っておく必要があります。さっきも言ったように、絵については、クレアにずいぶんひどい目にあわされたもんだよ。私は心臓を患っていたんだ。すまないね、私は同じことばかり言っている。

カー　いえいえ、気になさらないでください、ウィニコット先生。

ウィニコット　さて、コールズさんと言えば、もうお茶の支度は済んだだろうか？　一杯もらいたいんだけどな。それに、たぶんビスケットもね。あなたもだと思うんですけど。

カー　はい、いただきます。

ウィニコット　それじゃ、コールズさんを呼ぶとしよう。知ってのとおり、私と彼女は、一九四八年から一九七一年に私が死ぬまで、ずっといっしょに仕事をしてきた。それと同時に、思い出せないくらいたくさんのお茶とたばこを消費しましたよ。あなたは、たばこは吸いますか？

カー　いえ、吸いません。

ウィニコット　私の時代では、たばこを吸わずに精神分析の訓練を受けるなんてありえなかった。一九二〇年代から三〇年代のころは、いや五〇年代から六〇年代にかけて、私たちはみんな、とにかくたばこを吸っていました、医者も患者もね。私なんかは、患者さんのために診察室に予備のたばこをとっておいたもんです、患者さんが忘れちゃって自分のを持ってこなかった場合に備えてね。それに、いつも、患者さんが自分の灰皿を持って、寝椅子の端っこにちょこんと置けるようにしていたし、私は私で自分の灰皿を持っておくようにしていた。ほら、患者さんと一つの灰皿を共有するなんて、親密しすぎやしません、そう思いませんか？

カー　いままでは、セッションではだれもたばこを吸わないんです。たばことあらゆる種類の病気との関連について、非常に多くのことがわかってきましたから、とりわけ癌については。

ウィニコット　それは、私がどうにかして避けねばならなかったことですね。癌じゃなくて、心臓発作のほうですよ。でも、私は、あのように心臓に少なからぬ重大な問題を抱えていたにもかかわらず、七四歳までなんとか生き延びた。

カー　本当にそうですね。

ウィニコット　でも、あなたはもう、クリスマス・カードのことや心臓発作のことなんぞ聞きたいわけではないでしょう。あなたが知りたいと思っていることは何でしょうか？

カー　ええっとですね、私たちは、先生の人生と仕事について調べてみることはできないものかと思っているのです。莫大な仕事になることはわかっています。でも、私にはあまりに多くの疑問があるのです。私の同僚たちは、こうやってもっと個人的でもっと直接的なやりかたで先生について知ることができるようになるのを、本当に喜んでくれると思います。さらに、学生たちも、先生のことを知る必要がありますし。

ウィニコット　それはすてきですね。ええ、もちろんですよ、言われたとおりにしますよ。

［この時、コールズさんが、ティー・カップとティー・ポット、牛乳の入った壺、そして何本かのスプーンがのせられたお盆と、ビスケットがのったお皿を持って、診察室に入ってくる。］

ウィニコット　これはなんともすばらしい。これでお茶が飲めますよ。ありがとう、コールズさん。そしてほら、このとおり、とても大きくてお気に入りのティー・カップまで持ってきてくれて。彼女は、私がとりわけ大きいカップが大好きなことを忘れてはいなかった。私は常々、みんなもこうすればもっとたくさんのお茶が飲めるのに、と思っていましたよ。でも、この大きいカップは前に見たことがないですねえ。

コールズ　そうですわよ、先生。だって、ここにある大きいカップはみんな、新しい持ち主さんたちのものなんですもの。

ウィニコット　そうか、彼らのか。私はなんて馬鹿なんだろうね。

カー　ウィニコット先生、以前、先生の臨床上のスーパーヴァイジーだった一人が私に話してくれたんですが、スーパーヴィジョンのあいだ、先生はこうやって大きなカップにお茶を入れて、その人にふるまわれたそうなんですが、彼はそのとき、必死だったというのです。なぜなら、それを全部飲まなければいけない、と感じたからだそうです。その後、彼は、おしっこがしたくてしたくてたまらなかったのですが、あまりにも畏れ多くて、セッションのなかばでちょっと席をはずしてトイレに行くことができなかった、と言うのです。

ウィニコット　おやおや、それはひどいな。かわいそうなことをしました。なにか言ってくれればよかったのに。

コールズ　ほかになにかございますかしら、先生？

ウィニコット　二九章にはもう着手しましたか？　きみにはもうあまり時間がないと思うんだけど。
コールズ　はい、先生。すでに、このページは全部タイプで打ちましたわ。カーボン紙に写して、先生がお好きなように修正できる準備もしておきました。それに私、この古いタイプライターのリボンをなんとか見つけ出しましたの、それも先生がお好きな書体の。
ウィニコット　ありがとう、コールズさん、本当にありがとう。ほかに気をつけないといけない手紙はもうないと思うんだけど。
コールズ　はい、ウィニコット先生。
ウィニコット　知ってのとおり、一九七一年に死んでからも、私は何か月ものあいだずっと、手紙を受け取ってきたんです。なかには、講演をしてくれないかという要望も相当数あった。もちろん、ほとんどがアメリカからだったけどね。みんながみんな、とくにアメリカの人たちは、私が死んだことをすぐには知らなかったんじゃあないか、と思っています。
カー　ウィニコット先生、先生は覚えていらっしゃらないかもしれませんが、あのとき郵便関係のストライキが非常に長引いたんです。その真っただなかに、先生はお亡くなりになったんですよ。
ウィニコット　本当？　私はちょっと混乱しているかな。
カー　そうなんです。王立郵便局がストライキを起こしたんです。それで、海外の人たちが先生のお亡くなりになったことを知るのには、少し時間がかかったのです。
ウィニコット　でも、彼らは、今ではもうわかっているんでしょう、私はそう思っているんだけど。
コールズ　ええ、そのとおりですわ、先生。
ウィニコット　それに、アメリカからの手紙は、私に講演の依頼をするものだった…。コールズさんがその人たちに、私がもう求めには応じられないことを話してくれたんだろうと思うけど。そうでしょう、コールズさん？

コールズ　はい、先生。先生のもとへたくさんの手紙が届きました。そのなかには、アメリカ神経精神病学者学会からのものも一通ありましたわ。

ウィニコット　それはすばらしい！「神経精神病学者が何をする人なのか知ってますぞ」と自信をもって言えるわけではないけれど。でも、私がそのなかに含まれないことは確信をもっていますよ。うむ、ありがとう、コールズさん。もっとお茶が必要なときには、大声で呼びますよ。ああ、コールズさん、たばこを一本もらえないかね？

コールズ　まあ、ウィニコット先生！　そんなことをしたら、ウィニコット夫人がぞっとされますよ。

ウィニコット　わかったよ、コールズさん。今のところ、これで十分。

［コールズさんは、診察室を出て行く。］

カー　コールズさんは、本当に先生のめんどうを見ていらっしゃったんですね。

ウィニコット　今でもですよ、見てのとおりです！　そうなんです、彼女は貴重なんです。私のところへ来る前は、ある女医さんの秘書として働いていた。だから、コールズさんはすでに、医者のめんどうを見るという体験をかなり積んできたんです。彼女を見つけると、ほっとする。彼女はたくさんのことをやってくれました。私の手紙をタイプしたり、患者さんたちへの請求書を作成したり、私の論文をタイプしたり、点検のために私の車をガレージに入れたり、多くのさまざまなすばらしいことをやってくれたんですよ。

（訳注1）マシュード・カーンはウィニコットの分析を受け、ウィニコットの著作集の編集をした、すぐれた分析的な書き手であったが、特に、ウィニコット亡き後に、境界侵犯のために訓練分析家を剥奪され、その後、倫理的な理由で分析協会を除名された（訳者あとがきを参照）。

2杯目 *cup2*
独立独行の人になる

カー　先生、お茶を満喫されていますか？

ウィニコット　ええ、こうやってお茶をいただくようになってから、だいぶ経ちましたよ。実においしい。本当においしいですよ。それじゃ、インタビューに、…故人とのお茶会に戻るとしましょうか。

カー　まずは、先生の人生の初期のころのことを話し合うことから始めるのがよろしいかと。

ウィニコット　え〜、私が生まれたのは一八九六年で、古き女王の治世がまさに衰退していく時分でした。

カー　もちろん、ヴィクトリア女王のことですよね。

ウィニコット　そうですとも、ヴィクトリア女王陛下ですよ。でも、なにせ幼かったものだから、一八九七年の女王陛下の即位六〇年祝典のことは憶えていないんです。赤ん坊だったから、新聞なんてまだ読めなかったしね。でも、それはもうたいへんな大騒ぎだったことでしょう。それに、私はその大騒ぎに気づいていたのかもしれません。でも、数年後の一九〇一年に、女王陛下が崩御された際に、みんなとても大騒ぎしたことは、よく憶えていますよ。新聞という新聞が、尊敬と名誉、そして哀悼のしるしとして、黒枠にして発行されたんです。

カー　英国史上、ふだんとは非常に異なる時間だったのですね。

ウィニコット　そうですとも、当時の私たちは、心理学的なことなどまったく知らない時代のなかで育ったんです。私たちは心理学的ではなく、敬虔だったんです。私たちは、年配者を敬った。

カー　一九世紀がまさに終わろうとしているときの育児を、先生はどんなふうに説明されますか？

ウィニコット　当時、親たちは精いっぱいがんばっていたと思いますよ。でも、みんななにも知らなかった。子どもの心のことなんて、まったくなにも知らなかったんです。裕福な親たちは自分たちの子どもを女性の家庭教師や乳母にゆだねました。その一方で、金銭的に余裕のない親たちは、子どもたちに通りをうろつくままにさせました。ほとんどの親たちは最善を尽くそうとしていました。でも、子どもというのは、意味のある存在であり、また、細かいところまで知るに値する存在であるなんて、だれもわかっていなかったんです。

カー　私は、よい親であれば、一般化されたやり方ではなく、細かいやり方で子どものことを知るようになるにちがいないという考えが気に入っています。

ウィニコット　まったくそのとおりです。赤ちゃんが見せる非常に微細なひねりやくねりを観察することや、のどを鳴らすとてもとても小さな音やおしゃべりを聴くこと、えーっと、それが母親であることのこつ《アート》だ、と私は思っています。

カー　きわめて少ない乳幼児や児童しか、のちに先生が「抱える環境」や「促進環境」と呼ばれるようになった安全というものを享受しなかったのだ、と言ってもさしつかえないでしょうか？

ウィニコット　あなたは私の著作をすでに読んでいますね、わかりますよ。すばらしい。そうなんです。赤ちゃんには、利用できる、そうして頼りになる母親や父親が必要なんです。信頼が、子どものよい世話にとっても必要不可欠なんです。もちろん、信頼は、精神分析のすぐれた臨床上の実践においてもまさに核心となりますがね。私の話に戻りますが、ヴィクトリア王朝の時代を過ごした幼少期に関するかぎり、私はよりよい幼少期を過ごしたのではないか、と思っています。親の死や耐えられないほどの死別といったさまざまの見捨てられ体験にひどく苦しめられることはけっしてなかった。私には、多くの連続性が提供されていたんですね。

カー　先生には、二人のお姉さんがいらっしゃいましたよね。

ウィニコット　ええ、両親（フレデリック・ウィニコットとエリザベス・ウッド・ウィニコット）には、全部で三人の子どもがいました。二人の姉であるヴァイオレットとキャスリーンですが、私はいつも親愛の情をこめて、「V」と「K」と略して呼んでいました。あなたは、私が子どもだったころはおおいにめんどうを見てもらっていたことを知っているにちがいありますまい。家族の赤ん坊として、母親や姉たち、そして私の家に住んでいた他の多くの女性たちからおおいに世話を受けました。たとえば、おばさんが一人、ときには二人、それと料理人や姉たちの家庭教師、乳母、それに何人かの家政婦さんといった女性の使用人たちみんなからです。当時としては珍しいことではなかったんですよ。

カー　先生は、乳母と長年にわたって連絡をとり合っておられたのではないか、と私は思っているのですが。

ウィニコット　私は、乳母が大好きでしたし、生涯ずっと、彼女に対する関心を保ち続けました。本当です。

カー　先生は、乳母や、それからお母さん、お姉さん、おばさん、使用人といった他のすべての女性たちを、先生のおっしゃる「複数の母親」とみなすようになったのだ、と私は考えています。

ウィニコット　そうです、そのことについて、そんなふうによく話しました。私は、一人の母親からじゃなくて、おそらく一一人の母親から恩恵の受けたのです！　ロックヴィル、それはプリマスにあった私たちの家の名称なんだが、そこの女性たちや少女たちから、母親とはどういうものかを学んだし、それだけでなく、おじさんやおばさん、そしていとこたちも、みんな文字どおり隣りで暮らしていました。リチャードおじさんとその一家ですね。…だから、私は、正真正銘、ウィニコット村にたいへん世話になったのです。もちろん、私たち全員、居心地がよくて、ずっと長いあいだプリマス(1)にいたんです。それこそ、プリマスにはまり込んでいましたよ。父は、人生のすべてをプリマスの公共事業に捧げました。市長にも二回なったし、リチャードおじさんもそうです。それ以前は、二人とも、治安判事や市議会議員として仕えていました。父とおじさんは、実際にプリマス中を駆け回っていましたよ。だから、私は、家族はみんなそこでの生活にとてもなじんでいた、と表現したものです。それに、リチャードおじさんには、たくさんの子どもがいて、みんな、私の遊び仲間になりました。

カー　先生は、まるで一人ぼっちでいた時なんて、ほとんどなかったかのようですね。一九五〇年代の後半に、先生は小論のなかで、つまり、先生のもっともすばらしい論文である「一人でいられる能力」ですね、そのなかで、孤独と一体感について書かれたことを、私は知っています。

ウィニコット　えーっとですね、ありとあらゆる世話や、それと関連した機会にもかかわらず、私は、静かなひとときを見つけたんです。私は、それを楽しむようになった。知ってのとおり、ピアノをよく弾いたし、それには、集中力と、だれにもわずらわされず一人でいることが必要でした。とくにベートーヴェンを弾くときにはね。人はね、本当にベートーヴェンに夢中になれるもんなんですよ。そして、もちろん、ベートーヴェン〔の音楽〕に自分を発見することだってできる。でも、音楽と並んで、外で遊ぶのも好きだったし、泳ぐのも好きでしたよ、プリマスの海岸などでね。
カー 「複数の母親」について思いをめぐらせ、ピアノを弾くために一人でいることを求める…。
ウィニコット さっそくお茶をおかわりしますか?
カー ご親切に。はい、ありがとうございます。
ウィニコット 紅茶にミルクは入れますか?
カー はい、ミルクをちょっと入れるとおいしくなりますよね。
ウィニコット 砂糖は必要なさそうですね。まあ、いつでもどこでも禁煙、禁煙と、みなさん、とても健康のことを気にしているようですね!
カー はい、砂糖はけっこうです。すみません。そうしますと…、先生は、おおぜいの世話係りの人びとや遊び仲間たちといっしょに、こうしてとても豊かで、充実していて、そしてとてもよく見守られた幼少期を過ごされたのですね。先生のご両親の人柄について話していただけますか? 先生のお父さんについては、かなりはっきりとしたイメージを、私は持っています。非常に長生きをされて、先生にたくさんの手紙を書きましたし、私もそれを読ませていただきました。ですが、先生のお母さんは、比較的若くしてお亡くなりになりました。ですので、歴史家の人たちにはずっと謎に包まれたままなのです。
ウィニコット 知ってのとおり、私は、精神分析に多くの歳月を費やしました。ストレイチー氏と一〇年、それから、リヴィエール夫人と数年。両親について、ほかになにか言うことができるかな…、まとめて話すのはとても難しいですね。まったくそのとおりでして、父は、多くの点で、非常に実直な人物でした。もしあなたが父のことを知っていたならば、彼がとても愉快な人物であることがわかったでしょう。気力や精力は限りなかったし、とても寛大で、思いやりに満ちていました。それに、一定の慈悲深さもありました。みんな、彼のことが大好きでした。みなさんのおかげで、父はナイトの称号を得ることができたんですよ。フレデリック・ウィニコット卿になったんです。私たちはみんなして、おおいに喜びました。母は、父に同行して、バッキンガム宮殿の叙任式に出席しました。そして、ジョージ王、ジョージ五世に謁見したんです。知っているとは思いますが、息子のほうではないですよ、息子もまたジョージ王〔ジョージ六世〕と呼ばれましたがね。そして、もちろん、父は、別の機会にその王にも会いました。プリマスの市長として、訪問しにやってきたすべての高官たちを接待しました。そのなかには、英国の若き皇太子[2]も含まれていました。のちにシンプソン夫人のために王座を断念した方ですね。

カー　ええ、そうですね。

ウィニコット　どうもくだらないことをしゃべっていますよね。よくやってしまうんです。私の心はこんなふうに動くんです。曲がりくねるようにね。私は直線でものごとを考えないんです。曲線で考えるんです。で、どこまで話しましたかな？　ああ、そうだった。私の父の話でしたね。それで、私は、父のことをなかなかの善良な男だけでなく、多忙な男であると言っていたんだと思います。ときには、週末にしか会わないこともあったし、日曜日に教会へ行く途中でしか会わなかった、なんてときもあったくらいですよ。父には、非常にたくさんの委員会の仕事があったんです、…非常にたくさんの。

カー　先生も、専門の仕事をなさっていた数年のピーク時には、非常に熱心な委員になりましたね。

ウィニコット　ええ、そうだったと思いますよ。訓練委員会でしょう、科学委員会に、出版委員会、それに精神分析協会のさまざまな委員会で働きました。さらに、英国精神分析協会の会長を二期務めました…、そして、ＲＳＭの小児科学部門の部長職に就いたことも忘れてはなりません。

カー　ＲＳＭとは、英国王立医学協会のことでしょうか？

ウィニコット　ええ、王立医学協会です、ウィンポール通りにある。ああ、そうだ、そうだ。もう少しで忘れるところだった。私は英国心理学協会の医学部門の部長でもあったんです。それを忘れてはいけない！　そうなんです、私はかなり父を見習いました。ほかにも、こういった指導的な立場はすべて引き受けたんです。そういった仕事のいくつかは失敗して、私はめちゃめちゃにしてしまったと思いますよ。でも、ずっとそうだったのかもしれないと思います…その～、なんと言うか、よい会長ではなかったにしても、少なくとも、ほどよい会長だったのかもしれませんね。

カー　そうですとも、先生とフレデリック卿は、創造的な仕事をするためのすばらしい能力をお持ちだったのですよ。

ウィニコット　そう思いたいですね。

カー　次に、ウィニコット卿夫人、つまり先生のお母さんは、どうだったのでしょう？

ウィニコット　そうですね～、もっと複雑な関係でした。今日、そのことを十分正当に評価できるかどうか自信がないですね。

カー　先生は、人生も終り近くになって、お母さんについて詩を書いていらっしゃいますよね、「木」という[(3)]。

ウィニコット　なんと、あなたは、「木」をどうやって読んだんですか？　私はその詩を義理の兄のジミー…、ジミー・ブリットン、クレアの兄に送ったんです。なぜそうしたのか、まったく思い出せないんだが、でも、その詩を書いたことはよく憶えていますよ、はっきりとね。

カー　先生がお亡くなりになってから、奥さんのクレアさんとコールズさんが、多くの時間をかけて先生の資料や手紙をとても印象的な記録文書に整理してくれました。ウィニコット夫人は、先生のより個人的な論文と手紙のいくつかを破棄した、と私は思っています。けれども、奥さんとコールズさんは、文字どおり何万もの資料やノートや書簡、それには先生の詩もいくつか含まれていますが、それらを愛情を込めて保管しました。そのうえ、先生がお描きになった絵もいくつか。

ウィニコット それは驚きました。それで、みなさんはそれらの資料を読むことができるんですか？ 私の個人的な資料を？ 症例を記したノートも？ それらは、とても守秘のものですよ。

カー えーっとですね、大部分の患者さんの記録は、厳重に保管されておりますので、ご安心ください。コールズさんが、症例を記したノートを読み返しながら、先生の多くの患者さんの名前を黒のマジックペンですっかり見えないように隠すのに、それこそ多くの時間を費やした、と私に話してくれました。

ウィニコット そのせいで、彼女は老けたんではないでしょうか。でも、彼女は、それをやるには、まさにうってつけの人物でしょう。私は、一部の有名な人々に長年にわたって自分のもとへ会いに来させたんです、…とても有名な人たちですよ、実際に。

カー 先生のお母さんと、「木」という詩について、先生は話を始められたはずですが。

ウィニコット そうでしたね。その詩のなかで、私は母を「泣いている」と表現しています。あなたは、母が抑うつ状態になっているのを私が見つけたのかどうか知りたいのではないですか。えー、母はそうだったんだと思います。おわかりのように、臨床医学的に見て、抑うつ状態だったのではありません、…精神医学的に見て、抑うつ状態だったのではなくて、しかしそれでも、憂うつになっていました。三人の子どもの世話にくわえて、しょっちゅう不在であるか、いろいろなことにのめりこんでいる夫と、きりもりしなければならない巨大な家庭。それからもちろん、市民として果たさなければならないあらゆる責務もあります。母もまた、委員会を、プリマスの婦人委員会を取り仕切っていたんです。母が、貧困にあえぐ母親と赤ちゃんを救うためのグループをつくりさえしたことを知っていますか？　それに、ときどき料理もしたものです、ロックヴィルには料理人がいるにもかかわらずにね。母はジャムを作るのが大好きでした。アリス、アリスは私の最初の妻だったことをあなたは知っていると思うのですが。

カー　はい、アリスについては知っています。

ウィニコット　そうですね～、アリスは、母ととてもうまくやっていました、非常にね、こういうふうに私はよく言ったもんです。そして、彼女たちはよくいっしょにジャムを作っていました。これが、あなたの望むようなお話でしょうか？　役に立ちますか？

カー　はい、とても。ありがとうございます。

ウィニコット　でも、私の母は、あらゆる自我の強さをもってしても、母はそれをたくさん持っていたのですが、自我が強かったにもかかわらず、このように個人的にはかなりの抑うつ状態にありました。それがどこからやってくるのか、私にはよくわかりません。でも、実際にそうだったし、私はそれを肌で感じとっていました。

カー　こういう類いのインタビューの流れにのって、ご両親について話をするのはかなり困難であるにちがいないことは、私にはわかっております。とりわけ先生は、すでに何年ものあいだ精神分析にたずさわってこられ、なおもご両親のことをかなり詳細に語っておられるわけですから。

ウィニコット　もちろん、そのとおりですよ。でも、強調されるべき要点は、彼らの能力がどうであれ、彼らの弱点が何であれ、母と父が、どうにか私が必要としたものを十分に与えてくれた、ということなんです。つまり、両親は、私を抱いてくれたし、私の手を握ってくれたし、私に世の中のことを経験させてくれた。両親は私に土台を与えてくれたんです、そのおかげで、私はまさに存在することができたのです。

そしてそのおかげで、存在し続けることができたのです。知ってのとおり、始めよければすべてよしですよ。

カー　そうしますと、先生の表現を使わせていただくと、「ほどよい」幼少時代を、先生は過ごされたわけですね。

ウィニコット　おお、そうですね、「ほどよい」幼少時代ですか…、そんなもんですね。でも、人は声に出して自慢したくはないものです。とくに、私がグリーンで診察した子どもたちの前では、そんなことはしたくないですね。

カー　それは、西ロンドンにあるパディントン・グリーン小児病院のことですね。先生は、そこで四〇年間仕事をなさいましたね。

ウィニコット　私たちはいつも「グリーン」と呼んでいました。そして、パディントンとその周囲の地域からやってくる、もっとも哀れでもっとも恵まれない家族の要望に応えました。子どもたちは貧困と暴力のなかで育った。あの子たちは、非常に残酷な生育環境のなかで育ったんです。あの子たちのなかには、ほどよい家庭のなかで育った子もいるはずだと、きっと言われていることでしょう。でも、多くの子どもたちはそうではなかったんです。だから、あの子たちと比べると、私はとても安心した時を過ごしました。でも、あなたが私に「木」のことを思い出させてくれたのはよかった。なにせ、あの詩のなかには…、今でもきちんと憶えているだろうか？　おお、そうだそうだ。

お母さんが泣いている
泣いている
泣いている

そうか、そこにいたんだ

母には悲しみがありました。そして、私は幼い男の子でしたが、すでに精神分析家に、それもお粗末で未熟な精神分析家ですね、になって、その悲しみのなかで母といっしょにいる方法を見つけ出そうとしたんだと思います。

カー 一部の同僚たちが、「複数の母親」によって囲まれて成長することが利点だけでなく、暗い影ももたらしたのではないか、と疑問に思うかもしれませんが。

ウィニコット う〜ん、そのとおりだと思いますよ。私たちはみんな、うまくやり抜いていかなければならない人生の局面を複雑にしてしまいました。

カー そして、ご両親は、先生のキャリアの最終的な選択にとても大きな影響を与えたのでしょうか?

ウィニコット ええ、そうだと思います。でも、直接的にではないですよ、わかってもらえると思うんですが。もちろん、両親が成人したころは、精神医学のことなんてだれも知らなかったし、言うまでもなく、精神分析なんてまったくですよ。当時は、精神医学でさえ、ん〜、かなり初期の段階にあったし、とてもありきたりのものでした。精神科医は、実際に私たちは彼らを「エイリアニスト」〔精神病の研究者〕と呼んでいましたが、彼らは、赤ちゃんや無意識について、問題解決の手がかりを持っていませんでしたからね。当時の精神医学には適切な職がありませんでした。そして、精神分析は…、そうですね〜、ウィーンでやっと動き始めたばかりでした。やっ、やっとですよ。

カー だから、先生は、なるべくして精神分析家になった、精神分析がつくり出されるほとんど前から。

ウィニコット ええ、そうです。母に対して気を配らなければならなかったし、父のようによい公務員にならなければならなかったからね。精神分析、フロイトの精神分析ですね、それに進む道を発見したことは、単に自然のなりゆきだったんだと思います。この職業のおかげで、私は他人の世話をする機会をもつことができたし、そのうえ、私自身を分析することで、自分自身のめんどうも同じようにみる機会がもてました。

カー　ウィニコット家は、奉仕活動に誇りをもっていた、そう私は理解しています。このことは、先生の宗教上の生育環境、つまりメソジスト派の教義と関係があるのでしょうか？

ウィニコット　まったくそのとおりです。あなたは、プリマスや、そこのメソジスト教徒について知っていますか？

カー　えーっと、そのことは勉強しておくべきでした…。

ウィニコット　私たちの家族は、みんなメソジスト教徒です、…メソジスト教徒だったと言うべきでしょう…、メソジスト教徒だったことで、私たちはまさに、信仰の基盤や基礎、そしてよい仕事をしたいという願いを手に入れたのです。ジョン・ウェスリーが一八世紀に始めました。このことは、知っていなければならないと思いますが、彼は、巡回布教師であり、訓戒者でした。そして、慈善行為の重要性について説教しながら、それこそ英国全土を歩き回ったんです。さまざまな点で、現代の社会福祉事業を先取りしていました。彼もまた、知ってのとおり、「精神」医学について執筆しました。だから、彼はいわば、精神と身体の医者だったんです。私はおおいにウェスリーの影響を受けたんだと思います。彼は、人々に善を行なってほしかった、よきサマリア人(4)になってもらいたかったんだと思いますよ。そして、ウィニコット家の全員が、それを義務として、神聖なる義務として引き受けたんです。私たちはみんな、善を行なう方法を見つけました。

カー　先生のお父さんは、プリマスでの公共の仕事をとおして、「善」を行なったのだと思います。お父さんはまた、私の考え違いでなければですが、プリマスに図書館と博物館を設立するのに助力なさいました。

ウィニコット　ええ、そのとおりです。さらにそれ以上のことやりました。知ってのとおり、もしプリマスを訪れたら、父の名がいろいろな建物の礎石にエッチングされているのがわかりますよ。人は、父をただよきサマリア人ではなく、むしろ偉大なサマリア人とみなしていたんだと思います。

カー　そして、先生のお姉さん方も、相当な仕事をなさいましたよね。

ウィニコット　おお、そうですとも。VとKの話を終わらせるわけにはいきませんね。姉たちは、私たちみんなのなかで、もっとも活力がありました。もし女の子として生まれなかったならば、姉たちも医者になっていたことでしょう。私が言おうとしているのは、歴史的にみて、そのときは少女だったということです。VとKは、二人ともとても聡明な少女でした。…第一次世界大戦のときには、負傷した兵士の世話をしました。包帯も作ったし、ガールスカウトの一団を運営しました。なんでもやったんです。一九三九年から一九四五年の戦争のときにも、よい仕事をたくさんしました。つねに援助していたんです。救急処置も学んだんですよ。驚くべき姉たちですよ、本当に。あらゆる点で、ウィニコット家はプリマスに影響を与えたんです。そして、それが私たちメソジスト派の教義であったわけです、…たくさんの仕事をせよという責務ですね。私の場合は、小児医学と心理学の仕事をつうじて、自分の責務を果たしました。私は簡単に大臣のような職に就くこともできたかもしれないですが。でも、私には、自分を治療するために精神分析が必要だったのです。つまり、私は問題を、知ってのとおり、個人的な問題をかかえていたんです。だから、精神分析へ進む道を発見したんです。

カー　メソジスト派の教義は、明らかに多大な影響を与えたのですね。実際に、先生のご両親は、一四歳で先生をメソジスト派の全寮制の学校へ送り出しました。
ウィニコット　レイズ…すばらしきレイズ。
カー　ケンブリッジのレイズ・スクールですね。
ウィニコット　ええ、そこでは、とても楽しく過ごしました。私の老いた体を見ているので、知りようもないでしょうが、私はかなりのスポーツマンだったんですよ、ランニングに、ラグビーに、なんでもやりました。若者として自分の体のことはよくわかっていました。学校では、たくさんのスポーツをやったし、それに、音楽もたくさん演奏しました。ピアノが大好きで、可能なときはいつでも礼拝堂で演奏しました。コンサートを開いたときもありました。ベートーヴェンなど、あらゆる種類の音楽を演奏しました。もっと現代の曲も知っていましたよ、たとえば、マクダウェルとか。
カー　エドワード・マクダウェルですか？
ウィニコット　そうですよ、彼は優しいピアノの小品を多く作曲しました。そう思いませんか？　それらに取り組むのが大好きでした。でも、そうですね、レイズでは、メソジスト派の教義で私たちは頭がいっぱいでした。学校はメソジスト派の教義の伝統を確実に補強してくれたんです。
カー　しかし、先生はご自身を、メソジスト派だけでなく、ロラード派としてもみなされていることを、私は知っています。
ウィニコット　私とロラード主義について知っているんですか？　どうやら、あなたは私のことをずいぶん知っているようですね。
カー　えー、私は若い学生だったときに先生の仕事に興味をもつようになりました、それも熱烈な興味です。そして、先生の著作を読んで勉強を始めました。その結果、存命しているおおぜいの先生の同僚の方たちに、先生と先生が貢献なさったことについて取材するようになったのです。
ウィニコット　あなたを退屈させていないといいのですが。
カー　まったく正反対です。ウィニコット先生のことを知れば知るほど、さらに先生の仕事や世界に夢中になっていきました。
ウィニコット　それはご親切に。でも、私はあなたについてはなにも知りません。なにか話していただけますか？
カー　そうですね〜、先生に私の経歴についてお話することができるとは、光栄です。しかし、おそらくまずはじめに、先生についてのこの会話を続けたほうがよいでしょう。そうでないと、私の同僚らが非常に失望するでしょうから。
ウィニコット　ロラード主義でしたかな？
カー　はい、ロラード主義です。先生は、人生も終り近くになって、非常に暴露的な手紙をお書きになりました。その手紙のなかで、先生はご自身を、ロラード派としてかなり遠慮せずに表現されました。ですが、みんながみんな、ロラード派について知っているとは思いません。
ウィニコット　えーっと、ロラード派ですね、…そうですね〜、…それは中世にまでさかのぼると思います。彼らは英国で初の非国教徒でした。カトリック教会と、カトリック教の華麗さと儀式にすべて反対しました。ロラード派は、カトリック教会のあらゆる堕落をまったくもって厭わしく思っていました、ヘンリー八世がカトリック教を禁止するずっと前から。さらにですね、彼らはラテン語ではなく英語で祈りをささげたかったんです。その結果、うそのない人々が、修道士や司祭なんかじゃあないですよ、宗教というものを研究することができたんです。ロラード派には自分たちの考えがあったんですね。その時代に戻って、母語で説教することがどれほど衝撃的なことか、私たちにははかりしれません。ラテン語が、カトリック教を完全に支配していましたから、英語で書かれた祈祷書などまったく見つかりませんでした！

カー　おそらく、ロラード派を、いまの精神保健の専門家たちのうちの「中間派」や「独立派」の中世版とみなしてよいと思います。先生は、英国精神分析協会のなかで、その学派に所属することになりましたが。

ウィニコット　所属していただけなく、創設するお手伝いをしたんですよ。そうです、私がまさに、「中間派」をスタートさせたんです。私は精神分析の同僚たちの硬直さが好きではなかったし、彼らがみずからの正統性を主張することもいやでした。ミス・フロイトはまったくの天才ですが、お父さんのようにね、彼女は週に五回の分析だけで子どもたちを助けることができると考えました。彼女には、短時間で治療上の相談にのる私のような仕事するための時間がけっして多くはありませんでした。でも、私には他に選択肢がなかったんです。多忙な勤務医として、何千人もの子どもたちを治療しなければなりませんでしたから。でも、彼女はそうではなかった。彼女はとても小さな保育園をもっていました、本当に小さなね。そして、ミセス・クライン、…メラニー、親愛なるメラニー。彼女の厳格さにはたいへんなものがありました。彼女もまた、ほんのごくわずかの子どもたちにしか会っていませんでした。それに、おわかりのように、自分の思いどおりに仕事をし、説教をしていました。でも、おそらく、あとでそれにふれることになるでしょう。人々がもっと中立公正の立場から精神分析的に考えることのできる場が、私には欲しかった。ミス・フロイトやミセス・クラインの独断論や「カトリック教」のとりこになろうにも、そうならずにね。だから、そういう点では、私は生まれながらのロラード派ですね。

カー　ということは、ロラード派とメソジスト派の考え方は、意見が異なっている人々に対して愛情を教えるのに役に立ったわけですね。

ウィニコット　まったくそのとおりです。意見が異なっていても大歓迎ですね。意見が合わないことが大好きなんです。でも、自分の意見が反対されるのも大歓迎ですね。私は意見の相違を非難としてみなしたことは一度もありません。いつも、相手の立場や敵を理解する本当の機会であるとみなしました、…その相手が何を考えているのかを知る本当の機会だとね。私たちにはもっと異議を唱えることが必要だと思いますよ。特に、精神分析においては。そうでないと、あまりに退屈で、あまりに単調になってしまうでしょう。さらに、私たちはすでにそうなってしまったのではないか、と危惧しています。

カー　先生は、偏見のない非常に広い心をもっていらっしゃったことで、職業上、まさしく有名になったことを、私は知っております。英国精神分析協会が、精神分析家にだけでなく、心理療法家にも訓練を提供するべきかどうか、についての未発表の公式文書をいくつか保管所で読んだのを憶えています。そして、先生の同僚の方たちのほとんどが、その考えに反対票を投じました。しかし、先生は常に、可能なかぎり最大限広汎な人々と知識を共有するべきであると主張なさっておりましたし、英国ではまだ駆け出しだった心理療法運動を本当に支えられました。でも一方で、先生の同僚の方たちの多くは、心理療法家を脅威と考えたのです。

ウィニコット　そうです、私たちは、多くの反対運動に、つまり所有権をめぐる多くの戦いに参加しました。私の同僚たちのなかには、自分たちだけが心理学を実践することのできる命を受けた権利があると考えている人が多かった。しかし、メソジスト派の教義のために、生まれながらのロラード主義のために、私はいつも、できるだけ広く知識を共有するために、できることはなんでも無条件にやりました。この国の精神保健を変えるためには、まさに数百以上の精神分析家が必要です。

カー　再び、話を年代順に戻したほうがよろしいかと、ウィニコット先生。レイズ・スクールの時代のことで、ほかになにか憶えていらっしゃることはありますか？

ウィニコット　スポーツのことはお話しましたね。音楽のことも。でも、学問については話さなかったし、あなたも尋ねませんでした。実を言うとですね、私は優等生ではなかった。まあ、試験に合格するのに必要な程度の成績はとっていましたがね。でも、きちんとした方法で知識を習得する頭脳など持ちあわせていなかった。私の心は、非常に散漫になっていて、ずっとずっと遠くのほうでさまよっていました。私は垂直方向ではなく、水平方向に物事を考えるんです。それに、いつも無数の歴史年表を覚えなければならないというたいへんな時間に追われていました。でも、きちんとやりましたよ、後になって大学に進学するのに十分なくらいにはね。

カー　先生は、レイズ・スクール時代に、チャールズ・ダーウィンの著作に出会ったのではないでしょうか？

ウィニコット　ええ、私はポケットマネーを使って、ダーウィンの本を何冊かケンブリッジの書籍売り場で購入しました。当時、ケンブリッジには非常に多くの古書売り場がありました。

カー　先生が、とりわけダーウィンに興味をそそられたのはなぜでしょう？

ウィニコット　ダーウィンの著作を読み始めたときに、私は自分が本当に理解できる人物に出会ったと感じました。本を読んで知識を得る方法ではなくて、しかも、彼がしかじかのページでどんなことを書いているのか、あなたに話すことなどできませんが、本質的な方法でね。私は非常にたくさんのダーウィンとふれ合いました。あなたは、彼が憎悪について多くのことを書いたのを知っていますね。私たちがどのように憎むのかについて。

カー　それは、先生の著作全体をつうじて、とても重要なテーマとなりました。

ウィニコット　そうです。ですが、それだけではありませんよ。私はほかの理由でもダーウィンが気に入っていたんです。
カー　話してくださいますか。
ウィニコット　えーっと、ダーウィンはですね、え〜、人間の発達をこのように容赦なく解き明かすことについて、すなわち、種の成長について話したんです。人間は、自分たちにとって特別なことはなにもする必要はなかった。…みずからを形づくったり、伸ばしたり、かたどったり、…そのようなことはなにも。人間は、長い年月をかけて、ただ単にゆっくりと、自然に進化する。そしてそのことは、私が、赤ちゃんや、人間の身体的発達と心理的発達を観察するなかで見い出すようになったことなんです。私たちは赤ちゃんになにもする必要はありません。ただ赤ちゃんといっしょにいればいいんです。すると、不思議にも、赤ちゃんは成長していきます。
カー　育児の「専門家たち」、たとえば、ニュージーランド人のトルビー・キングとの争いは手きびしかったですよね。彼は、母親がしなければならないことや、してはならないことについて、いろいろと実際的な提案をしました。
ウィニコット　タヴィストック・クリニックのヘンリー・ディックスに会ったことはありますか？　私の若い同僚なんですが。
カー　残念ですが、ありません。
ウィニコット　トルビー・キングは、ナチズムが伸長したことに対して単独で責任があると、かつてディックが言っていたし、いいところをついていると思いますよ。もちろん、おわかりのように、キングがナチズムをひき起こしたわけではありませんが、でも彼は、親の教育学のなかのある残酷な部分を要約しました。例の身体の硬直さのすべて。そして、例の堅苦しい敬礼のすべて。ああいった姿勢は、幼児の身体をがさつに扱うことから生じるんです。幼児の身体の世話をしないことからも。そうです、私には、トルビー・キングや、彼の部下に対してものすごい憎悪があります。彼らは、食事を与えたり眠らせたりといった当たり前のことを厳密にやるように母親たちによく忠告したたし、さらには、母親は赤ちゃんにさわってはならない、と主張しました。

カー　医者がそういった哲学を推奨できたとは、私たちの考え方からすれば、まったく信じられないと思います。

ウィニコット　ぞっとしますよね。ですが、トルビー・キングは当時、母親たちに自分たちの赤ちゃんを人としてではなく、物として扱わせたのです。実際、彼の影響を受けた両親たちは、赤ちゃんをただの対象としてでなく吐き気のする対象として、赤ちゃんと関わるようになったんです、おまけにね。

カー　つまり、チャールズ・ダーウィンは発達を進むがままにさせておきましたが、彼とは違って、トルビー・キングは、とても人為的な非常に計算された方法で、幼児の成長を方向づけようとしたのですね。

ウィニコット　そうです、ダーウィンのおかげで、人はあまり多くのものを必要としないし、発達は単独でちょうどうまく進んで行くことが、私にはわかったんです。トルビー・キングは、もっとダーウィンを読むべきでした。

カー　私は、先生の創造的かつ独創的な方法には本当に感服いたします。その方法で先生は、ダーウィンを「利用して」、ダーウィンから着想を引き出すことを可能にしたのですから。

ウィニコット　えーっとですね、人は「利用さ」れるためにそこにいるんです。そしてこのことは、悪い方法はもちろん、よい方法でも行なうことができるんですよ。

カー　先生はまた、レイズ・スクールで、すばらしい友人たち、それも終生の友人たちをつくられました。

ウィニコット　特に、そのなかの一人に、ジム・イードがいますね。言うまでもなく、当時の私たちはみんな、彼のことをスタンレイと呼んでいました。彼のフルネームは、ハロルド・スタンレイ・イードです。ここ数年でようやく「ジム」になりました。その名前に慣れるまでに、多少時間がかかりましたね。でも、私たちは親友でした、生涯をつうじての親友。ええ、私たちはとても深い友情で結ばれていました。

カー　誕生日が同じだったのではないかと思うのですが？

ウィニコット　四月七日。そのとおりです。一歳違いですが。彼は一八九五年の生まれで、私は一八九六年生まれです。

カー　そしてイードは、有名な美術史家で美術講師になりました。

ウィニコット　彼は事実上、かなりの数の現代の芸術家を発見しましたよね。たとえば、アンリ・ゴーディエ・ブルゼスカやコンスタンティン・ブランクーシなどといった人たちですね。…彼は、英国の美術ファンのために、ああいった人たちを発見したんです。とてもすばらしい美術史家でしたよ、ジムは。長年、彼はテート美術館で働きました。そして、テート美術館にブランクーシの作品を購入させました、それらの像がどれくらい価値の高いものになるのか、だれもがわかるずっと以前にね。それから、ジムと彼の家族は、モロッコのタンジェに引っ越しました。そして、アリス、私の最初の妻ですね、と私は彼を訪ねました。…一九三〇年代まで戻らなければなりません。大昔の話です。

カー　そして先生は、彼のお子さんたちの名づけ親になったのですね。

ウィニコット　エリザベスにメアリー。とても元気で健康な少女たちでした。エリザベスが医者になったことは知りませんか？　おそらく私が影響を与えたんでしょう。そしてメアリーのほうは、母親になったと思います。ジムと奥さんのヘレンは何度も旅行に出かけたもんです。私とアリスに子どもたちをあずけて出かけたこともありました。なぜなら、私たちはみんな、おたがいに近くに住んでいたからね。

カー 北ロンドンのハムステッドですね。

ウィニコット ええ、そのとおりです。あのですね、私は、エリザベスとメアリー、美しくて愛らしい少女たちを養子にできないか、一度聞いたこともありましたよ。ジムは断りましたけどね。

カー 先生にはお子さんがおりませんでしたが、しかし、二万人以上の子どもたちの支援をなさいました。

ウィニコット ええ、私はどうしても父親になりたかったんです。でも、けっしてそうはならなかった。このことは、私にとって大きな悲しみでした。でも、私の人生には、それこそたくさんの子どもたちがいたし、多少なりとも助けました。ええっとですね、レイズ時代について考えてみると、レイズについて、別の重要な事実が浮かび上がってきます。それは、レイズが私に、ケンブリッジの大学に進学したいというおおいなる憧れを与えてくれたということです。おそらく、オックスフォードに行こうと思えば行くこともできたでしょう。いや、おそらくではないですね。でも、私は本当にケンブリッジに行きたかったんです。レイズは、知ってのとおり、ケンブリッジの町のちょうど中心にありますよね、四年間ずっとそこの男子学生だったので、堂々とそびえ立つあの建物や、小さな中世の通り、あそこはサイクリングにはうってつけですよ、私はサイクリングも大好きなんです、あの町並みにほれてしまったんですね、私は。そういうわけで、自分はケンブリッジの大学に行かなければならないな、とわかっていたし、そうしました。奨学金をもらえるほど頭はよくなかったが、ともかくふさわしい場所を得ました。

カー 先生は、一九一四年にレイズ・スクールを卒業されました。夏休みの後、ジーザス・カレッジに入学されました。ケンブリッジ大学のなかでももっとも古い大学の一つですね。

ウィニコット　ええ、クランマー大司教が、ヘンリー八世のときに大司教だった方ですが、彼がジーザス・カレッジに行ったんです。知っていましたか？　彼も私のように改革者だったかもしれませんね。いずれにしても、アーサー・グレイ先生との入学選考の面接に合格したことは、とてもうれしかったですよ。彼は変わったお人でね、空いた時間に怪談を書いていました。それはそれとして、私はジーザスに所を得て、通いました。

カー　先生は大学でいささか変わった経験をされました。入学される直前に、ヨーロッパ中で戦争が勃発しましたから。

ウィニコット　そうです、私がケンブリッジに到着する少し前に、セルビア人がおかしくなって、オーストリア人がおかしくなって、それから、ドイツ人もおかしくなったし、私たち英国人もそうだったかもしれません。そして、私たちは宣戦布告をしたんです。だから、私がケンブリッジ大学に入るころまでには、同世代の人たちのほとんどは、みんな立派な若者でしたが、すでに軍隊に入っていました。

カー　先生は軍務に就かなかったと思いますが。

ウィニコット　ええ、私はメディコでした。え〜、医学生という意味ですね。そして、医者になるには、長い道のりが待っていました。また、私たち医学生には、特別な免除が与えられました。国は、医者がいずれ必要になることがわかっていました。だから、私は大学に自分の活動の場を設けました。もちろん、軍隊に入ろうと思えば入ることもできました。多くの未来の医者たちがそうしたようにね。でも、私は、船員よりも医者のほうがずっと役に立てるかもしれないと思った。もし私がそのとき軍隊に入っていたならば、英国海軍に入っていたことでしょう。

カー　言うまでもなく、先生はプリマスの沿岸で育ったのですが、家のすぐ近くには英国海軍があったんですね。

ウィニコット　プリマス出身者が、ほかになにかをするなんて考えられなかったことです。私たちは、本当によく英国海軍のことを知っていたし、ウィニコット家のさまざまな人たちが、何年にもわたって英国海軍に勤めました。造船所で働いていた祖先が少なくとも一人いました、…おそらくもっといたかもしれません、驚くべきことではないですね。だから、私が一九一四年に軍隊に入っていたならば、英国海軍に入っていたでしょう。もちろん、結局は入隊したんですけどね、三年も経たないうちに。

カー　先生は自然科学のコースからスタートされましたが、それは、医者になるための訓練として臨床に出る前に必要な条件でした。

ウィニコット　そうです、ケンブリッジで、私たちは解剖学や、生理学、植物学、それに動物学さえ勉強しました、…基礎科学のすべてではないでしょうか。でも、特にそんなに楽しくなかったし、試験にもやっとのことで合格しました。それよりも私は、人と、実際に個性をもった現実にいる人と関わりたかったんだと思います。化学の元素とか骨とか歯とか頭とか身体のいろいろな部位なんかではなくてね。ああ、それはそれで、たしかに十分おもしろかったですよ。でも、私は、経歴をもった、歴史を背負った人々と会いたかったんです。細胞レベルで人々と本当にうまくやることはできなかったし、いまだにそんなことはできませんが。でも、私はそのコースに合格しましたよ、最終的には。最下位の成績でしたがね。

カー　しかし、ケンブリッジでの勉強は、小児医学や、それから数年後の精神分析において、先生の仕事の根本となる土台を与えてくれました。

ウィニコット　ええ、ケンブリッジの医学コースは、私が医者になるのを認めてくれました。でも、私の訓練は中断されたままだった。なにしろ、私たちは、負傷した兵士たちのためにケンブリッジの野戦病院で働かなければならなかったからです。彼らはちょうど戦地から戻ってきたばかりでした。大学全体がほとんど病院に変わりました。大学の中庭全体に診察室がつくられました。てんやわんやでしたね。でも、私たちはやり遂げました。

カー　先生は、セルビア人がおかしくなった、ドイツ人もおかしくなったとおっしゃいましたが……

ウィニコット　いいですか、私たちはみんな、大きな憎しみを抱いています。そして、私たちのほとんどは、なんとかその憎しみを言葉に変えることができますよね。でも、一九一四年に戻ると、あまりにも多くの憎しみと狂気で、世界中がおかしくなったんです。そして、すべてが爆発した。おそらく、戦争の準備期間中にあったあらゆる平和に対しておおいに気がとがめたことでしょう。おそらく私たち英国人は、征服し、植民地にしたあらゆる国々に対して罪の意識をいだいたことでしょう。私たちが、われらが偉大なる大英帝国、ヴィクトリア女王帝国とともに、かつては世界の優に四分の一の土地を所有していたことを、あなたは知っていますね。そしてそのころ、ドイツ人やロシア人といった他の国の人々が、バルカン諸国の支配権を握ろうとしているのがわかったとき、……え～、私たち英国人はそのことが気に入らなかった。理由がどうであれ、そしてここであなたは、心理学者だけでなく、歴史家や政治家とも話をする必要があるでしょうが、私たちはみんな、おかしくなったんです。

カー　そして、先生は多くの友人を失くされた。

ウィニコット　レイズ出身の学友たちのほぼ全員が、戦闘や病気で死にました。さらに、ジーザス・カレッジで私の学友になるべきはずの若者たちもほぼ全員が死にました。私はよく、自分がたった一人の生存者なんだと感じた。そのために、公共の仕事や、医業、病人や死にかけている人の世話にさらにもっと全霊を傾けて専念することを誓ったんです。まるで、友人たちに対して、「失われた世代」に対して、義務があるように感じました。自分自身の仕事だけでなく、もし彼らが、生命を落としたあの若者たちが生きていたならば、やったであろう仕事もしようと決意しました。

カー　先生はつらい数多くの友人の死に耐えなければなりませんでした。どうやってやってのけられたのでしょう？　どうやってご自身の精神的な支えを見つけられたのでしょう？

ウィニコット　ん〜、私はそうはしませんでした。ただうまくつき合っただけですね。そうしなければならなかった。ケンブリッジで勉強していたときは、あまりにも忙しくて、そんなことを考える余裕などなかったですね。自然科学についてあらゆることを学ばなければならないだけでなく、何時間ものあいだ仮設の病院で兵士たちと働きました。何百人もの傷を負った兵士たちが、ケンブリッジに送り込まれてきました。でも、彼らの看病をする医者も看護師も非常に少なかった。医者や看護師のほとんどが、戦場に行ってしまっていて、…え〜、もちろん戦うためにではなく、戦って負傷した人々に対応するためにです。ですから、私たち学生も、ケンブリッジをはなれて、ん〜、最小限の応急処置を数多くしなければなりませんでした。

カー　先生はぞっとするような負傷者を見たにちがいありませんね。

ウィニコット　ひどいけがでした…、本当にひどい…、たいてい、そういった負傷兵に対してなにもすることができなかった、少なくとも医学的な面からは。多くの負傷兵が、足や腕や目を失くしていたんです。私は多くの負傷兵の顔は、吹き飛ばされてこなごなになっていました。なにもかもが壊滅的な状況だった。私はよく、負傷兵のそばに座って話しかけ、ふつうの会話をしました。ピアノを弾くこともありました。彼らは心のなかではもう死んだも同然でした。あの負傷兵たちは、元気づける必要がありました。ピアノを弾く私を、彼らはまあまあ気に入ってくれました。だから、私は弾いたんです。「アップルダンプリングズ」って知っていますか？　…当時のおもしろくてみじかい歌です。ケンブリッジの男性たちの大人気になりました。「アップルダンプリングズ、アップルダンプリングズ、ディディディダァダァダァダァ。アップルダンプリングズ、アップル…」まいったな、歌詞をすっかり忘れてしまったよ。合唱の部分は、暗記して全部知っていたんだが。あの歌は長い間いろいろな合唱団でうたわれていますよ。でも、まったく思い出せませんね。最後にあの歌をうたってから一〇〇年近くも経ったんですから。

カー　ウィニコット先生、先生がこれをお知りになると、愉快になられるかもしれません。一九九六年にさかのぼりますが、私が先生のことについて書いた伝記を出版したときに、タヴィストック・クリニックでその本の出版記念パーティを開いたんです。そして、先生の「アップルダンプリングズ」の歌への愛情を知っていましたから、私たちはその音楽をやっと見つけ出して、タヴィストック・クリニック合唱団にお客さん全員のまえで、この歌をうたわせたのです。

ウィニコット　ああ、あの音がじつにいい。聞くことができたらいいんだがねぇ。「アップルダンプリングズ、アップルダンプリングズ、ディディダァダァディディ。」なんてすてきなんだ。あなたもミュージシャンなんですか？

カー　はい、ピアノを弾きます。実のところ、先生の精神分析の仕事に、私は長いこと関心をいだいてきましたが、音楽に対する先生の大きな愛情を発見したとき、私は先生の著作にそれまで以上に引きつけられるようになりました。

ウィニコット　私が音楽を愛していることを、あなたはどうやって知ったんですか？

カー　先生の精神分析の同僚だったマリオン・ミルナーとの会話から、先生の人生のこの一面を最初に発見したにちがいありません。

ウィニコット　親愛なるマリオン。ええ、言うまでもなく、彼女は私の音楽好きを知っていたでしょう。

カー　先生がピアノを弾かれるという事実は別として、私はいつも、先生の本や論文には独特の音楽的な感覚、つまり独特の音色と韻律とリズムがあると思っていました。そしてそのことは、先生の本や論文に大きな魅力を与えていると思います。…少なくとも私にとっては。私はいつも、先生が音楽の才能を駆使して、相手が理解できるペースで話したり書いたりなさったのだと思いました。他の多くの精神分析の執筆者は単純に書くので、相手のこころをあまりつかみませんが、彼らとは違って、先生は演奏者のように書かれます。相手が先生の演奏を聴いて、それに反応している様子が、先生にはわかっていらっしゃる。

ウィニコット　私はいままで、そんなふうに考えたことなど一度もなかったですが、でも、あなたの言っていることはもっともですよ。そうですね、音楽は私のまさに神経線維にまでいきわたっています。ミュージシャンであったことが、ずっととてもうれしかったんだろうと思います。おまけに、おそらく私たちは音楽に戻ってゆけるでしょう。私は、音楽や赤ちゃんについて、そして母親が話すことばのリズムに関して、多くの考えを持っています。それは、より多くの思考や議論がまさに必要となる領域です、そうは思いませんか？

カー　まさにそのとおりです。

ウィニコット　どうして音楽の話になったんでしょう？　ああ、そうだ、第一次世界大戦中に、ケンブリッジで負傷した兵士たちのためにピアノを弾いた話からでしたね。恐ろしい悲劇の歴史の時代。さっきも言ったように、考える時間なんてなかった。でも、私たちはがんばって切り抜けたんです。

カー　一九一六年、政府は、すべての英国人男性に対して、総徴兵制を導入しました。

ウィニコット　そうです。そして、私はこのときに難なく入隊することができました。でも、自然科学のコースの二年めがすでに始まっていたし、私は医学生であることから、まだ免除されていました。でも、ケンブリッジでの勉強も三年めを修了したあとで、私はＲＮＶＲに入隊しました。

カー　英国海軍志願予備員のことでしょうか？

ウィニコット　そのとおりです。ＲＮＶＲは、ある程度海軍として法律上の権限をもっていたはずです。私はそこの軍医見習い生になりました、それは、若くて未熟な海上の医学生にとってとても複雑な流れでした。言葉のあらゆる意味において海上のね！　私はまさしく見習い期間中だったんです。忘れないでくださいね、私は医学についてほとんどなにも知らなかったんです。私たちは、このときまで解剖学や生理学のような自然科学しか勉強していなかった、外科や薬学といった臨床科学ではなくてね。負傷兵との体験は別として、私には実際の適当な病院での実地経験がありませんでした。だから、軍医見習いウィニコットになったんです、…海上の。

カー　先生は、「駆逐艦ルシファー」で数か月間過ごされたのですよね。

ウィニコット　まさにそのとおりです。それは非常に大きな駆逐艦でした。

カー　ルシファーではどのように過ごされたのでしょう？

ウィニコット　えーっと、制服を着ていなければなりませんでした。美しい青の制服でした。私の瞳の色に合っていましたよ。さらに、船員がやることは全部しなければなりませんでしたね、え〜、上司に敬礼したりとか、そういったものを全部ね。そういったことは、海軍ではすっかり儀式化されています。でも、医学生の私には自由な時間もたくさんありました、少なくとも船に乗っていたときに関してはね。大部分の船員たちは健康そのもので、医者をまったく必要としませんでした。もっとも、彼らの母親たちが、医者が待機しているのがわかっただけで満足していたんだと思いますがね。そして、私は本を読むのに多くの時間を費やすようになりました。でも、シック湾で私が当番をするときもありました。

カー　戦闘もご覧になったのですよね？

ウィニコット　ああ、そうですよ。駆逐艦は、運搬したり、商船を護衛したりする役目を果たしました。さらに、敵の魚雷にかなり接近したんです、…まったくぞっとさせられる話ですが、言わなくてはなりません。でも、生き残った。私は一風変わった損傷の手当てもしなければなりませんでしたが、でもほとんどは、梅毒や淋病でしたね、うん、できるだけのことはやりました。船員たちのなかには、港でセックスした者もいました、女性たちとね。あるいは、ひょっとしたらおたがいにやったのかもしれません。それで、こういった性感染症にかかってしまったんですね、憶測にすぎませんが。私にはこういった状況についてまったくわからなかったし、なによりも、それまでずっとかなり過保護な人生を送ってきたんですね。

カー　そして先生には、ご自身とは非常に異なる経歴をもった男性たちと親しく交わる機会があったのではないかと、私は思っているのですが。

ウィニコット　たくさんありましたよ。私は、プリマスで、快適な中産階級の生活を送りました。さらに、レイズで、ケンブリッジで、おもに裕福で教養の高い人たちに会いました。私の父は一介の商人にすぎなかったけれど、それにもかかわらず、商人としてとても繁盛しました。父とおじのリチャードは、ウィニコット・ブラザーズを経営しました。そして、ときにはお金をたくさん儲けました、金物類や装身具などをいろいろ売ってね。そんなわけで、家の使用人を除けば、私は他の階級出身の男性たちとは実際に「つきあって」いなかったわけです。でも、「駆逐艦ルシファー」では、ん〜、私たちは非常に狭い宿舎を共有しなければならなかった。そして、私は、船員たちから、まったく別の人生のことで知る必要のあるものはすべて教わりました。彼らには、知ってのとおり、つきあっている女の子がいました。そして、セックスについて、私が他の情報源から学んだことよりさらに多くのことを教えてくれました。

カー　海軍での経験は、後のグリーンでの仕事に役に立ちましたか？

ウィニコット　それはもう、そのとおりです。知ってのとおり、パディントン・グリーンでは、とても貧しい子どもたちや家族の要望に応えました。だから、私は、西ロンドンの貧しい人たちや東ロンドンのハックニーにあるクィーンズ小児病院でも働きました。イーストエンド・オブ・ロンドンの貧しい人たちに出会いました。ここの人たちの生活は、プリマスの私の身内の生活とは非常に異なっていました。女性の家庭教師や乳母なんていなかったし、父親はアルコール中毒で、母親は売春婦といったそんなもんでした。だから、英国海軍で低い階級の人たちと出会った経験は、自分とは非常に異なる世界からやってきた人たちとどうやってしゃべればいいのかを学ぶのに、役に立ちました。もちろん、私はそれをけっこう楽しみました。さらに、あなたは知らないでしょうが、彼らは私のことを本当にからかったんですよ。私のような上流階級特有のアクセントをもつやつに商人の父親がいるなんて、船員たちは単純に思っていなかったんですね！

カー　海軍では数か月過ごされたのですね？

ウィニコット　そのとおりです。完全に戦争が終わるまでではないにしても、数か月間ですね、そのとおりです。国は、私たちに医師の資格を与える必要があった。だから、私たちは勉強に戻った、というわけですね。

カー　たしか一九一七年一一月に、先生はロンドンにある聖バーソロミュー病院附属医科大学に入学されました。

ウィニコット　そのとおりです。まいったね…、一九一七年…、もうかなり昔のことです。

（訳注1）英国の南西部の港湾都市。人口約二三万五千人ほどの都市だが、実はここは英国海軍の聖地と言われており、軍港でもあったことで有名である。さらに、一六二〇年、清教徒を含めた一〇二名のピルグリム・ファーザーズの一団がメイフラワー号でここを出発し、新大陸を目指した。

（訳注2）エドワード八世（巻末評伝参照）のこと。離婚歴があるアメリカ人女性ウォリス・シンプソンと結婚するためにイギリス国王になって一年もたたない間に、エドワード八世は退位した。一九三六年の一二月一一日のこと、「王冠をかけた恋」で有名なエピソードであり、その後、イギリスは弟ジョージ六世が引き継ぐが、ドイツと戦争に入る。映画『英国王のスピーチ』がそのときの一面を描いている。ジョージ六世の長女がエリザベス二世（現在の女王）である。

（訳注3）六七歳の時に義理の兄に送った手紙にある。以下のような内容になっている。

お母さんが泣いている　Mather below is weeping
　泣いている　weeping
　泣いている　weeping
そうか、そこにいたんだ　Thus I knew her

昔、お母さんの膝の上で体を伸ばした　Once, stretched out on her lap
　今、死んだ木の上でしているように　as now on dead tree
私が彼女を笑わせて　I learned to make her smile
　その頬の涙をふき　to stem her tears

その罪を取り去って　to undo her guilt
内なる死を癒す　to cure her inward death
そう、彼女を生かすこと、
それが私の生なのだ　To enliven her was my living.

（訳注４）新約聖書中のルカによる福音書にある、イエス・キリストが語った隣人愛と永遠の命に関する話からきている。だれに対しても慈愛をもつこととして使われる比喩。

3 杯目　*cup3*
平凡な一人の医者

カー　それでは、先生が本職である医師としてどのように成長されたのか、その話に移りましょう。

ウィニコット　医者になるための訓練を修了するために、私はロンドンに行きました。「ルシファー」に数か月間ずっと乗船したあと、陸地に戻ることができたのは幸運でした。知ってのとおり、私はすでにケンブリッジで自然科学の基礎を修めていました。成績は最下位でしたがね。でも、そのときの私はまだ正式な臨床実習を受けていなかったんです。それで、ロンドンで受けました。当時、ケンブリッジには、大学を卒業したあとの臨床の学校がなかったので、勉強を終えるには、ロンドンへ行かなければなりませんでした。

カー　バーツでの生活は、どのようなものでしたか？

ウィニコット　あなたは業界用語を知っておいでのようだ。みんな、バーツ病院と呼んでいました。「聖バーソロミュー病院」とはけっして言わなかったですね。観光客だけが、「聖バーソロミュー病院」って言いますね。そこでの生活がどんなだったかですって？　う〜ん、むずかしい質問ですね。えーっと、ある面では、十分な熱望をもってやっていましたね。臨床医学について多くのことを学びました。でも、別の面では、失敗しましたよ。正規の医学の伝統的でちゃんとした領域のどれも、私の関心をまったくひきつけなくてね。好きにはなれなかった。私には、あらゆる解剖の講義や、あらゆる外科の教科書、そしてあらゆる病理学の標本のとりこになった親友たちがいましたよ。彼らは勉強に自分の時間をすべて費やしました。さらに、賢い連中となると、資格を得る前によく、医学論文を、それもきちんとした医学論文をね、書き始めていましたよ。でも、私はそういった使命感や素質などはまったく持ち合せていなかった。私は文学好きで音楽好きの人間だったんです。科学者なんかではまったくなかったですね、少なくとも伝統的な意味ではね。

カー　バーツでの仕事を、先生はどんなふうに説明されますか？

ウィニコット　そうですね、もちろん、みんながするように、私もいろいろな所に出向しましたよ。基本的には助手として働きました。もちろん、手術の助手ですよ、包帯を巻く人ですね。そして、駆け出しの医者として、あらゆる優秀な先輩医師の下で働いて過ごしました。でも、私は臨床医学がまったく好きになれなかった。だから、やっとのことで合格できたんです。空いた時間は、課外活動に参加して過ごしました。私は病院の雑誌のために詩や論評を書いたし、街の劇場には、特に音楽のイベントには、本当に夢中になりましたね。余裕のあるときには、たくさんのミュージック・ショーやレヴュー、オペレッタを見に出かけました。私はそれ以前はロンドンに住んだことはありませんでした。それに、…えーっと、ロンドン…、どう言ったらいいのか、私にとって本当によい気晴らしになりました。私は父からお金をいくらかもらっていたので、それで出かけられたんです。でも、私がよく座ったのは、いわゆる「天井桟敷」の席でしたね。知ってのとおり、劇場のてっぺんにまで登れる通路にある安い席です。

カー　のちに先生が、小児医学や、それから精神医学の領域で専念されたことから考えると、これらのわりと発達が不十分な学問分野において、バーツでは実際に適切な教育が行なわれなかったことで、先生はかなりの失望感を味わわれたのではないか、と私は思います。

ウィニコット　そのとおりです。小児医学と精神医学…、え〜、おわかりように…、私の時代の医師たちは、その分野を軽視してもかまわない医学の二分野とみなしていた。だれもその領域を専門にしたいとは思いませんでしたね。実際の医師たちは、外科や、一般的な身体医学（内科や心臓病、肺など）に従事していました。率直に言って、ほとんどの先輩医師たちは、子どもの医者や精神病の医者なんかになったら、ちょっとばかなやつか、かわいそうなやつだ、と思ったことでしょうね。

カー　英国の医師たちは、まだそのころ、「小児科医」という用語を使いそうにはなかったわけですね。

ウィニコット　ああ、まったくです。英国の医師たちは、あのひどいアメリカ英語特有の「小児科医」という表現をとても嫌いました。私たちは、「子どもの医者」と呼ばれていました。

カー　なるほど。

ウィニコット　あなたが言ったように、これらの領域は、まだわりと遅れたほうの学問分野でした。実際、小児医学は、バーツでかろうじて専門として存在していた…、まあ、他の場所でも似たようなもんだったでしょう、それに関しては。私の時代には、よく子どもの患者と大人の患者を一般病棟にいっしょくたにしていたということを、あなたは知っていましたか？　人々は、子どもたちを単に大人をより小さくしたものと考えていたんです。そして、子どもたちには特別な医療の必要があるとは、ほとんど知られていなかったし、精神面でも特別な配慮があるなんて、まったく知られていなかったことは確かです。それに、精神医学はそんなにいいものではありませんでした。実際、私たちはもともと精神医学という用語さえ用いませんでしたね。私たちはその分野を「心の病気」と言っていました。

カー　先生は外科や内科では名を挙げられなかったので、なりゆきで、「子どもの医学」や、のちには「心の病気」に向かわれたのですか、それとも、こういった周辺に追いやられた専門分野に心から関心を寄せておられたのですか？

ウィニコット　正直に言うと、その両方ですね。私には、外科にはぜったいに配属されないということがわかっていました。それははっきりしていました。ただ単に、私には他の連中にはあった必要な資質がなかっただけですね。カットしたりスライスしたり、そういったことすべてに、私は単に興味がそそられなかっただけです。でも、小児医学はおもしろいことがわかったのはまちがいありませんね。それに、私は子どもたちと仲よくできたし。子どもたちとどうやって遊んだらいいのか、知っていましたから。でも、他の連中はそうじゃありませんでした。

カー　先生は、ロバート・アームストロング＝ジョーンズ卿といっしょに「心の病気」を研究された際に、失望された経験をなさった、と私は思っているのですが？

ウィニコット　あきれた男でしたよ、アームストロング＝ジョーンズは。彼は、私たちが狂気というものを理解するのに本当に役に立つことはなにも教えくれませんでした。

カー　彼は、当時の英国精神医学では非常に重要な立場にありました。

ウィニコット　ええ、そうです。でも、彼は無意識についてまったくなにも知りませんでした。アームストロング＝ジョーンズは、結局、アンソニー・アームストロング＝ジョーンズの祖父になったことを、あなたは知っていましたか？　アンソニー・アームストロング＝ジョーンズは写真家で、マーガレット王女と結婚後、のちにスノードン伯爵になりましたよね。どうですか？　ロバート卿には王者らしい強い願望がありました。彼は、自分の孫が王室に婿入りするのを見るまで長生きできませんでしたよね。でも、それを楽しみしていたことでしょう。

カー　ロバート卿は、実際には、ウェールズのとても慎み深い一族の出身で、ジョーンズ、単なるジョーンズですが、そう呼ばれていました。後年、名前をアームストロング＝ジョーンズに変えたということがわかりました。

ウィニコット　それは、ほとんど驚くべきことではありませんよ。ロバート卿は非常に尊大な態度をとっていました。心の病気を教えてはいましたが、彼は、医学部の教育全体のなかで、ほんの少しの講義と実演をやっただけです。狂った人たちとはほとんど接触しなかったために、あまり役に立ちませんでした。狂気を理解するようになるには、時間がかかるけれども、ロバート卿は、それを理解する道のりを容易にしてくれるようなことは本当になにもしませんでした。彼は狂った人たちを純然たる狂気とみなしました。人としてではなく、もがき苦しんでいる人としてでも、子ども時代があった人としてでも、あるいは心をもった人としてでもなくね。

カー　それに、彼は精神分析をひどく嫌っていたと思います。

ウィニコット　感情をむき出しにしてね！　フロイトは、このころ、英国の医学界での足がかりをちょうどつかみはじめたばかりでした。私たちはみんな、雑誌などでこの新しいウィーンの心理学に関する記事や書評をわずかばかり読んでいました。だから、フロイトの学説についてほんの少しだけ知っていました。でも、ロバート卿はフロイトをとても嫌いました。彼も完全に反ユダヤでした。ほら、彼と同時代の人々の多くがそうであったようにね。そして、彼はいつも、「精神‐分析 Psycho-analysis」〔以降、「精神分析」と表記する〕は、私たちはそのころハイフンをつけて綴っていました、…当時はかならずハイフンをつけていましたね、精神分析は、ウィーンのユダヤ人にはふさわしいかもしれないが、英国民にはなにも提供してくれない、とよくそう言っていました。

カー　そして、彼はウェールズの出身だった！

ウィニコット　そうです。でも、彼には強い出世願望があったし、いつも英国人のようになよなよしていました、かつて鉱山で働いていた然るべきウェールズ人のようにではなくね。私は、一九四〇年代、ウェールズのカーディガン湾に休暇用に小さい家を持っていてね、かなり多くの生粋のウェールズ人をよく知っていました。ロバート卿は、自分のルーツが卑しいウェールズにあることを避け、英国の騎士になりました。えーっとですね、私の父がナイトの爵位を得たときに、彼はお高くとまった態度はけっしてとらなかったし、けっしてプリマス人以外の者であるふりもしませんでした。

カー　それで、十分に発達した専門分野として、こういうふうに医学的な努力が注がれる前から、先生は小児科学と精神医学への道を探ろうとして偉大なる挑戦をなさったわけですね。先生は本当に先駆者にならなければならなかった。

ウィニコット　えーっとですね、それどころか、私は頑固者で、むしろちょっと自暴自棄になっていた、と言ったほうがいいかもしれませんね。これらは、私に興味をいだかせたまさに唯一の医学の分野だったし、あまり医学らしくないことがわかりました。夜尿症の子どもやうつ病の大人を助けるために、身体医学について多くを知る必要は実際にはありません。たとえば、尿道の構造について、あるいは前頭葉の位置を定めることについて多くを知る必要はありません。でも、子どもたちを治療するには、非常にすぐれた心理学者である必要があるし、精神的に困っている人たちを治療するには、すぐれた心理学者である必要があります。実のところ、私は学んだ身体医学の大部分を結局忘れてしまいました。でも、もちろん、災害や死に平然と対処できるようにならなければいけないという点で、訓練はやっておいたほうがいいですね。でも、小児科学と精神医学は両方とも、医学的知識をほとんど必要としません。少なくとも、私の時代の状況であれば、そうでしょう。

カー　小児科学は、この八〇年ほどのあいだにおおきく変わりました。医学のほとんどの部門と同じように、今ではますます科学技術が用いられるようになり、薬も開発されてきました。しかも、かなりの効果をあげることもしばしばです。

ウィニコット　それは本当ですか？　そうにちがいないでしょう。私は上の階にある小さな診察室にいて、そこから精神分析の文献についての最新情報を知るように努めています。でも、小児科学の新しい成果をむしろおろそかにしたことを認めなければなりません。でも、私の時代には、知ってのとおり、子どもたちに与える薬なんてなかったし、あるいは、本当にきちんと作用したものは何ひとつありませんでした。もちろん、臭化物は使用しましたよ。あらゆることに臭化物を処方しました。でも、それだったら、患者にブランデーやウィスキーを与えたほうがよかったですよ。そして、おわかりのように、一つにはやけになっていたので、また一つには子どもたちには心理学的な理解が必要だと感じたので、私は心理学的なアプローチに救いを求めました。また、精神的に困った大人たちも理解される必要があると悟るようになったんです。

カー　先生は、バーツでの困難にもかかわらず、へこたれずにやり抜かれたのですね。

ウィニコット　ええ、そのとおりです。おわかりのように、私はあきらめなかった。でも、身体医学は、私には心底まったく合いませんでした。

カー　このごろは、高等教育のほとんどの組織には、困難をかかえ窮地に陥った訓練生を助けるために、学生のためのカウンセラーや、向上するためのアドバイザーがいます。訓練中の若い医師として先生のことを指導し、援助してくれた人はいましたか？

ウィニコット　私の時代は、ただ勉強をどんどん進めていくだけでした。医学部には、職業カウンセリングやガイダンスなどといったものはありませんでした。先生たちが私のことをとても気に入ってくれたのはたしかです。でも、私には「スター性のある」医学の素質がなかったし、年上の男性はだれも、私のめんどうなど見てはくれませんでしたね。私がけっして医学部の教授や勲爵士になれないことは、すぐに明白になりました。職員のなかで、ロバート卿のように勲爵士に叙された男性の割合が非常に高いということを、あなたは知っていましたか？　バーツでは、他の教育実習病院より多くの勲爵士がいたと思いますよ。

カー　先生は、たしか、アンソニー・ボウルビィ卿、結局、先生の精神分析の同僚の一人になるジョン・ボウルビィ博士のお父さんですね、彼といっしょに外科の勉強をなさったはずですが。

ウィニコット　ええ、私がボウルビィに、ジョンのほうですね、彼に出会ったのは、何年も経ってからです。彼が一九三〇年代に精神分析家としての訓練を受け始めてからですね。実のところ、私たち二人は、フロイトから分析を受けたリヴィエール夫人、ジョーン・リヴィエールですね、彼女から分析を受けたし、さらにそれ以前には、たしかアーネスト・ジョーンズからも分析を受けたと思います。私が二度目の分析を受けたのが、リヴィエール夫人からでした。でも、私の知るかぎり、ボウルビィは一度きりしか分析を受けなかった、…そうです、彼がリヴィエール夫人の分析を受けた後、それからさらに多くの分析を受けたとは考えられません。それはそれとして、そうです、言うまでもなく、私はボウルビィの父親を知っていました。アンソニー卿という人は、とても強い印象を与える人だと思いましたよ。彼は戦争による外傷の外科的治療に対しておおいに貢献しました。そしてそれは、おわかりのように、第一次世界大戦中の彼の体験に基づくものでした。

カー　さらに、ボーア戦争のときの体験もふくまれると思います。

ウィニコット　ええ、彼とは本当に長い付き合いでした。私の父とほぼ同じころに生まれたにちがいありません。

カー　ところで、先生は、特別な人物として尊敬することのできる先輩の医者をまったく見つけられなかったのでしょうか？

ウィニコット　当時は…、不運にもそうでしたね。そうですね、おそらくアンソニー卿がちょっとばかりそうだったのと、それから、トミー・ホルダーがほんの少しでしょうか。

カー　ホルダー博士ですか…。

ウィニコット　後のホルダー卿ですね。

カー　彼は、たしか、大々的に個人開業をしたのでした。

ウィニコット　ああ、まったく巨大でしたね。彼はとても豪華な車を運転して病院までやってきました。車はもっとも高価なものの一つですよね。そして、私たち若い医師たちは若干、ねたみの気持ちと疑惑の念をもって見ていました。

カー　ボウルビィやホルダーのような大成功をおさめた男性が、先生に力のなさを感じさせたのでしょうか、それとも、彼らはおそらくは先生を鼓舞して、自分だって成功して優秀な医者になれるんだ、という希望を先生に与えたのでしょうか？

ウィニコット　残念ながら、ほとんど後者でしょう。正直に話しますと、学問的観点からすれば、非常にお粗末な時を過ごしたと思います。

カー　先生は、ご自身の専門分野を見つけるのに、少し時間がかかったのですね。ところが、先生のそれ以外のお仲間、…たとえば、私は、クリストファー・アンドルーズやジェフリー・ボーンのことを念頭においているのですが、二人とも、より伝統的な医者や研究者になりましたね。

ウィニコット　久しくその名前を聞いていなかったですね。アンドルーズとボーンには多くのいい思い出があります。それはそれとして、あなたの言うとおり、連中は、単純なやり方で医学が好きになったんです。彼らには旅行に出かける必要などなかったようでした。彼らはただ〔医学の道を〕出発して、進み続け、そして終えたんです。私の場合は、平坦な道のりではなかった。

カー　ずいぶんと孤独を感じるときもあったかもしれませんね。

ウィニコット　えーっとですね、友人はたくさんいましたよ、いつもね。でも、私を本当に支えてくれて、それこそ秘蔵っ子として私のことを引き受けてくる人がいたならば、それはおおいに助かったことでしょう。男というものは、思うに、師となる別の男性を必要とするのではないでしょうか、父親のような。私の父の場合は、そうですね、かなり優しくふるまってくれました、…愛情あふれるやり方でね、そう思います。なので、他の男たちはべつに大したことなかったんでしょう。私は、非常に多くの先生たちの、医学部の先生ですね、その人間らしい能力に関してかなりがっかりさせられました。

カー　ですが、医師の資格を取得した後で、先生は幸せな体験をなさったのではないか、と私は思っています。先生はフランシス・フレーザー教授のなかにちょっとした師なるものを見つけました。

ウィニコット　ええ、フランシス・フレーザーを見つけました。彼はバーツの人間でした。そして、先任の教授だったアーチバルド・ギャロッド卿が一般講座担当教授になるためにオックスフォードへ行った後、フランシス・フレーザーがバーツの医学部教授の後任になった、そして、私は地位の低い住込みの医師として、彼のために仕事に行きました。私はこのときまでに、医師の登録を済ませました。一九二〇年のことです。やっと正式な医者になることができたわけです。けれども、正式な医者になったという気がしなかった。でも、フレーザーはすばらしい指導をしてくれました。私がロンドンのロイヤル内科医カレッジの会員になるための試験や、さらには、私に英国ロイヤル外科医カレッジの試験の準備をさせました。そして、医学の学位はまったく取得しなかったけれども、当時はそうする必要もなかったし、私は、免許所有者の地位と会員権を授与され、それらの証書は私が医業を営む許可を与えてくれました。

カー　二〇世紀初頭、医者は医業を営むために医学の学位を有する必要はなかったということを、現代の読者は理解しないかもしれません。今では、医者が学位なしで医業を営むなんて、考えられないことでしょう。

ウィニコット　ええ、アメリカ人であれば、それが非道行為だとわかるでしょう。でも、知ってのとおり、ここのシステムは違っていたんです。私の時代は、本当に賢いやつだけが、医学の分野で高い学位をとりましたよ。医学の学士号とか、外科学の学士号とか、いろいろね。私たちのほとんどは、ちょうどいい具合になんとか免許所有者の地位を得ました。だた、それは試験には合格したけれど、大学で学位を取得していないことを意味しました。私は、LRCP、つまりロイヤル内科医カレッジの免許所有者の地位ですね、それと、MRCS、つまりロイヤル外科医カレッジの会員権を、たとえまったく手術をやらなかったにせよ、これらをすばやく手に入れました。そのおかげで、医師として登録することができたんです。

カー　ということは、先生はけっしてドナルド・ウィニコット医学博士ではなかったのですね。

ウィニコット　そのことが、後年、アメリカで本を出版してもらったときに、私にとって大問題になった。アメリカの出版社は、おもて表紙に「D・W・ウィニコット医学博士」と付けることを望んでいたんです。

なぜならば、「医学博士号」を持っていないなんて、本当の医者であるはずがなかったからね。私は「医学博士号」を持っていない、と出版社の人に話しました。そして、英国人の医者のほとんどは、「医学博士号」を持っていないということも。でも、彼らは広告目的のために、それを私に与えたんだと思いますね。さもなければ、だれも私が医者であるとは信じなかっただろうし、当時、だれもその本を買わなかったでしょう。

カー　言うまでもなく、ここ最近は、精神保健の分野は、ますます非医学化の対象とされてきています。そして、英国のほとんどの精神療法家と精神分析家は、医学以外の経歴をもった人たちです

ウィニコット　それは驚くべきことではないですね。会話をするのに、医者である必要はありませんから！　でも、私の時代はそうだったんです。そして、私はフレーザー教授がいなかったならば、ちゃんとした医者になることはできなかったでしょう。そうなんです、私がこうしていられるのも、フランシス・フレーザーのおかげなんです。後年、国王は彼に「ゴング」を、知ってのとおり、ナイトの爵位ですね、それを与えました。…そして、彼はフランシス卿になりました。彼が亡くなるまで、私は彼と連絡をとり合っていました。敬愛すべき、すばらしい人、フランシス卿。

カー　そうして、先生は医師の資格を取得されたのですね。それから、免許所有者の地位を得た後で、ロンドンのロイヤル内科医カレッジの正会員にもなられたのでしょうか？

ウィニコット　そうです、一九二二年までにはそのすべてが完了しました。私は、D・W・ウィニコット、MRCS〔英国ロイヤル外科医カレッジの会員〕、LRCP〔ロンドンのロイヤル内科医カレッジの免許所有者〕、それに、MRCP〔ロンドンのロイヤル内科医カレッジの会員〕になりました。

カー　そして、翌年、つまり一九二三年ですね、この年は、非常に多くの点において、先生にとって相当

な転機の年になったのではないか、と私は思っているのですが。

ウィニコット　一九二三年という年は、あらゆる点で私の人生を変えました。まず第一に、私は専門の医者になる過程をすべてやり終えた。次に、きちんとした職を求め、グリーンの、つまりパディントン・グリーンですね、そこの内科医補佐になったし、イースト・エンドにあったクィーンズ小児病院にも似たような職を得ました。そこは、以前にもちょっと働いたところですね。この両方の病院とも、子どもの治療が専門でした。それは、当時としてはとてもめずらしいことだったんですよ。そして、これらの職に就いたことで、小児医学や子どもの病気に対する私の関心はさらに高まり、強固なものになりました。私の次の四七年間は、ずっと子どもの医者でいました。

カー　私が正しく理解していればのことなんですが、おそらく、内科医補佐という先生の新しい職は、非常に多くの真剣さや実直さが必要だったのではないでしょうか、おそらく「補佐」という語が意味する以上に。

ウィニコット　まさにそのとおりです。一九二〇年代の当時、内科医補助はそれなりの立場でした。もちろん、一人前の内科医という地位ではなかったけれども、それなりの立場でしたよ。それは、最近、国民健康保険制度において新しく設定された医長に相当するんじゃあないですか。

カー　ですが、現代の内科医医長とはちがって、給料はもらえなかった。

ウィニコット　そこそこの給料はもらっていたと思いますよ。でも、ほとんどの場合、私たちは十分な給料を受け取らなかった。当時、病院の職に就けるということは、名誉なことであると思われていたんです。それは、周囲の同僚らがその人を資産家とみなすことを意味しました。その結果、その人の評判は、たちどころによくなりますよね。私たちは給料そのものはもらわなかったけれど、病院に職があることから生じる名士と名声のおかげで、ハーリー街で個人の患者さんたちを診療することができました。そうやって、私たちは自活していかねばならなかったんです。
カー　そうしますと、先生は個人開業なさったわけですか？
ウィニコット　実際、そうしないといけませんでした。
カー　ですが、まだハーリー街ではなかったと思うのですが。
ウィニコット　そうです、グリーンでスタッフに加わって、そのすぐ後に、私はウェイマス通りに部屋を借りました。そこは、ちょうどハーリー街と直角をなしていて、ロンドンのお金持ちの個人を相手に診療できる、地域のちょうど中心地でした。唯一の問題は、上流階級の人たちをみんな一手に引き受けていた外科医や一般の内科医とは違って、私は子どもたちの治療をしたということですね、大人ではなくて。当時、ほとんどの両親には、子どもたちを連れて、地元の医者に診てもらうという意欲や先見などありませんでした。お金持ちの人たちは、子どもたちをかかりつけの老いた医者のもとへ連れて行きました。だから、最初のうちは、私のところには、個人の患者さんはほとんど来なかったですね。私はそれを恥じていたということをあなたに話さなければなりません。
カー　医長の職を二か所もっていたのにもかかわらず、先生は駆け出しのころ、金銭上の問題と格闘されていたというのは、正しいのでしょうか？
ウィニコット　父が援助してくれました。長年ね。そのことを私はありがたく思っています！
カー　さらに、パディントン・グリーンの貧乏な患者さんたちがウェイマス通りにやって来るために、先生がお金を出されたこともあったのではないか、と私は思っています。
ウィニコット　何人かの人たちには、西ロンドンから街へやって来るのに、路面電車の料金を渡しましたね。こうやって、私はウェイマス通りで移動係りとして顔が立ちました。父にずぶの素人とか、ぼんくらとか思ってもらいたくなかったんでね。それに、自分専用の診察室でパディントンの患者さんたちを診ることによって、彼らにより多くの時間をさくことができました。これは、私にとって非常に重要な経験でした。パディントン・グリーンの患者さんたちに多くの時間を費やしたおかげで、でも、充実した待合室を備えた病院では、そんなことはそう簡単にはできなかったけれど、個人開業ではできたんです。そのおかげで、患者さんたちが抱える問題の本質についてさらに理解することができました。そういうわけで、私のところへ診察を受けに来てもらうために、私は個人の患者さんたちにお金を払ったのだ、と言ってよいと思います。患者さんたちから教えてもらうためにお金を払ったんです。そして、彼らは、私に知識を授けてくれることで確実に報いてくれました。

カー　もちろん、私たちはみんな、先生がご自身の本の一冊のなかに書いた献辞を知っています。「教えてもらうためにお金を払った私の患者さんたちに。」

ウィニコット　本当に心からそう思って、書いたんです。個人的な医長の仕事から多額のお金を稼ぎはじめるようになったときでさえ、患者さんたちが自分の先生である、とまだ思っていました。私の人生の最後まで、患者さんたちが私にお金を払ってくれたのであって、私が彼らにお金を出す必要はなかったんです。たしかに、ごく最近まで、私はただでたくさんの人たちを診ました。おわかりのように、貧しい人々には救いの手を差しのべねばなりません。

カー　この時点で、つまり一九二〇年代の初めに、先生が小児医学のうち、とくに身体的な側面を専門になさったというのは、正しいのでしょうか？

ウィニコット　ええ、そうです。私が実際に子どもに関わる仕事に、精神分析を少なくとも正式なやり方で持ち込みはじめる前のほんのわずかな期間ですが。私が若年性リウマチや心臓疾患などで苦しんでいる子どもたちに関わる仕事を多くやったことを、あなたは知っているかもしれませんね。もちろん、これらの症状の発端には、心理的なものも含まれていることがありましたがね。

カー そうしますと、一九二三年に、先生は病院に職を得て、個人開業も始められた。しかし、先生は精神分析も受け始めておられる。先生ご自身が患者になられたわけですが、これはどういうことなのでしょう？

ウィニコット えーっと、言われているように、若き医者としてバーツで過ごしていたときに、私はフロイトと彼の考えについて多少知るようになりました。それに、フロイトに対するロバート・アームストロング＝ジョーンズ卿の頻繁な攻撃は、私の好奇心をよりいっそう高めるだけでしたね。そこで、私は本を読むことから始めたんです。プフィスターの本から始めました。知っていましたか？

カー オスカー・プフィスター、フロイトのスイスの同僚だった人ですか？

ウィニコット そう、その人です。私はフロイトと彼の関係についてはごくわずかしか知らなかったけれど、『精神分析の方法』と呼ばれていた彼のかなり厚い教科書を読みました。その本は私の心をすっかり奪うくらい、とても魅惑的でした。それから、私は悟った。おそらく自分自身も精神分析を受けなければならないんだろうとね。

カー 先生は最終的には精神分析家として働くおつもりだったのでしょうか？

ウィニコット いや、いや。私には助けが必要でした。…かなりの病気だったんです。

カー それは、精神医学的な意味での「病気」ですか、それとも、ウィニコット流の意味での「病気」ですか？

ウィニコット ウィニコット流の意味での「病気」です。それは、私が幸せでなかったこと、本当の自分ではなかったことを表わしています。えーっとですね、私は最初の結婚をしたばかりだったんです、…アリスと、そう、アリス・テイラーとね。ある外科医の娘でした。それじゃあ、えーっと、…分析を受けることは役に立つだろうと思った、と言っておくことにしましょう。そういうわけで、私はアーネスト・ジョーンズにたどりつきました。どうやってジョーンズに行き着いたのか、正確には憶えていません。でも、英国においては、ジョーンズがフロイトの鍵となる人物であることは、みんな知っていた。それで、ハーリー街にあった彼専用の診察室で会ったんです。ちょうど私の診察室から目と鼻の先でした。

カー　分析の期間中に何が起こったのですか？

ウィニコット　ジョーンズが気むずかしい男だったことは疑う余地もありませんね。みんな、彼と戦いました。彼を敵に戦った。でも、どういうわけか、私はけっしてそうしませんでしたね。なぜかはわかりませんが、私はまさに彼のいいところを得ました。私たちはけっして、混乱したり小競り合いになったりしませんでしたね、まあ、だから私は彼から学ぶことができたんですが、それはまったく珍しいことでした。

カー　先生は、このことをどういうふうに理解されていますか？

ウィニコット　そうですね、私は子どもの医者としてジョーンズのもとへ行きましたが、このことが私たちをすぐに結びつけたのだと思います。ほら、彼も若い時分には小児医学の分野で働いていたし、若者の身体の病気についての論文をたくさん発表していた。だから、二〇年ほどのあいだに、この分野で何が起こったのかを私から知りたいと思っていたんでしょう。彼は、精神分析に専念するために、小児医学の分野から退きました。私たちはそのことについて話し合ったと思います。でも、私のことについても話し合いました。ほとんどは私のことについてでしたね。そして、それがすばらしいとわかったんです。ジョーンズは、自分自身のことについて私が知っていた以上に、私のことを知っていたと思います。

カー　先生はジョーンズとの分析を望まれたのですか？

ウィニコット　おそらく、そうでしょう。でも、そのころの彼には空いている時間がありませんでした。当時は、だれもがジョーンズのところへ行きました。でも、私にはごくわずかしかお金がなかったし、彼もそのことを知っていたと思います。それにもかかわらず、莫大な料金を請求してきました。でも、彼は、私が分析を受けたいと願い出る際のきまり悪さを私に味わわせたくなかったのだと思います。私がきちんとお金を払うことなどできないと知っていたからね。そこで、ジョーンズは、「新人」、つまりジェームズ・ストレイチーですね、彼のところへ私を行かせたんです。ストレイチーは、最近ウィーンから戻ってきたばかりでした。ウィーンで彼はフロイトの分析を受けました。そして、ストレイチーの妻、ストレイチー夫人のアリックスも、フロイトの分析を受けました。なので、ストレイチー家の人々は、それぞれ患者を必要としていました。それで、ジョーンズは私をストレイチーのところへ行かせたんです。ストレイチーを援助したかったんですね。彼はストレイチーのことを気に入っていたし、ストレイチーが有力な縁故に恵まれた文芸一家、知ってのとおり、兄弟にリットン・ストレイチーらがいますよね、そこの出身であるという事実を、ジョーンズは喜んでいたと思います。さらに、ジョーンズはウェールズ人でした、ロバート・アームストロング＝ジョーンズ卿のようにね。そして、彼もまた、英国人とうまくやっていきたいと思っていたし、ストレイチーはまさに英国人だった、正真正銘の英国人でしたね、実際に。だから、ジョーンズは、ストレイチーにまつわることが、つまり英国らしさがとても好きになった。そういうわけで、私はゴードン・スクエアまでストレイチーに会いに行きました。そして、いっしょに精神分析の作業を始めたんです、ジョーンズの勧めでね。

4杯目 cup4
ストレイチーの寝椅子の上で

カー　先生は、一九二〇年代の精神分析の実践をどういうふうに説明されますか？　一九三〇年代や一九四〇年代、そしてそれ以降、先生が実践なさってきた精神分析とはだいぶ違っていましたか？

ウィニコット　初期のころ、私自身が分析家になる前、患者さんたちは、毎週五日どころか、六日通ったものでした。知っていましたか？　私たちはみんな、月曜日から金曜日だけでなく、土曜日も通い続けました。ただ、そのせいで、心身が少しばかり疲れてきて、回数も少しずつ減っていったということは、言っておかなければなりません。でも、フロイトは常に土曜日も働き続けました。だから、必然的に、彼の弟子たちもみんな、同じようにしたんですね。たいへんな困難を抱えた人たちにとって、たとえば、落とされるんじゃあないかという恐怖を抱いたボーダーラインの患者さんや、精神病の患者さんにとって、土曜日のセッションは不可欠だったにちがいありません。天の賜物ですね。でも、私はアリスと、サリー州のサービトンで暮らしていて、セッションのために、毎週土曜日、セントラル・ロンドンまで訓練を受けに行くのはやっかいなことでしたよ。パディントン・グリーンで治療相談の時間がときどきはあったんですけど、それがない場合には特にね。

カー　先生はブルームズベリーの中心街にあったストレイチーの自宅に行かれたのですか？　先生は、ストレイチーが、ヴァージニア・ウルフや、ジョン・メイナード・ケインズ、そしてそれ以外の人たちと緊密な関係を結んでいたことをご存知でしたか？

ウィニコット　ストレイチーさんは、私はいつも彼のことをストレイチーさんと呼んでいましたが、彼は医師ではなかったんです。でも、そんなことは重要でなかった。彼は英国精神分析協会のほとんどだれよりも、フロイトのことをよく知っていましたよ。実際、彼はジョーンズよりもフロイトのことを知っていたかもしれませんね。ジェームズ・ストレイチーがフロイトの著作をすべて英語に翻訳したし、その膨大な仕事によって、まさしく偉大なフロイトの専門家になったということを、きっとあなたは知っていると思います。ストレイチーさんは私生活についてはめったに話しませんでしたね。でも、私は、彼がリットン・ストレイチーの兄弟であるということを知っていました。彼の本がベストセラーになったので、たとえば、『ヴィクトリア朝偉人伝 *Eminent Victorians*』(1)のようにね。リットン・ストレイチーは、自分の本を一冊、私の分析家にささげるようにさえなった、と思います。それで、そうそう、あなたの質問に答えると、私は精神分析とブルームズベリー(2)の作家たちの特別な関係をよく知っていましたよ。思うに、私は、街なかで知らず知らずのうちに何度もヴァージニア・ウルフのそばを通り過ぎたにちがいないですね！　メイナード・ケインズにも会ったことでしょう。彼は、少しのあいだストレイチーと家を共有していました、あのジョン・メイナード・ケインズですよ、経済学者の。そして、たしかに、私は、彼の妻のリディア・ロポコワ、ロシアのバレリーナですね、彼女にも会ったのを憶えていますよ、チュチュを着ていた彼女をね。

カー　ストレイチーの技法はどうだったのでしょう？

ウィニコット　ああ、彼はとても伝統的で、とても古典的な技法を用いました。寝椅子を使ったのは言うまでもない、むしろ寝椅子を使わなかったなんて考えられませんね。そして、私はというと、横になって自由連想をしましたね。彼は解釈をしました。そのほとんどは、私のエディプス欲求や、エディプス欲求を認めることに対する私の抵抗についてでした。とても古典的でしたよ、本当に。

カー　私は、お二人が夢についてかなり話し合ったのではないか、とみています。

ウィニコット　ええ、もちろんです。たくさんの夢を分析してもらいました。私はストレイチーさんに自分の夢を話すのがとても好きでした、……とってもおもしろかったですね…、まあ、何はともあれ、私にとってはね。

カー　そうしますと、先生は昔からのフロイト的な分析を受けられたわけですね。ですが、ストレイチーの技法は、時間とともにいくらか変化していったのではないか、と私は思っているのですが。

ウィニコット　そうです。年を重ねるにつれて、ストレイチーさんは、転移のせいでますます夢中になっていくことに、私は気がつきました。最初は、彼は私と私の無意識のことだけについて話しましたが、分析が終わりに近づくにつれて、私との関係についてさらに多くのことを解釈し始め、治療関係において分析家自身が変化しやすい要素になれるということを証明したんです。このことは、精神分析の領域において、移行というものをまさに明らかにしてくれました。私たちは、精神分析の変化というものをですね、一つの過程として体験したんです。それによって、分析家は患者を治療し、分析家と患者はおたがいに巻き込まれて一体となる、治療過程においてね。そこでは、両者が相互作用の力動が関与しているんです。

カー　一人だけの心理学から二者関係の心理学への変化ということでしょうか？

ウィニコット　そうです、まさにそのとおりです。

カー　ジェームズ・ストレイチーとの分析体験は有益だったのでしょうか？

ウィニコット　当時、私にとってもっとすぐれた精神分析家などいなかったでしょう。ストレイチーさんが知らなかったこと、理解しなかったことはたくさんあります。でも、そのことで、彼のことを悪く言うことなんかできませんよ。そのころ、パーソナリティのより原初的な部分のことなんて、だれもまったく理解していませんでしたからね、本当に。でも、ストレイチーさんが私の心の神経症的な部分について分析してくれたことは、とても役に立ちました。そして、いつも実に紳士的なやり方で対応してくれました。彼には、すぐれたマナーとすぐれた「品格」が備わっていましたね。彼もフロイトをもっと読むように勧めました。私はめったにしませんでしたがね。私は学問好きの読者ではなかったんです。でも、そんなことはまったく問題ではありませんでした。なぜなら、ストレイチーさんは、私が他のところでは話すことができなかったことについて語る機会を与えてくれたからです。彼がより恐ろしい部分に気づいたのかどうか、私にはわかりません。つまり、後に私が言った、ばらばらになってしまうのではないかという赤ちゃんの恐怖、いつまでも落ちていってしまうではないかという赤ちゃんの恐怖に気づいたのかどうか、わかりません。

カー　それは、先生がさらにおどかしてくる心の要素と取り組むのを、ストレイチー氏がまったく助けてくれなかった、という意味でしょうか？

ウィニコット　そうですね、援助してくれたし、してくれなかったし、その両方ですね。彼が直接、そういった要素に取り組んだ、とは私は思っていません。彼は前エディプス期の構成要素を見落としたんです。でも、エディプスの面に関しては大きな仕事をしました。私と父との抗争を理解するのを助けてくれたからです。多くの点で、彼は私に声を授けてくれました。そのおかげで、私は権威に挑み、だれにも頼らずに強い男になることができたんです。少なくとも特定の領域においてね。彼はどうにかこうにかできたと思っています。

カー　先生はすべての著作において、特に一九三〇年代と一九四〇年代の著作で、多大なる勇敢さを示しておられます。たとえば、仲間の小児科医の過失に対して、また後には、電気けいれんショックと白質切断術、それはロボトミーとしてさらに有名になりましたが、そういったことを行なった臓器ばかりみている精神科医のサディズムに対して反対意見を述べていらっしゃいます。

ウィニコット　そうですね、その由来は、さかのぼってみると、まさにストレイチーさんにあるだろうし、分析の肯定的な結果にあるのかもしれませんね。彼のおかげで、私は仕返しを過度に恐れることなく、本当にずばずばものが言えるようになりました。さきほども言いましたが、彼は本当に私に声を授けてくれました、…私は自分自身の声でしゃべれるようになったんです。

カー　そして、その体験をなさったことが、後年、先生がラジオの出演者になるのに役立ったのでしょうか？

ウィニコット　まったくそのとおりです。さきほども言いましたが、ストレイチーさんは、私にしゃべる許可を与えくれたし、私が口にする言葉は重要であると感じさせてくれました。そして、私はいつも静かにゆっくりしゃべっていたけれど、あなたも聞いているようにね、それでも、大きな声をしているように思いますよ。

カー　大きさと静かさの両方を同時に、というわけですね。

ウィニコット　ええ、そのとおりです。

カー　先生がストレイチーさんのために書いた追悼文のなかで、それは彼が亡くなってから約二年後に発表されたのですが、先生はたいへん好ましい言葉で彼のことを述べておられますし、先生が、一九六七年の彼の死まで、彼とのあたたかい学問的なやりとりを維持されたことを、私は知っております。しかし、それにもかかわらず、先生はまだ、さらに多くの年月をかけてジョアン・リヴィエールの分析を受ける必要があると感じておられました。

ウィニコット　これはあきれた、私はどうもまったく隠し立てをしていない人のようだな。

カー　え〜、私はずっと不思議に思ってきました、…本当に、私の同僚の何人かもそうでした、…ストレイチーさんといっしょの時間を過ごしてことで、いわば〔心の〕最下層に本当にたどりついた、と先生は感じられたのかどうか、つまり、先生のもっとも原初的な部分に本当にたどりついたのかどうか。ご承知のように、退行が進んだ患者さんの何人かとともに臨床の仕事をされるなかで、先生がふれようと試みられた、まさにその部分のことです。

ウィニコット　それは、いい質問だし、重要な質問ですね。まちがいなく。実は、私たちはより深いところまで行けたように思います。分析のどの部分でも、人はいつもより深く感じることができますよね、そう思いませんか?

カー　ああ、そのとおりです。

ウィニコット　でも、ストレイチーさんは、自分自身の内面にそういったより原初的な部分があることを知らなかったかもしれないですね。あるいは、私にそういった部分があることを知らなかったかもしれない。

カー　ストレイチーさんにはタイミングに対する感受性があったというのが真相かもしれません。なにしろ、私たちはときどき、患者さんたちのなかに非常に不安定な面を感じます。ですが、患者さんの防衛は尊重しなければなりませんし、あまり侵入的になってもいけません。

ウィニコット　あなたの言うとおりかもしれないですね。侵入的であることは、何人かの患者さんたちにとっては、無力をもたらすおそれがあります。あなたの言うとおりでしょう。そして、当時の私は、非常に防御の強い若者だった。かなり多くの分析されなかった堅い防衛があったんです。そうです、あなたの言うとおりです。

カー　先生は、ジェームズ・ストレイチーからかなり長いあいだ分析を受けられたのでしょうか？

ウィニコット　私は、一〇年間、ストレイチーさんの精神分析を受け続けました。私ほど多くの分析を受けた同時代の人物についてだれも思いつきませんね。クリフォード・スコット…、クリフォード・スコットを知っていますか？

カー　はい、彼はカナダの出身で、英国で精神分析の勉強をしました。

ウィニコット　そのとおりです。彼はクライン女史から訓練分析を受けたんです。彼は電光石火の速さでくり返しクラインの分析を受けていましたよ。それでも、まず第一にスコットはいつもとても思慮分別がありました。彼が一〇年を必要としたとは思えません。でも、私には必要でした。私はそのプロセスを楽しみました、たとえそれがつらいことだとわかっていてもね。はじめのうちは、私はセッションをあちこちでキャンセルしたものです。ときには、小切手にサインするのを忘れることもありましたよ、典型的な神経症による抵抗ですね、でも、無力になることへの強い恐怖に基づいていたように思います。

カー　そうしますと、一九二〇年代の初期から中頃をつうじて、先生はジェームズ・ストレイチーから分析を受けられ、しかもそれは、通常の個人の患者としての分析だった。ですが、一九二七年に、先生はたしかコースを変更なさいましたね、そして、公式の「訓練」患者になられた。

ウィニコット　ええ、自分で決めました。ストレイチーさんの提案もあったけれど、精神分析家になろうと自分で志願したんです。候補者になろうと。職業上の観点から精神分析家になる必要はなかった。実際、精神分析家になんてなっていなかったならば、私はもっとずっと気楽な時間を過ごしていたでしょうね。当時の人々は、分析家はわけのわからない呪術医や精神科医も同然であると思っていました。精神分析の評判はひどいものだった。そして、アーネスト・ジョーンズには、気の毒に、いつも性的なスキャンダルの問題が重くのしかかっていましたよ、知ってのとおり、患者さんに対して性的に適切さを欠いたということで訴えられてね。でも、私は、自分自身の判断を健全に保つためには、精神分析が不可欠であることがわかったんです。そして、病院の仕事にとってもとても必要だということがわかってきたんです。

カー　先生はすでに精神分析を小児医学に応用し始めたのですね？

ウィニコット　不器用なやり方でね、ええ、そうです。

カー　ですが、なんと先駆的なんでしょう！

ウィニコット　私が一番最初にそれをやったんだ、と、その功績は自分にはあるんだ、とは言えませんね。私の時代よりもずっと前に、レオナルド・ガスリーが、二〇世紀の最初のころのパディントン・グリーンの中心人物ですね、彼がやったんです。彼は子ども時代の機能神経障害に関するすばらしい本を書きました。そして、身体症候学において子どもの感情生活の影響を調べることによって、重要な分野を切り開いた。グリーンにいた私たちはみんな、その本を知っていたし、読みました。でも、ガスリーには、精神分析についての個人的な知識がなかった、フロイトの二、三の雑多な論文を除けばね。だから、彼は、多少うまくいったけれど、そんなにうまくはいかなかった。そして、私は、おわかりのように、この線に沿って仕事を進めていくことに関心をもったわけです。

カー　それで、先生は、精神分析協会、つまり英国精神分析協会の訓練部門に申し込まれたのでしょうか?

ウィニコット　そうです、エドワード・グローヴァーが私の能力を試しました。彼はジョーンズ派の有力者であり腹心でした。でも、なんらかの理由で、彼らは私を受け入れて、訓練を受けるのを許可してくれた。私は公式の講義計画に参加する一番最初の人々の一人になったわけです。英国で精神分析の正当な訓練を受けるまさに本当の最初の一人にね。それ以前は、年輩の警備員が、ときどきアーネスト・ジョーンズとただおしゃべりするだけで精神分析家になったんです。そして、彼はそういった人たちを引き入れました、…会をつくることに夢中になって、おそらくね。

カー　そうしますと、先生の分析は、患者としての通常の分析から、研修生としての「訓練分析」へと変わったわけですね。

ウィニコット　まさにそのとおりです。一患者から一候補生になった。でも、おまけにまだ患者でもあったんです。おわかりのように、候補生は患者でもあるわけだからね。

カー　先生の物理的にとてつもない作業量が、このとき、おおいに増加したにちがいありません。

ウィニコット　ええ、もちろんですよ。やるべきことがさらに増えましたね。私はまだ二つの病院で子どもたちやその家族とともに、臨床の仕事をやっていました、クィーンで若年性リウマチを専門に診て、グリーンではより一般的な症例を専門に診ていました。それに、ウェイマス通りでの仕事も今までどおり進めていました。さらに、精神分析のセッションは毎週六回あるし、それにいまでは、夕方は、街中のグロスター・プレイスの精神分析協会で講義もやっています。それなのに、私はロンドンに住んでもいなかった。列車のなかで多くの時間を費やしましたね。訓練する（トレイン）ために、ずっと列車（トレイン）のなかで過ごした、と言ってもいいかもしれませんね。

カー　そのころの先生の家庭生活について話していただけますか？

ウィニコット　さきほども話したと思いますが、私はサリー州のサービトンに住んでいたから、チャリング・クロス駅まで通わなければならなかった。そして、そこからあちこち出向いたもんです、全部ロンドンで起こっていたことなんでね。懸命にやりましたよ。でも、今から思えば、私はちょっとした福音書の使命を帯びていたことがわかります。私のウェスリー主義のかすかな徴候を見ることができるんではないでしょうか。私は、いたるところでたくさんの精神的な苦しみを見ました。子どもの患者さんの、非常に恐ろしい身体的な苦しみだけでなく、それはそれは恐ろしい精神的な苦しみをね。そして、私は影響を与えたかった。そこで、治療のレパートリーの一部として、精神分析的理解でその苦しみを理解するようになりました。それ以外にも子どもたちの病気を軽くするたくさんの方法をもっていましたよ、強力な方法をね。

カー　私は、先生の精神分析訓練の体験や、先生がどのように精神分析と小児医学とを統合されていったのか、そしてどなたか、先生がそのことをなさるのに手伝った人物がいたのかどうかについて、もっと知りたいと痛切に感じています。

ウィニコット　英国精神分析協会に子どもの医者が一人いました。デヴィッド・フォーサイスです。エヴェリーナ病院で働いていました。なので、彼とはほとんどつきあいがありませんでした。私よりも地位がかなり上だったし、ある理由から、彼は精神分析協会では教えていませんでした。少なくとも、私がやってくるころまではね。だから、彼との交流はほとんどなかったんです。さらに、私たち研修生は、当時、協会の科学会合に出席することは許可されていなかったから、私はずっとフォーサイスに会えずに困っていました。彼はウィーンでフロイトから分析を受けたんです、第一次世界大戦が終わってから。彼とは本当にまったくきちんとした話をしませんでした。でも、彼は子どもたちに精神分析を施した。実際にどうやっていたのかはまったくわからないけれどね。私のとは違うやり方だったのではないかと見ています。なので、多くの点で、私は自分だけだと感じていました。

カー　しかし、先生は最後までめげずにがんばりました。

ウィニコット　ええ、ジョーンズ博士やグローヴァー博士、それ以外の人たちの講義から学んだことや、ストレイチーさんと寝椅子の上で学んだことを、応用しようとすることに没頭しましたね。そして、子どもたちとの臨床にこのすべてを持ち込んだ。私は、ちっちゃな赤ちゃんがひきつけやけいれんにかかったとき、これは必ずしも脳に問題があることを表わしてはいない、と考え始めました。子どもの医者ならば、身体の障害を疑ったことでしょう。でも、赤ちゃんや幼い子どもは、母親や父親をやっつけたいと思うときがあって、それで、全身が怒りでふるえるということがわかったんです。そして、私が両親にこのことを言ったときに、赤ちゃんのふるえとけいれんは止んだものです。周囲の人々は、私がこんなことを信じているなんて、かなり気が狂っているんではないか、と思っていましたがね。

カー　しかし、先生は臨床の場で直接観察されて、こういった内容の経験をされました。

ウィニコット　そのとおりです。それでも、だいぶ頭がいかれていて、まったくばかを言っているように聞こえたんですね。おわかりのように、その当時、だれも、家族で憎しみの感情について話し合うための言葉などもっていなかった。それは、キリスト教のあらゆる戒律とヴィクトリア朝風のあらゆる規範を冒瀆しました。「ヴィクトリア朝風」っていう語であっているかな？　うむ、そうにちがいない。でも、当時のあらゆる礼儀正しさにもかかわらず、私は理解するようになった。言うまでもなく、私たちはみんな、家族を憎んでいるとね。そして、これが、精神分析のおかげで私が話せるようになったことなんです。

カー　多くの点で、先生は、心身医学、とくに小児の心身医学の分野を開拓するのに助力なさったんですね。

ウィニコット　そう言ってくれてありがとう。でも、私もそのとおりではないかと思っていますよ。とにかく、そうしようと思いました。

カー　精神分析の訓練の一環として、先生ご自身の臨床の症例はありましたか？　つまり、精神分析による治療が進行中の患者さんがいたのでしょうか？

ウィニコット　はい、いましたよ。でも、最初のうちはいませんでした。訓練委員会が私に対して懸念があったんだと思います。私は変なやつでしたよ、まちがいなくね。そして、私が小児医学の出身だということも忘れないでおきましょう。ところが、事実上、他の医者はみんな、心の病気、つまり精神医学の出身でした。私は医者だったけれど、必ずしも彼らのような種類の医者ではありませんでした。

カー　精神分析の訓練で、先生にもっとも影響を与えた人はだれでしょう？

ウィニコット　私は、ジョーンズやグローヴァー、そしてそれ以外の人たち、たとえば、フリューゲルといった人たちですね、彼らからすばらしい講義を受けました。ジョン・フリューゲルは、心理学者としての訓練を受けましたが、とても博識のある人でした。そして、全員、フロイトを個人的に知っていた。もちろん、ジョーンズが一番よくフロイトを知っていました。実際、彼はいつも、会話のなかにひっきりなしに私的な言い回しを散りばめましたね、たとえば、「教授」、「フロイト教授」の、「フロイト教授がザルツブルクで私に語ったように…」、「私が、フロイト教授がウィーンでこの考えを紹介するのを耳にしたときに…」などなど、そういった言い回しをね。でも、そうすることで、あらゆることがまったく本物になったし、私たちはむしろ、それが気に入っていました。

カー　訓練のための症例をいっしょに話し合ったスーパーヴァイザーはいましたか？

ウィニコット　もちろんです。でも、私たちは「スーパーヴァイザー」とは呼んでいませんでした、当時はね。「統制《コントロール》（指導）分析家」と呼んでいましたよ、知りませんでしたか！　でも、そうだったんです。私はスーパーヴィジョンを受けたし、目的にかなっていました。

カー　どういった点で？

ウィニコット　いろいろな統制《コントロール》（指導）分析家の人たちがいて、楽しかったですよ、多少はね…。でも、これらの人たちは、私をあまり奮起させなかったし、私の思考をおおいに推し進めてはくれなかった、少しはそうだったかもしれないけどね。でも、経験をつうじて私を励ましてくれました。シャープ女史やサール女史、あと何人かの統制《コントロール》（指導）分析家がいました。

カー　エラ・シャープとニーナ・サールのことですか？

ウィニコット　二人とも未婚女性でした、精神分析運動に登場する初期の女性の多くがそうであるようにね。シルヴィア・ペインはちがいましたがね、もちろん。彼女には息子が何人かいました。そのうちの一人はすばらしい選手になりましたよね、…オリンピックでボートをこいだと思います。でも、多くの女性が未婚だったし、ちょっと狂信的で、おかしいところがありました。でも、みんな、善良な女性、善意の女性でしたよ。シャープ女史には、きちんとした考えがあったけれども、サール女史はかなり変な考え方をしていました。そして、ある日、彼女は姿を消した。ただ単に、英国精神分析協会を去っただけなんですけどね。私は、彼女は霊能力者になったんだと思います。知ってのとおり、精神的なまじないの世界にはまってしまったんでしょう。彼女に関してはうわさ話がたくさんあったし、心配事も多くありました、そしてさらに、彼女が姿を消したとき、みんなほっとしました。

カー　そして、言うまでもなく、先生はメラニー・クラインと非常に深い体験をなさいました。

ウィニコット　クライン女史が私の世界を変えたと言ったとしても、大げさなことではないでしょう。彼女は、子どもたちや赤ちゃんの原始的で攻撃的な面に関する私の理解に、莫大な影響を与えただけではありません。私たちの人生までもがからみ合うようになりましたよ、メラニーの人生と私の人生。彼女は子どもの仕事において私の初期のころのスーパーヴァイザーでした。そして、私は彼女を助けた。財政的にもかなりね。おわかりのように、私が彼女に患者さんを、それはもうおおぜいの患者さんたちを送って、それで彼女はかなりの収入を得られたからです。私は患者さんたちを多くの分析家のところへ送りました。病院全体に、実際に二つの病院全体にアクセスできたんでね。そこは、心理的に体の具合が悪い子どもたちでいっぱいで、助けを必要としていました。私はたくさんの臨床をしたんです、知っていますよね。でも、メラニーと私は、別の方向に巻き込まれるようになりました。私は彼女の息子を分析したんです。

カー　エリック・クラインでしょうか？

ウィニコット　ええ、でも、彼は名前を「Eric」に変更したんです、最後の「h」を取ってね。さらに、中間名を「Clyne」に変更した、「C」を付けてね。彼には母親からちょっと距離を置く必要があったんだと思います。

カー　そして、先生には、メラニー・クラインとの別の深いかかわりがありました。

ウィニコット　ええ、エリックの分析だけでは、事は終わらなかった。数年後、私の後妻であるクレア、私がアリスと離婚して、その後、再婚したことは知っておいでしょう。えーっと、クレアがクライン女史の訓練分析を受けるようになったんです。だから、私たちは本当にかなり巻き込まれていったんです。

カー　今日では、スーパーヴァイジーは、けっして自分のスーパーヴァイザーの子どもや、あるいはまったく身内の精神分析をしません。私たちはこれらの役割をさらに分けておこうと努めるでしょう。

ウィニコット　もちろん、そのほうがいいでしょう。でも、一九三〇年代、私たちには利用できる分析家がほんのわずかしかいなかった、とくに子どもの症例ではね。他に選択肢がなかったんです。

カー　わかります。

ウィニコット　なので、メラニーと私は、おたがいの人生に少しずつ巻き込まれるようになったんです。

カー　ジェームズ・ストレイチーが最初に、クライン夫人と話すように先生に勧めたのだ、と私は思っています。

ウィニコット　そのとおりです。ストレイチーさんは私の病院での仕事に関心をもっていたけれど、医者ではなかった。そのうえ、児童研究の詳細をすべて理解していたわけではありません。彼は聡明だったし、物覚えが早かった。臨床上の医学用語をすばやく理解することができたし、数週間医学部に通ったことさえあった、と思っています。でも、依然として彼は、子どもたちを相手に仕事をしなかった。子どもたちの精神分析をしなかったし、彼自身、子どもは一人もいませんでした。そういうわけで、やってはみたものの、フロイトの評論で読んだもの以外は、子どもたちについて多くを知らなかった。それでも、彼はすこぶるよく知っていましたよ。それはそれとして、彼がクラインと知り合ってから何年も経ちます。彼が彼女を英国へ連れてくるのに尽力したことはおわかりですね。ストレイチー夫人もベルリンでクラインと知り合いました。ストレイチー夫人は、ウィーンでフロイトの分析を受けた後、ベルリンで分析を受けたと思います。

カー　はい、メラニー・クラインとアリックス・ストレイチーの二人は、ベルリンでカール・アブラハム、ドイツの精神分析運動の創始者ですが、彼の分析を受けました。

ウィニコット　ええ、そう思いますよ。そうだ、思い出した、今、思い出しましたよ。お茶をもう少しいかがですか?

カー　ありがとうございます、うれしいです。

ウィニコット　うまくいけば、私たちは、もう一度コールズさんを説得することができますよ。でもその前に、ちょっと足を伸ばしませんか、どうです?

カー　それはいい考えですね!

（訳注1）『ヴィクトリア朝偉人伝』中野康司訳、みすず書房、二〇〇八年

（訳注2）一九〇六年ごろから、英国のスティーヴン家の姉妹ヴァネッサ（のちのヴァネッサ・ベル）とヴァージニア（のちのヴァージニア・ウルフ）の家に集まった、若い知識人のグループのこと。名前の出来は、スティーヴン家がロンドンのブルームズベリー地区にあったからである。メンバーは、ケンブリッジ大学の学生寮で学んだ仲間たちが中心であり、姉妹のそれぞれの夫であるクライブ・ベルに、レナード・ウルフ、ジョン・メイナード・ケインズ、バートランド・ラッセル、リットン・ストレイチー、ロジャー・エリオット・フライ、およびエドワード・モーガン・フォースターらがいる。美術評論家や、政治評論家、経済学者、小説家といった知識階級の人々が、彼女たちの部屋で紅茶カップを片手にさまざまな話題について談笑を楽しみ、それは、二〇世紀初頭の英国の知的な力となった。

5杯目 cup5

クライン女史と「半クライン派」

カー　クライン夫人についての話になりましたが…。
ウィニコット　メラニーに関することを全部片づけてしまいましょうかね。それから、再びコールズさんを呼ぶことにしましょう。
カー　それはいいですね。
ウィニコット　おわかりのように、ストレイチーさんが私に、メラニー・クラインがドイツから英国にやってきて、英国精神分析協会で大騒動をひき起こし始めた、と教えてくれたんです。彼女は、児童研究において長足の進歩を遂げたばかりでなく、アンナ・フロイトの考えに対して、あえて論戦を挑もうとしたからですね。そして、それは、おわかりのように、異端でした。アンナ・フロイトはまだ英国には来ていなかったんですが、ナチスに追われ、一九三八年になってようやくやって来た。私たちはみんな、アンナ・フロイトを児童分析の大御所とみなしていた。彼女は、ほとんどの人たちの心のなかでは、その領域の支配者だったんです。さらに、彼女はフロイト教授の娘だった。だから、クライン女史がアンナ・フロイトの考えに反対意見をささやくなんて、えー、あなたは想像することができますか。

カー　ですが、ジョーンズがクラインを精神的に支えました。そして、ストレイチーがクラインの生活を支えました。もし先生が、こういった人たちとそれぞれ重要な関係をもっていらっしゃったならば、先生もそうなさったにちがいありません…。

ウィニコット　そのとおりです。私はただクライン女史と会わなければならなかったんです。彼女はこうしておおいに引き立てられて、やって来たんです。

カー　そうですね。

ウィニコット　あなたは知っているでしょうかね、ジョーンズがクラインを支えたのは、彼が彼女の仕事が好きで、彼女のすばらしい才能を認めたからなのか、あるいは、彼は単に、自分の家族のなかで具合の悪い人たちの世話をだれかにしてもらう必要があったからだけなのか、私にはまったくわかりませんでした。ジョーンズの招待を受けて、メラニーはジョーンズの妻を分析しました。ジョーンズは自分の妻をキティと呼んでいましたよ、知らなかったですか。さらに、彼の子どもたちも何人か分析したんです。それがとても重要なようだった。なぜなら、ジョーンズは、自分の家族を英国人の弟子たちの一人のもとへ分析を受けに行かせることができなかったからですね。彼には、経験を積んだ人が、それも部外者が必要だった。そこで、メラニーがロンドンにやってきたわけです、主にその目的のために、わざわざその目的のためにね。

カー　アーネスト・ジョーンズは、クライン女史を支えるにあたり、かなりの危険を冒したのではないでしょうか。なにしろ、クラインはすでに、ウィーンのフロイト派の人々のあいだでは、好ましからざる人物になっていましたから。それに、彼らはアンナ・フロイトを児童精神分析の女土とみなしていましたし。

ウィニコット　私もよく、そのことについて、そうなんじゃないのかなあと思いましたよ。まったくまちがっているのかもしれないし、まちがっていても気にしませんが、でも、ジョーンズがアンナ・フロイトの敵であるクラインの肩を持ったことは、フロイトに対する分裂 - 排除された彼の憎しみを表わしていたのかもしれない、と自問自答したこともあります。ジョーンズはフロイトを理想としましたが、でも、理想化は常に影の面を伴います。私はそのことについてしばしば考えました。なぜなら、クラインを連れてくることで、ジョーンズは、師匠の娘と張り合う一人の女性におおいなる支援を与えたことになるんですからね！

カー　先生のおっしゃるとおりでしょう。

ウィニコット　おわかりのように、ジョーンズがたとえフロイトを愛していたとしても、彼はまた、フロイトに依存することを憎んでいたのかもしれません。私たちはみんな、他人に頼らず、みずからの努力において、自分というものにならなければいけない。そして、ジョーンズはフロイトの言いなりになる自分に憤慨したのかもしれませんね。

カー　非常におもしろいですね。

ウィニコット　私もそう思います。

カー　そこで、先生はクライン女史に会いに行かれたのですね？

ウィニコット　彼女の話す英語はとてもぎこちなかった。あれほど長く英国で暮らしていたのにもかかわらず、英語で上手に文章を書けるようにならなかった。彼女の書く文章は、重たい感じになったり、ならなかったり、思うに、重たい文体でした。でも、それをかき分けて読み進むと、それがまったくすばらしいことがわかります。彼女は、子どもたちや大人たちのいろいろな部分と真剣に取り組みました、おそらく他のだれよりもうまくね。でも、道を誤った。

カー　とおっしゃいますと？

ウィニコット　はい、彼女がまちがったところというのは、人にはいやな部分だけがある、としばしば考えたことですね。彼女は創造性についてあまり知らなかったし、子どもたちとの遊戯療法を最初に開発したけれど、遊びについてはあまり知りませんでした、…彼女の支持者たちは、私とは違う意見でしょうがね。彼女は音楽が好きでしたよ。でもね、演奏することができなかった。また、彼女は文学が大好きでした。でも、書くことはできなかった。さらに、しゃべるのが大好きでした。でも、スピーチをすることはできなかった、…少なくともうまいといえるスピーチはね。彼女には品格と能力において限界があった。それでも、才気あふれる女性だったし、私も非常に多くのことを学びました。

カー　先生は、彼女からスーパーヴィジョン、いや、「統制分析[1]」と言うべきですね、それを受けられたのですよね？

ウィニコット　そうです、統制分析ですね。でも、病院の仕事についても彼女と話し合いましたよ。そして、攻撃性に対する子どもたちの恐怖ついて、それはとても役に立つコメントをしてくれましたね。私は、それが非常に役に立つことがわかったし、そのような考えをどうやって精神医学用語に言い換えたらよいか、さらに理解できるようになりました。子どもたちは、実際に、激しい怒りを、たとえば、高熱に変えることで、なんてまあ、自分の身体を攻撃するんだろうってね！

カー　おもしろいですね！

ウィニコット　そして、ちょっと狂ってもいると思うし、まあ、ともかく子どもはふつうじゃありません。子どもたちを診ている他の医者たちは、そう思っていました。でも結局、私は子どもの医者たちを味方に引き入れ、このような考え方を広め始めたんです。たとえば、ピーター・ティザードやジョン・デイヴィス、ロニー・マックキースといった、とにかく若い医者たちの何人かをね。

カー　そして、スーパーヴィジョンのセッションのなかで、クラインは子どもたちとの作業について先生に話したのでないか、と私は考えています。

ウィニコット　そのとおりですね。事例検討をするために彼女のところへよく出かけたもんです。そして、ときどき私の心は真っ白になることもありましたね。私は心には、それこそ何百という症例があった、一週間に何百人もの子どもたちに会うんでね。うーん、何百人はおおげさかもしれないが、それでもかなり多かったのは確かですね。でも、クラインは養護施設ではぜったいに働かなかった。彼女は一週間に二人から三人の子どもたちをみていた。毎日みていた。でも、その子たちと親密になりました。そして、そのおかげで、彼女は、子どもたちのことを考え、子どもたちのことを記憶するための時間と空間をもてたんです。さらに、私は、自分の作業の一部分、つまり、こうやって苦しんでいる子どもの症例との作業を思い出せなかったときもありました。代わりに、メラニーが自分の事例について私に話してくれましたね。しかも、それはそれは事細かにね。

カー　そこで、先生は児童分析のマスター・クラスを受けられた。

ウィニコット　ええ、そうです。私はマスター・クラスを受けました。

カー　そして、先生は、一九三二年に出版された『児童の精神分析』という彼女の本が、非常に感動的であることがわかったのではないでしょうか。

ウィニコット　かつて、休日にプリマスにいる家族に会うために帰ったことがあります。そのときに、メラニーの本も持っていきました。ちょうど出版されたばかりだったはずです。それから、私はダートムーアに行きました。そこは、自然が豊かな私のお気に入りの場所でした、プリマスからそう遠くなかったしね。そして、外に出て、荒野に座り、その本を読んだ。ダートムーアは、本を読むにはすばらしい場所ですよ。ダートムーアでは、だれからも邪魔されません。そして、その本がとてもすぐれていることがわかった。まさに驚天動地でした。だから、もう一度読みましたよ、その荒野にいたままね！　さらにそれからもう一回、読んだんです！

カー　クラインの本は、先生に地図を与えたということでしょうか？

ウィニコット　うまいことを言いますね。地図、そう、地図です。おわかりのように、私はこういった生々しい体験をしていましたが、だれとも、もちろんストレイチーさんは別ですが、そのことについて議論することができませんでした。そして、メラニーは本を書いて、私が言いたかったことの大部分をそこで述べた、それもまったくみごとにやってのけましたよ、メラニーのいくぶん重苦しくてゴシック調の文体にもかかわらずにね。(2)

カー　ゴシック調の文体とは、どういう意味でしょうか…？

ウィニコット　えーっとですね、クラインは、さきほども言いましたが、英語で文章を書くのがとても下手だったことは知っているでしょう。文章を書くのに本当に苦労していましたよ。たしかに、彼女にとって、それはそう簡単にはいかなかった。一つにはドイツ語が彼女の母語だったし、それからハンガリー語が話せたからですね。私は彼女がハンガリー語を話すのをまったく聞いたことがないけれど、おわかりのようにね。でも、ハンガリー語をちょっとかじったにちがいないでしょう、シャーンドル・フェレンツィとブダペストでいっしょだった時があったからね。でも、英語は彼女に合わなかった。後になって考えてみれば、この本は、クライン女史のいくぶん強迫的な性格に悩まされている、と私は思いますね。このことはしばしば見落とされているのではないかと思うんですが、彼女がけっして過ちをおかさないでいられるようになったのと同じ強迫的な性格ですよ。

カー 言うまでもなく、クライン女史はドイツ語で最初の本を書きました。そして、先生の分析家の奥さんだったストレイチー夫人が、それを英語に翻訳しました。

ウィニコット ええ、でも、私はそれをよく憶えていないんです。正確にはね。そのときの彼女には、本を一冊まるまる英語で書く自信がなかった。彼女は、後で英語の本を書いたけれど、でも苦労していましたよ。

カー 先生は彼女ととても親密な関係にありました。しかし、一九四〇年代から一九五〇年代にかけて、この関係はますます悩ましいものになっていきました。

ウィニコット ええ、そのとおりです。私たちはそれぞれ、おたがいに背信感を抱いたんだと思いますね、…私は、自分自身が彼女の正式な仲間の一人になるのがぜったいに許せなかったので、彼女に背いたわけだし、彼女はといえば、若干の傲慢さゆえに、つまり、周囲の人たちのことや、その人たちの仕事、私自身のも含めてね、そういったことについて本当に知ることなどできなかったために、私を裏切ったということですね。彼女は独断的な性格をしていました。そして、その多くが、彼女のもっとも親しい支持者たち、特に、ハンナ・スィーガルやハーバート・ローゼンフェルド、そして、しばらくのあいだはドナルド・メルツァーといったような人たちによって取り入れられた。私が思うに、その人たち全員が、英国精神分析協会では私たちには平等に権限があるのにもかかわらず、常に正しくなければいけないんだということで、そうではないやり方でふるまった。クライン女史は、「クライン派」、私たちよくそう呼んでいましたよ、その人たちや、あるいは「半クライン派」の人たちとの関係を深めていきました。そして、私はこの人たちが嫌いでした。なぜ、この人たちは自分自身でいることができなかったのかな～?

カー　先生はクライン派の人たちを、かなり自信のある人たちだと感じられた。

ウィニコット　それ以上ですね、…傲慢でしたよ、さきほども言ったようにね。

カー　そして、先生は論文で、心と精神の独立だけでなく、懐疑と不確実さをしばしばおおいに楽しまれていますね。

ウィニコット　まあ、それが事実だったらいいですね。

カー　周囲の人々はしばしば先生に対して、ウィニコット協会、すなわち先生を中心にした独立した精神分析協会をつくってはいただけないかと頼んだのではないか、と私は思っています。ですが、先生はいつも、それを断られました。

ウィニコット　ええ、私は、だれであってもその人がウィニコット派であると考えただけで青くなりますよ。答えがわからないということが、とても重要な場合があるんです。答えがわかっている分析家、あるいはほかのだれかが答えを全部すでに知っていると信じている分析家は、答えが何なのかを見つけるために患者さんと話す必要はほとんどないでしょう。精神科医は、え〜、答えが全部わかっているもんなんです。精神科医は、五分間、患者さんと会います、…いや、三分というときだってある、…で、その患者が統合失調症であると診断するんです。そして、このことは、患者さんの脳がおかしくなっていることを意味していて、ＥＣＴ（電気ショック療法）などの治療が必要になるとみなしています。その患者さんの病歴に対する好奇心など、さらさらありません。

カー　それで、先生のクライン派の同僚のなかに、すでに答えが全部わかっているような人物はいたのでしょうか？

ウィニコット　ええ、いましたよ。実はね！

カー　ところで、ハンナ・スィーガルとハーバート・ロゼンフェルドは、統合失調症の精神分析療法研究の先駆けとなりました。ウィルフレッド・ビオンもまた、この研究領域において貢献しました。彼らは、ひょっとしたら、先生がECTを嫌っていらっしゃるのに共感したのではないか、と私は思っています。

ウィニコット　たしかに、身体精神医学の人々に対する私の痛烈な非難のなかに、あの人たちを含めてはいけませんね、ぜったいに。でも、たとえそうだとしても、このクライン派の人たち、…実は、私がメラニーの支持者たちを「クライン派」と呼んだ最初の人物だったということをあなたは知っていましたか？

カー　それは、先生のお手紙のなかで読んだので、知っております。

ウィニコット　それでもね、このクライン派の人たちは、精神分析家であるにもかかわらず、自分たちの研究方法に精神医学的な趣をもたせました。クライン派の人たちは、患者さんと会って数分後には、解釈を与えたもんですよ、ときには数秒後にね。このことは、彼らが二週間に一回開かれる英国精神分析協会の科学部会で論文を提出したときに、非常にはっきりしました。即座の解釈、すばやい解釈、…う〜ん、それは精神分析の戦法ではないですよ。それは精神医学の戦法だと思いますね。

カー　発表された寄稿論文のいたるところで、それと、未発表の書簡のなかで、先生は解釈についてさまざまな懸念を表明されました。

ウィニコット　そうです。人は解釈だけでは生きていけません。解釈は、慎重に、かつ控えめに、利用するべきです。そして、解釈はたいてい短くなければいけません、…長さにおいてね。とっても疲れるのは、長い解釈をしたときだけです。メラニーとは違ってね。彼女の解釈は延々と続くこともありました…。

カー　先生は短い解釈の重要性について書かれました。そして、セッションにつき解釈は一回でもう十分であるという意見を、かつて先生ははっきり示された、と私は思っています。

ウィニコット　そのとおりです。さらに、その一回の解釈は、「正しい」解釈である必要さえないんです。たとえ誤った解釈をしたとしても、患者さんは、私たちの努力に、理解しようとする私たちの試みにしばしば感謝してくれるものです。

カー　たしかに先生は、解釈に対するクライン派のアプローチに懸念をもたれました。

ウィニコット　ええ。二人めの妻のクレアは、クライン女史とひどい体験をしました。メラニーはクレアの夢の一つを解釈して、さらに、うんざりするほど長い時間、彼女はひたすら続けたんです。そして、クレアは、まるでメラニーに自分の夢を奪われたように感じた。彼女は本当に怒って家に帰ってきたんです！　それから、彼女はしばらくのあいだ、メラニーの分析をやめましたよ。

カー　先生はたしか、クライン学派の人たちから以前、分析を受けたことがある患者さんたちと作業をなさったのではないか、と思います。

ウィニコット　そういった患者さんはおおぜいいましたよ。みんな、私のところへやってきました。クライン派の一人から分析を受けたけれど、うまくいかず、また別の人の分析を受けたけれど、だめだったからですね。もちろん、私にも失敗はありましたよ。みんな失敗します。知ってのとおり、ただ解釈をするだけで患者さんたちはよくなると多くの精神分析家が信じている、と言うべきでしょう。これは、ある程度まで事実ですが、でも、ある程度まででですよ。

カー　先生は、解釈を与える分析家は、実際に、抑うつ状態にある親の代わりになるかもしれない、と何年も前におっしゃっていますね。

ウィニコット　そうです、そうです。解釈を与える分析家には、関心をもちながら、患者が生き生きしていられるように手助けしたり、あるいは、患者が元気になるのを可能にしたりする将来性があります。私にこれこそが根本であるという印象を与えるのは、分析家と患者のあいだの関係性ですね、それは解釈そのものを超えます。

カー　現在、精神分析や精神療法を理論化するにあたり、その多くが、臨床医と患者との関係が非常に重要な役割を担っていることについて、つまり、当事者二人のあいだで発展する愛着について扱っているということをお知りになると、先生は興味をおもちになるかもしれません。

ウィニコット　それを聞いてうれしいですね。私は解釈をするという考えが好きであることを、あなたはわかっているにちがいない。それが基本だからです。言うまでもなく、そうです。でも、解釈は分析の一部分をなすにすぎないし、私たちはそのことを忘れてはならないんです。

カー　先生とメラニー・クラインとで、なぜ意見が合わなかったのか、その本質を引き出すことによって、精神分析の現代史に関する講座はほぼ担当することができるのではないか、という感じがします。なぜなら、先生は彼女の仕事に対しておおいに共感なさったし、それにもかかわらず、そこからかなり遠ざかって行かれたからです。先生の意見の相違は、かつてフロイトが論じたかもしれませんが、いわゆる「自己愛の小さな相違」を表わしているのでしょうか、それとも、個人的な原因や対人関係が原因で生じているのでしょうか？　あるいは、本当に理論的・技術的な相違としてみなしてよろしいのでしょうか？

ウィニコット　その一連の質問はたいへん重要ですね。そして、あなたの質問に対する答えは、すべて「はい」でしょう、おそらくね。たしかに、クライン女史と私は、おたがいに複雑な個人的な感情を向けたことがもとで、仲たがいしました。とくに、成長し、円熟していくなかで、私が自己主張をし始めたころにね。私が彼女の息子のような存在だったとき、私たちはとても満足のいく間柄でした。そして、彼女のところにたくさんの子どもの患者さんを送りました。でも、私が自分の力で一人前に、たとえば、会長のようになったとき、さらに、講演者や作家としてより有名になって、より広く聴衆の人気者になったとき、…そうですね～、…若干の妬みがよびさまされたんだと思います。彼女は精神分析のなかではたいへんな名声を得た。でも、私もたいへんな名声を得たと思いますよ、精神分析の内と外、両方においてね。彼女はけっしてラジオには頼らなかった。

カー　そのうえ、先生は、メラニーの息子を分析したことから、彼女の個人的な家庭生活についてもかなり知っていらっしゃった。

ウィニコット　同じように、彼女も私の妻を分析したことから、私のことについてもかなり知っていましたよ。

カー　ふり返えられて、先生は、メラニーとこのように職業的にも個人的にもあれほど巻き込まれなければよかったのにと思われますか？

ウィニコット　精神分析の集まりのなかで、所属する会員の底辺が広がればいいなと思いますよ。でも、当時、私たちのなかで、お手本にできる人は非常に少なかった。だから、私たちはみんな、おたがいを参照しあったんです。さらに、おたがいに治療しあったりなんかもした。ジョーンズ博士は、大陸からクラインを連れて来なければなりませんでした。妻や子どもたちの世話を任せられる人がロンドンにはだれもいなかったからです。あの家族には精神分析がどうしても必要だった。でも、それについては、すでに話したはずだと思いますよ。

カー　それに、フロイトも自分の娘を分析しましたし。フロイトは、あえてだれかほかの人に娘を託すことはできなかったのでしょうか？

ウィニコット　私たちはいつも、そういった類いのことを推測していましたよ。でも、だれも、私が生きているあいだは、そのことについてあえて話そうとはしなかったですね。

カー　そうでしたか。先生がお亡くなりになった直後に、アメリカ人の精神分析の歴史家であるポール・ローゼン博士、この人は一九六五年に先生にインタビューしていますが、彼がこの重要な新事実を発表したんです。

ウィニコット　ローゼンのことは憶えていますよ。頭のよい若者でした。それはそれとして、あなたの言いたいことはわかります。当時の私たちは、まさにおたがいが近親相姦の関係でつながっていました。みんながおたがいを知っていました、寝椅子の上でもそうだったし、寝椅子を離れてからもね。でも、これは、問題解決の役には立たなかった。そのせいで、メラニーと私とのあいだの問題がこじれたのは、まちがいありませんね。彼女は、息子のエリックに対する私の分析をスーパーヴァイズしたかったんですよ。でも、私は断った！

カー　ですが、きっと、先生の二番めの奥さんだったクレア・ウィニコットが一九五〇年代に精神分析家の訓練を受け始めるころには、メラニー・クライン以外の人のところへ行くことができたのではないでしょうか？　先生のクラインとの深い関係を考慮に入れると、ウィニコット夫人が分析は自分にとって独特であると感じたかどうか、私にはわかりません。しかし、それは、精神分析のきわめて重要な部分のように思えます。そして、たとえウィニコット夫人にクライン女史から分析を受けたいという強い願望があったとしても、きっと、クライン女史はウィニコット夫人にだれかほかの人から分析を受けるように助言することができたのではないでしょうか？

ウィニコット　同感です。でも、私が当時す<ruby>べ</ruby>ての分析家を知っていたことは、思い出していただきたい。彼ら全員をとてもよく知っていました。そして、クレアは、私をとおして、それに夕食会やパーティなどをとおして彼らを知っていた。つまり、私は、精神分析協会や英国精神分析協会のほとんどすべての委員会で委員を務めたし、委員長にも就任したということです。そしてもちろん、長いあいだ訓練分析家でもあったし、おおぜいの分析家をあつかいました。それはそれとして、クレアにはメラニーに対する強い願望がありました。クレアは、クラインがクレア自身の怒りを使って自分を助けてくれるということを知っていました。そして、クレアには若干の怒りがあったしね。さらに、クラインは怒りを分析するのが非常に得意だった、…そのうえ、怒りを呼びさます点においてもね！

カー　先生とクラインは、精神分析に関する理論の相違というよりも、むしろやり方の相違を表現しておられるのですが、それがどの点においてなのか、私はしばしば、あれこれ考えました。

ウィニコット　そうですね〜、メラニーと私は、二人ともフロイディアンです。私たち二人は、フロイトを拠り所にしてやっています。彼女はかつて大陸に戻ったときに、フロイト本人がしゃべるのを聞いています。彼女はフロイトの足元に座りました、まったく文字どおりにね。そして、私もそうしましたよ、でももっと象徴的なやり方でしたが。私は、オスカー・ネーモンがつくったフロイトのブロンズ像を手に入れて、スイス・コテージにある図書館の外に建ててもらいました、しかも高い台座の上にね。だから、メラニーと私は、違ったやり方だったけれども、二人ともフロイトの足元に座ったんだ、と人は言うかもしれませんね。私たちは、二人ともフロイディアンなんです…、いや、フロイディアンだったんです。でも、意見が合わなかった。特に、理論の面では、羨望について意見が合わなかったし、それと、技術の面では、解釈について、それも矢継ぎばやの解釈について意見が合いませんでした。でも、それは、基本的な理論上の立場の違いを表わしているんでしょうか？　私にはわかりません。でも、やり方の点では、そう、もっともたしかなのは、私たちの場合には、おたがいの肌合いと重点の置き場所が違っていたということですね。

カー　おそらく、後で、成人に対してもっと一般的なやり方で精神分析の作業を行なうことについて考えるようになった時点で、私たちはこれらのテーマについての探究を再開してもよいかもしれませんね。

ウィニコット　わかっていますよ、あなたがすでに、もっと多くの質問を私のために予定してあるのがね。

カー　えーっと、どうやら、これが、先生がお亡くなりになったことで未解答のままだった問題をすべて、先生におたずねるできる唯一の機会のようです。

ウィニコット　もしそうなら、私たちには、お茶をお代わりする必要が。ああ、とっくの昔にお茶をもう少しもらおうと約束しましたよね？　でも、それどころか、私たちはメラニーにかなり巻き込まれてしまいましたね。メラニーの話になると、みんな、いとも簡単に巻き込まれるんですよね！　早く抜け出さないと…。

［このとき、コールズさんが、入れたてのお茶が入ったポットと、さらに多くのビスケットを持って、もう一度部屋に入ってくる。］

コールズ　お茶をお持ちしましたわ、ウィニコット先生。

ウィニコット　コールズさん、私の気持ちがわかりましたね。あなたはいつも私の気持ちがわかるんだ。ちょうど、私の手書きの文字が読めるようにならなければならなかったようにね。

コールズ　はい、ウィニコット先生。

ウィニコット　私の手書きの文字はとても優雅なんだけれど、読むのがとても難しいんですよ。特に、わりと速く書いたときにはね。たくさんの曲線にくねくねした線。コールズさんは本当によくそれをわかっていますよ。
コールズ　はい、それはもう、先生。ほかになにかございますか？
ウィニコット　ほかに？　いや、ないと思いますよ、コールズさん。ただ、私たちは、私の全人生をけっこうかき分けて進んでいるし、それはのどが渇く作業なんです。だから、三〇分前後で、またお茶をおかわりするんじゃあないかな？
コールズ　承知しましたわ、先生。私、先生の草案原稿のタイプ、やり終えたところですの、先生。このインタビューの最初のところからテープをタイプし始めてもよろしいでしょうか？
ウィニコット　おお、そうしてもらえますか、コールズさん？　非常に助かりますよ。
コールズ　ええ、もちろんですわ、ウィニコット先生。
カー　そうしていただいて、本当によろしいんですか、コールズさん？
コールズ　ええ、いいんですのよ。この時間内に、原稿とカーボン複写二枚が仕上がりますわ。
ウィニコット　きみは本当にすばらしい人だ。それというのも、私はきみに給料を支払うのをストップしてしまったんじゃあないかと思っているんだが？　つまりその〜、私たちは、ここでは、本当にお金がいらないんだろうかねぇ、コールズさん？
コールズ　いいえ、いいえ、いりませんよ、先生。
カー　えー、どうもありがとうございます。
コールズ　さらになにかご必要ならば、ベルを鳴らしてくださいます？
ウィニコット　ありがとう。そうしますよ。

［コールズさんは、ここまで行なわれたインタビューのカセットテープを持って、診察室を出ていく。］

カー　これは驚きました。なんという効率でしょう！　なんという誠実さでしょう！

ウィニコット　ジョイスは驚くべき女性ですよ。私はぴったりの秘書をさがすのに、何年も何年も費やしました。そして、一九四八年の夏に、コールズさんを見つけたし、彼女も私を見つけました。そして、すべてはそこから始まったんです。彼女があらゆる論文や本、私が書いた事例のメモをタイプして、さらにもう一回タイプすることを、ご存知でしたかな？　えー、なにもかもですね。実際、ウィニコットは、コールズなしでは、まったくやっていけなかったでしょうね。

カー　私は、彼女にこのインタビューのテープを全部タイプしてもらおうだなんて、思っていませんでした。

ウィニコット　そうですね、私がもはや患者さんを診察していないように、少なくとも形式上はね、彼女もここ四〇年あまり、タイプを打つことなんてほとんどなかった。でも、タイプを打つのが本当に好きなんですね。タイプを打ちながら、同時にたばこを吸うんですよ、彼女は。ただ、どうやってそれを、つまり、たばこを吸いながらどうやってタイプを打っているのか、私にはわかりませんが、彼女はそうやっていますね。まあ、すてきな女性ですよ！　あなたはインタビューを出版することを望んでいましたよね？

カー　えーっとですね、私はこうやって議論を行なって、それから、先生がそれについてどう考えていらっしゃるのかがわかるといいな、と思っていました。

ウィニコット　私は、行なった講演は出版してきたし、本も出しました。でも、私とお茶のことについては、これまでだれも発表してこなかった！　いやむしろ、お茶のことを考えるのが好きなんですがね。
カー　先生は、長年にわたる文学の伝統をご存知でしょうか、ドイツ人によって大衆化され、「ティッシュ・ゲシュプレーヒ *Tischgespräch*」と呼ばれているのですが？
ウィニコット　私のドイツ語は、それはひどいもんです。それこそ、フランス語のほうがまだずっといい。
カー　「ティッシュ・ゲシュプレーヒ」とは、「食卓談義」という意味でして、つまりその…、偉大な思想家たちについて、個人的にあれこれ思いを語ることなのです。
ウィニコット　おや、私は偉大な思想家じゃあないですよ。
カー　現代の同僚たちのほとんどはまったくそう考えている、と私は思います。
ウィニコット　ええっ、信じられないんだが、本当ですか？
カー　ええ、そうですとも。何人かの同僚たちのあいだでは、先生はカリスマ的な指導者になっているのです。そして、先生は学派という考えをひどく嫌っておいでですが、それにもかかわらず、みずからを「ウィニコット派」と呼んでいる者がいるのです。
ウィニコット　おお、なんということでしょう。それは非常に驚くべきことですよ。なんせ、私は自分自身の学派を設立するのに抵抗したくらいですからね。えーっと、認めるということは大切なことですよね。でも、同時に、私たちはそれぞれが独立した個人である必要があります、別の人物の代わりではなくてね、私はそう強く思っています。もちろん、他に選択の余地はまったくないというのではありませんよ。それは、私の著作の目玉の一つではないですか？
カー　「本当の自己」と「偽りの自己」に基づいた先生の仕事は、現代の思考において、つまり精神分析の内部でも外部でも、まさに根本になっている、と私は思います。

ウィニコット　そうです。私たちは、だれかほかの人を拠り所にし、それを内在化します。しばらくのあいだ、そうする必要があるんです、私がフロイトを相手に行なったようにね。そして、おそらくクラインも少しは相手にしたでしょう。それでも、私たちは自分自身にならないといけません。

カー　クラインの支持者たちは、自分自身にならなかったのでしょうか？

ウィニコット　そうですね、それに関しては、私は本当になにも言えなかった。でも、ずっとあれこれ考えましたよ。

カー　さらに、自称ウィニコット派の人たちの一部も、自分自身にならなかったということは、ありうるでしょうか？　彼らは先生ご自身を採り入れたのではないか、と私は思っているのですが。

ウィニコット　ああ、それが事実でなければいいんだがね。重症の患者さんたちが私のところへやってきたのは、みんな、だれか別の人の人生を生きてきたからなんですよ、まあ、こう言ってもさしつかえないでしょう。

カー　私たちは年代を追って語っていくことから少し脱線をしましたが、先生がどのようにして徹底して精神分析の訓練を受けられたのか、さらには、どのようにして自分自身になろうとなさったのか、私たちはその感じがつかめたのではないか、と思います。それはおそらく、「本当の自己」である精神分析家ということになりましょう。

ウィニコット　私は、その考え方が気に入っていますよ。あなたは私の古い友人であるジョン・リックマンを知っていますね。りっぱな精神分析家で、実にすばらしい人物でした。彼は、将来分析家になろうという訓練生たちに、自分は彼らに訓練を提供するんだ、といつも話していましたよ。でも、それ以降、訓練生は自分がやりたいことを訓練するんだ、と主張しました。つまり、精神分析家としてどうあるべきか、そんな青写真など存在しないということを、若い人たちに知ってほしい、とリックマンは思っていたんですね。

カー　精神分析の訓練を受ける人たちが実際に精神分析に従事するかどうかなど、リックマンは気にしなかった、と私は思っています。私はリックマンの教え子の一人と話したことがあるのです。そして、彼女は私に言いました、リックマンが、たとえば組織のコンサルタント業のような創造的な領域に、精神分析の考えを応用するのを許してくれた、と。

ウィニコット　そうなんです。彼は、訓練を受けた人が、独創的なやり方で仕事を発展させるのをみて、とても幸せでした。だれもが、一日中、小さな部屋の寝椅子に隠れるようにして座る必要などありません。どうやって職業人としての人生を発展させるのか、そんな規則などないんです。たしかに、私が精神分析を小児科へ輸入したことは、規則に従ってなかったしね。

カー　フロイトが、技法に関する論文で、規則としてではなくむしろ、訓練生たちに対する勧めとして述べたことに、私はいつも感銘を受けました。

ウィニコット　ええ、言うまでもなく、フロイトはそうしました。

カー　先生の二人目の分析家であったジョアン・リヴィエールは、まさにこの主題に関するフロイトの論文を翻訳しました。その論文に彼女は、「分析医に対する分析治療上の注意」という題名をつけました。さらに、先生の最初の分析家であったジェームズ・ストレイチーは、二四巻からなる『ジークムント・フロイト心理学全集スタンダード版』を含めて、翻訳を校閲しました。

ウィニコット　その論文のことは知っていますよ。それに、長年にわたって何度もそれを読んだはずなんだが、少しも思い出せないですね。でも、かまいませんよ、なぜなら、私の中に、私の心の奥底にフロイトがいるし、私がいつも考えてきたことですからね。

カー　先生はけっして精神分析に関する文献学者にはおなりにならなかった。ですが、学究的な方法で読んで読んで読みまくることから解放されたおかげで、先生は、より独創的な思想家になることができたのではないでしょうか？

ウィニコット　ああ、それについては本当にわからないんです。読みましたよ、でも、みなさんが読むようなやり方ではなかったですね、なぜならば、みなさんは、史実に基づいて考えるように心を使うでしょう。私にはそれがわかるんです。アンナ・フロイトはそういう考え方をしたし、マシュード・カーン、私の教え子の一人ですね、彼もそうでした。あの人たちは、数分で、いや、数秒のうちに、フロイトからどんな引用でも見つけ出すことができました。私には無理でしたがね。あの人たちは、一行一行読んでいくんです、タルムード[3]を読むようなやり方でね、おそらく。でも、私はけっしてそういうふうには読まなかった。私は違ったやり方で知識を吸収するんだと思います。

カー　先生はそれをどんなふうに説明されますか？

ウィニコット　わかりません。私の心がどうやって働くのか、確かなところはわかりません。でも、それについて考えることができます。心は、もっと左右に動くんじゃあないでしょうか、…私には、よくわかりません。フロイト全集といえば、ホーガース・プレスによってストレイチーのスタンダード版が出版されたのを祝うために計画された晩餐会のことですが、私が主宰したことを、あなたは知っていましたか？

　クレアがその準備をおおいに手伝ってくれたし、ジョイスも手伝ってくれたんじゃあないでしょうか。その晩は、とても楽しかったですよ。

カー　ストレイチー氏とミス・フロイトは、赤表紙のスタンダード版全集を受け取りました。その一方で、ほかの人たちのは、みんな青表紙でした。

ウィニコット　彼らがこの巨大なプロジェクトが完成するのを見て、どんなにうれしかったか、あなたにはわからないでしょう。そのせいで、ストレイチーは視力を失ったんですよ、哀れな人です。彼は、フロイトの著作をドイツ語から英語に翻訳するのに、ほぼ五〇年を費やした。その結果、片方の目が見えなくなったし、それに、もう一方の目の視力もとても弱かったと思います。彼は精神分析運動のために本当に自分を犠牲にしました。

カー　ストレイチーの行なった仕事は、まちがいなく英雄的でした。

ウィニコット　実にたいした男でしたよ、ジェームズ・ストレイチー。まさに模範となるべき男。

カー　本当ですね。

（訳注1）当時、コントロール（統制）ケースを使って、スーパーヴィジョンを行なうことを、統制分析と呼んでいた。

（訳注2）ゴシック様式は、黒のロング・ドレスのように暗く、禁欲的で、少しばかり幻想的な様式。

（訳注3）ヘブライ語で教訓、教義の意。前二世紀から五世紀までのユダヤ教のラビ（ユダヤ人が宗教的指導者に対して用いる敬称）たちが、おもにモーセの律法を中心に行なった口伝や解説を集成したもの。ユダヤ教においては旧約聖書に続く聖典とされる。ラビの口伝を収録する「ミシュナ」（「反復」の意）、およびそれへの注解・解説を集めた「ゲマラ」（「補遺」の意）の二部より構成され、前者はヘブライ語、後者は当時の口語であるアラム語で書かれている。ユダヤ教における法律、社会的慣習、医学、天文学から詩、説話にいたるまで、社会百般に及

ぶ口伝や解説を収め、歴史的にもユダヤ精神、ユダヤ文化の精華であり、その生活の規範となり創造力の根源となっている。

カー　年代順のお話に戻ってもよろしいでしょうか？

ウィニコット　とりとめのない話をしてしまって、すみません。でも、これが私のやり方なんでね。

カー　いえいえ、まったくかまわないです。先生が精神分析協会の候補生になられ、メラニー・クラインやそれ以外の人たちと接触した結果、先生は訓練期間中にフロイトの理念《エートス》を吸収されましたが、その後、それを先生特有のものにされていった、と申し上げてもよろしいでしょうか？

ウィニコット　そのとおりですね。私は、一九三三年ごろに資格を得ました。くわしい日付まではよくわからないけれど、でも、一九三三年だったと思いますよ、三五年まで正会員であることの証明書は目にしませんでしたがね。こういうことはすべて、確認することができるんじゃあないですか。

カー　はい、先生が正会員であることの証明書は、一九三五年のものです。

ウィニコット　こういったことをすべて思い出させてくれて、とてもありがたいですよ。私はあの晩のことをよく憶えています。年上の同僚たちに私の最初の論文を提出したんです。当時の私は、先生たちとくらべてとても若かった！　さらに、先生たちにその論文を気に入ってほしかった。特に、ストレイチーさんとメラニー、それとジョーンズ博士にはね。

カー　さらに、先生は、成人に対する精神分析作業の訓練だけでなく、さらに進んで子どもの精神分析の訓練も完成させました。

ウィニコット　それをやったのは、私が最初でした。少なくとも英国ではね。

カー　一九三七年に、先生が子どもの精神分析家の資格を取られた後で、アーネスト・ジョーンズがジークムント・フロイトにそのことについて手紙を書いたということをお知りなると、先生は愉快になられるかもしれませんし、お喜びになるかもしれません。そういうわけで、フロイトは先生のお名前を活字でまちがいなく見たことでしょう。

ウィニコット　ああ、なんと、もうジーンときます、…ああ、なんということだろう!

カー　はい、まったくです。ジョーンズは、先生が男性で初の児童分析家になったとフロイトに話しました。当時の人々は、男性である先生が、子どもたちに精神分析を行なっていることを珍しいと思ったのでしょうか?　つまり、ヘルミーネ・フォン・フーク゠ヘルムートや、アンナ・フロイト、メラニー・クライン、マリアンヌ・クリス、ベルタ・ボーンスタイン、ドラ・ハルトマンといった、あらゆる児童分析の偉大なる女性先駆者たちのことを念頭に置いた場合にです。

ウィニコット　ええ、ここで私は、昔の「複数の母」によって再び囲まれるわけです。え〜、それが、私が子どもの医者やなんやらであることに役立ったんです。たしかに、私は、赤ちゃんや子どもたちと親密な関係を築きました。でも、ほかの人たちはそうしなかった。これは、私の女性との同一化、あるいは母親との同一化と呼ぶことができるのではないか、と思います。でも、ありがたいことに、私にはこの側面があったんです。それは私の仕事にとって不可欠であることがわかりました。なぜならば、一人の母親がそうであるように、患者さんたちの子どものようなあどけない部分に、私は共感することができたからですね。そのうえ、おわかりのように、私は父親を自分の中に取り入れたかった。育児は、母親だけの独占領域であるはずがありません。赤ちゃんは母親を必要とするが、母親は父親を必要とします。このことは、現代の家族構成ではいつもそうだとはかぎらないということを、私は知っています。でも、それが問題なんじゃありません。男性が赤ちゃんの世界では必要とされていることが問題なんです。そして、男性たちを参加させるお手伝いができて、私はむしろ誇りに思っていますよ。

カー　そしていよいよ、先生は訓練を終えられたのでしょうか？

ウィニコット　ええ、そうです。そして、私は一人前の精神分析家になって、「躁的防衛」に関する協会の資格論文を書いたんです。

カー　多くの点で、先生の協会資格論文はかなり謙遜されていて、伝統的な作品として読めます。先生は、多くの指導者や助言者、特にメラニー・クラインがそうですが、それだけではなく、たとえば、アーネスト・ジョーンズや、それ以外にも、ジョアン・リヴィエールや、メリッタ・シュミドバーグ、ニーナ・スィードたちに対して敬意を表わしておいでです。ですが、一部の評論家たちはその論文を、先生の側の、それこそ独立の拍手喝采であるとみなすようになりました。

ウィニコット　えーっと、私は、躁病は常に躁的ではないのかもしれない、ということを提案しようとしたんです。少なくとも、伝統的な精神医学上の意味においてはね。概念としての躁病は、臨床家たちのあいだでは、評判がよくなかった思います。「その患者は躁的です」と、彼らは言いますよね、まるで患者のエネルギーや熱意、創造力のあらゆる面を奪うかのように。「ウィニコットは躁的です」と、彼らは言うかもしれません。でも、それは事実ではまったくありませんね。本当です。

カー　たしかに先生は、躁的防衛の危険性について、さらには、躁病が現実を、とりわけ現実の抑うつ感情を否定するために動員される防衛機制になりうる道筋について、非常に詳細に書かれていらっしゃいます。ですが、先生は、躁的防衛が非常に役に立つかもしれないことを示唆する道筋も発見されました。

ウィニコット　そのとおりだと思います。私はこの半世紀のあいだ、その論文は再読しませんでした。あなたはどの側面を念頭に置いていたのでしょう？

カー　えー、私は、特にミュージック・ホールに対して、先生が言及なさったことが気に入っています。思い出していただければと思うのですが、ウィニコット先生、ダンサーたちが、その活気に満ちて、肉体と才能を十分に披露しながら、ステージ上へと突進していくときに、劇場で生じうる躁的興奮の動揺についてお書きになりました。

ウィニコット　ええ、あれは躁的です。それは躁的防衛でさえあります。でも、それは活気でもあります。それが生命なんです。

カー　まったくそのとおりです。論文で、先生は、「生命」というふうに、文字を強調されました。そうすることで、強調されたい点が非常に明確になった、と私は思います。そうです、演劇は躁的になるでしょうし、その一方で、生命でもありえるのです。

ウィニコット　ああ、これを思い出せるとは、なんてすばらしいことか、……一九三五年という年は、はるか昔のことのようです。そして、私は論文中にその意見をすべり込ませたかった。なぜなら、メラニーとその仲間たちが、もう初期の段階で、すでにもっぱら防衛としての躁病について話し始めたからです。そして、私には、こういった多くの同僚たちがとても抑うつ的になっているのがわかりました。知ってのように、心的外傷を受け、故国を追われ、住む家のないユダヤ人の難民たちがロンドンにやって来た。その多くは配偶者もなく、そしてそこには、メラニーも含まれるでしょうね。多くの人たちが、まったくのうつ状態になっていた。実際、患者さんたちのなかに生命のしるしを認めたときはいつでも、同僚たちはそれを躁病と解釈しましたよ。それは、もちろん、躁病かもしれないし、あるいは躁的防衛かもしれない。でもそれは、生命であるかもしれない。私たちは、喜んでいるときの患者さんの自信をなくさせないように注意しなければならないんです！

カー　先生は、特定の精神分析家が、自分の患者さんのうち、その何人かの生命力をねたむかもしれないとお考えですか？

ウィニコット　そりゃあもう、まったくそうです。

カー　先生の論文に対しては、どのような反応があったのでしょう？

ウィニコット　えーっと、よく憶えてはいないんだが、かなり前のことなんでね。でも、それ以来、論文を数多く書きましたよ。でも、私はよい発表をしたと思います。ジョーンズがそれを気に入ってくれたことは確かだし、いろいろな点で、それはもっとも重要なことでした。

カー　そして、先生の精神分析家の資格は、他の多くの将来性のある生活上の変化と同時に起こりました。

ウィニコット　えーっと、私は、一九三三年ごろストレイチーさんとの分析をやめました。そしてこのときに、アリスと私は、サービトン、それはサリー州にありますが、そこからハムステッドへ引っ越したんです。そういうわけで、私たちはようやくロンドンに住むようになった。そしてそれは、私にとってとても重要なことのようでした。でもそれは、私のとった唯一の行動ではなかった。おわかりのように、私は、自分専用の診察室をウェイマス通りからクイーン・アン通りへ、そこはいまでもハーリー街の区域にあるけれど、そこへ移したりもしましたね。さらに、ストレイチーさんの寝椅子からリヴィエール夫人の寝椅子へと分析を受ける場所を変えました。臨床上の役職に関しては、私はクィーンズ病院から、……えーっと、それからはどこにも移りませんでしたね。一〇年以上経って、クィーンズ病院を去った。私は、自分自身の臨床上の実践を記録に残して、発展させたかったんです。

カー　多くの変化ですね、たしかに。ですが、先生には一貫性も多くありました。先生はパディントン・グリーン小児病院に留まられました。

ウィニコット　ああ、そうでした。そこは、自宅とはまた違った私の家になりましたね。私の精神医学のスナック・バー。

カー　私たちはみんな、その描写が気に入っているのです、……「精神医学のスナック・バー」

ウィニコット　私は、自分でその表現を作ったんです。おわかりのように、クィーン・アン通りで、私は個人の患者さんたちに対して精神分析を存分に実践しました。ほとんどが大人でしたが、子どもも何人かいました。そして、かなりの患者さんたちと一週間に五回会いました。私が初めて寝椅子に横になったころには、一週間に六日患者さんと会うという伝統は、五日に減ってきましたね。知ってのとおり、分析家には週末が必要です。なぜなら、分析の作業のせいで、私たちは患者さんたちを憎んでしまうことがあるからですね。そういうわけで、私たちは分析をやり続ける必要があるんです。でもまた、分析をやり続けない必要もある。とにかく、クィーン・アン通りでは、私には個人の患者さんがいたし、その一方で、グリーン小児病院でも別の患者さんがいました。そして、前にも話しましたが、私には、文字どおり何千もの子どもの精神病患者さんがいました。でも、その子たち全員を分析することはできなかった。そこで、その代わりに、その子たちにおやつを与える方法を見つけなければならなかったんです。

カー　五品のコース料理（五日間の分析）の代わりに、おやつですか。

ウィニコット　そのとおりです。そういうわけで、私はグリーン小児病院をスナック・バーとみなしたんです。

カー　先生は、プレイセラピーや、さらには、今や伝説となったスクィグル技法を開発されました。

ウィニコット　えーっと、ほら、一部の患者さんにはこうたずねるにちがいない、「どれくらい多くのことを、私はこの男にしてあげられるだろうか?」とね。でも、べつの患者さん、特に幼い子どもたち、その子たちはとても従順で、回復がしばしばすごく早いとしますね、その子たちに対しては、私はこうたずねますね。「私がやってあげる必要は、どれくらい少なくてすむだろうか?」とね。だから、クィーン・アン通りは、できるだけたくさんのことをするための中心地となり、グリーン小児病院は、必要最小限のことをするための中心地になりました。そして、両方とも、治療を行なう上できわめて重要な努力であることがわかったんです。それぞれが、それ相当に効果的でした。

カー　先生は、パディントン・グリーン小児病院で先生がなさった短時間の相談の仕事に対して、一部の人たちから非常に多くの抵抗を受けられました。

ウィニコット　ミス・フロイトは私のことを気に入ってくれたし、私もそうだった。彼女は私に面と向かって直接それについてはまったく言わなかったけれど、それでも、こういった類いの仕事、…つまり、児童精神医学上のこのような治療相談に対しては、特有の厚かましさがありましたね。彼女は、週に五回の集中的な児童分析をやりましょう、という旗を揚げつづけた。そして、私が児童分析の質を低下させているのではないか、と彼女が心配しているということを、私は別のところから知りました。でも、ちゃんとした児童分析をやりましたよ、…たくさんね、…症例数は一二以上にのぼるでしょう、おそらく。でも、ひどく時間がかかるんですよ、それに、すべての子どもたちが、分析を希望するわけでも、必要とするわけでもないし、それだけの金銭的な余裕があるわけでも、分析に着手できるわけでもありません。さらに、両親がつねに児童分析に乗り出すとはかぎりません。いずれにしても、パディントンの両親はそうじゃなかった。もし私が、毎日欠かさずジョニー坊ちゃんを病院に連れてこなければなりませんよ、と両親に話したとしたら、彼らはさっさと逃げたことでしょう。まず第一に、この私が毎日欠かさずそこにいるなんてことはなかったし、たとえそうだったとしても、そうであるとしても、このせいで、ジョニー坊やが、実際よりももっと気分が悪いと感じてしまう危険性が十分にあったでしょう。そこで、私は子どもたちとその家族のわだかまりを解消する方法を見つけました。しかも、ときには、一・二回相談するだけでそれができたんです。

カー　先生の児童精神医学の評判が高まっていったので、英国中の両親が子どもたちを連れて、先生に会いにきたのだ、と私は思っています。地域には、子どもの精神科医がまったくいなかったからです。

ウィニコット　重ねて、そのとおりです。私が働き始めたときは、小児科医という正式な職業がなかったように、児童精神科医という正式な職業はなかった、とあなたは理解しているにちがいない。さまざまな点で、私は小児科という分野を創り出さなければならなかった。いや、創り出すのを手伝わなければならなかった、こう言ったほうがより正確でしょう。特に、児童精神医学の領域全体です。私はたしかに最初の一人でした。一九二〇年代には、子どもの精神科医それ自体がいませんでした、ヘクター・キャメロンような変わり者を除いてはね、彼は複雑な男でした、もう一人の精神分析嫌い。

カー　そうしますと、グリーンはまさしく、実験のための、そしてまた、子どものメンタルヘルスのための技法を開発するための、先生の研究室になったのですね。

ウィニコット　まったくそのとおりです。私はパディントン・グリーンに広い面接室を持っていました。

そして、すぐにいくつかの症例をかかえたもんです。そうしないとだめだった。一人めの子どもは、ついたての後ろで服を脱いで、身体検査を受けるために待っているし、二人めの子どもは、絵を描いている。三人めの子どもは、私が家族歴を聴取しているあいだ、母親のひざの上にちょこんと座らされていますね。さらには、それを見守る訪問者たちがいました、ソーシャル・ワーカーや巡回保健師などですね。そりゃあもう、大混雑でしたよ。でも、どういうわけか、すべて落着しました。それに、子どもの症状を取り除くのに、私の解釈はしばしば一つだけで十分でした。子どもへの介入は非常に強力なものなんです。何十年にもわたって子どもを治療する必要なんてありません。しばしば一回の診察で、現われている症状を解決することができるんです。

カー　先生は、パディントン・グリーンで家族全員と取り組まれました。まわりは、それがめずらしいことだと気づいたのでしょうか？

ウィニコット　メラニーには、それがめずらしいことだときっとわかったはずです。でも、メラニーは医者ではなかった。彼女は一生をつうじてけっして病院では働きませんでした。子どもに対しては殺菌処理を施すような手法をとりました。アンナ・フロイトは学校で働きましたね。彼女け、ウィーンに自分の学校をもっていたし、後には、ロンドンで自分の保育園を持ったので、メラニーよりもちょっとだけ家族について知っていました。でも、アンナ・フロイトもまた、病院では絶対に働きませんでした。少なくとも、私はそう思っています。そして、メラニーは本当の家族についてなにも知らなかった。彼女は母親や父親に会うことを拒否しました。アンナ・フロイトは家族についてメラニーよりも理解していたと言わなければならないでしょう。でも、彼女もまた、私がやった方法で家族を知ることはなかった。

カー　先生の同僚だったジョン・ボウルビィは、しばしば、メラニー・クラインとのスーパーヴィジョンの話を詳しくしてくれました。先生は、おそらく、この逸話をご存知でしょう。どうやら、彼は幼い子どもとの作業を始めたらしいのですが、その母親というのが最近、精神病になって施設に収容されなければならなくなったそうなんです。結果は、その子にはボウルビィの診察室まで付き添ってくれる人がだれもいなくなったので、分析は急きょ中止しなければなりませんでした。たぶん、外部の環境のせいで、このように児童分析を中止せざるをえなかったことに、クライン夫人は当惑したことでしょう。ボウルビィは、クラインが分析を続けるべきだと主張している、と私に話しました。そして、自分と会えるようになる方法が子どもにはない、とクラインに弁明したときに、ボウルビィは激怒して、あきらめて手を引いたのです。ボウルビィは、分析をなぜ中止せざるをえなかったのか、クラインにはただ理解することができなかったんだ、と主張しました。

ウィニコット　その話は私も知っています、…そうでした、本当に。これこそまさに、私が言いたいことなんです。家族を引き込まなければならないんです。そうしないと、両親はすべてにわたって子どもの分析を攻撃してくるでしょう。そうです、私は家族といっしょになって取り組もうと努力しました。父親なんてめったに来ませんでしたよ、働かなければならなかったからね。その当時、もしあなたが、西ロンドンの労働者階級の男性だとして、病院に子どもを連れていくために、わざわざ時間をとって持ち場をはなれるならば、たぶん解雇されるでしょう。西ロンドンの父親たちは、樽作りや、ピーナッツ売り、肉体労働者などとして働いていました。彼らはその日暮らしだった。そして、医者にみてもらうために子どもを連れていくのは、えーっと、それは母親の仕事でした。なので、私は、多くの母親や祖母、さらには年上の兄や姉に会ったが、でも、父親にも何人か会いましたね、実際にはかなりの人数にのぼったし、年を追うごとに、その数は多くなっていきました。「ピグル」、…「ピグル」、私が一九六〇年代に治療した幼い少女を知っているでしょう？

カー　はい。

ウィニコット　彼女の父親はよく、セッションに彼女といっしょにやって来ましたよ。彼らはなんてすばらしい家族だったことでしょう！　ともかく、私はここチェスター・スクエアーで彼らに会っていた。また話が脱線しますけど、…これは、精神分析的知識に基づいた新しい小児科学‐兼‐児童精神医学、それは子どもに完全で総合的な保障を提供してくれるものですが、それをつくり出すのに役立てた空間として、私はグリーン小児病院を利用した、と口ぐせのように言っていますね。身体症状を精神分析的に解釈することができたし、それに治療することもできた。精神症状もこの方法で治療することができた。そのうえ、家族の安定を回復することができたんです。

カー　個人開業で、だいたい四人から五人、あるいは六人もの患者さんたちを、週に五回、集中して診察に取り組んだおおぜいの精神分析の同僚の人たちとは異なり、先生は、文字どおり何千もの子どもの患者さんたちと取り組まれました。先生が、臨床家として積まれた経験の重要性と、臨床上のデータの宝庫をほかのだれにも共有させずにおかれたという事実を、本当に評価してきた人はだれもいなかった、と私は思います。先生とメラニー・クラインのように偉大な人物との経験は、強烈で深みのあるものでした。しかし、先生はまた、ほかのだれも味わうことのなかった豊かな経験もなさいました。

ウィニコット　言うまでもなく、経験の多くは中傷されることがありますよね。『ウィニコットは躁的だ』と言う人もいるでしょう。「あいつは、一人の子どものところに五分間いたと思ったら、急いで別の子どものところに行って…、そして、さらに別の子どものところへ…。」でも、それは事実じゃありません。そう、まったく違います。私がほかのだれもしなかった経験をたくさんしてきたと言うあなたは、正しい。

カー　私はそのことを、先生の心のなかでこのように渦を巻いているあらゆる臨床上の感触や、先生の診察室をこのように覆いつくしているあらゆる症例の記録などとともに、推測できます。そして、先生には、行なった仕事について書き記し、それを人に教え、分析処理し、あるいは、それを頭の中から取り出さなければならないという、大きな必要性があったのかもしれない、と推察できます。

ウィニコット　そうですねぇ、グリーン小児病院での仕事が進展したので、私はさらに多くの分析を受けるために戻りました。そして、リヴィエール夫人との分析の作業をしに行った。私には、臨床上の実践を含め、いろいろな問題について話をする場所が必要だったんじゃあないか、そう思います。

カー　たとえ、およそ一〇年にわたるジェームズ・ストレイチーとのすばらしい時間を過ごされたとしても、先生は分析に戻られたのですか？

ウィニコット　私が分析に戻ったのには、少なくとも三つの理由があったんです。まず第一に、私には専門の仕事をすべて吟味する必要があった、まちがいないですね。第二に、自分が半クライン派になるのか、それとも自分自身でいるのか、それを知る必要があった。そこで、リヴィエール夫人のところへ行きました、彼女はクラインのもっとも親しい弟子だったからね。そしておそらく、これがもっとも重要だと思うんですが、アリスとの結婚がまさに崩壊し始めた。だから、リヴィエール夫人のところへ行ったんです。彼女の意見ではなく、自分の考えからだったと思います。そういうわけで、私には話すべきことがとても多かったんです。

カー　先生は、さらにもう数年間、ベイズウォーターにあったリヴィエール夫人の診察室に通われました。そこでの体験は有益だったのでしょうか？

ウィニコット　もちろんですとも。一つには、リヴィエール夫人のようになってしまうのをどうやって回避したらいいのか、そこでの体験が私に教えてくれたからですね。

カー　先生の長年の同僚であり友人でのあったマリオン・ミルナーは、リヴィエール夫人のことを弱い者いじめをする人と言っていたものです。熱烈なクライン派の人物であったハンナ・スィーガルでさえ、リヴィエール夫人はかなり厳しい人だった、と私に言いました。

ウィニコット　そして、ハンナ・スィーガルも知っていたことでしょう。自分もかなり厳しい人であることをね。彼女がハンナ・スィーガルになる前の、昔のハンナ・スィーガルを、私が知っていたということをご存知でしたか？　そうなんです。彼女の名前はポズナンスカ博士とかなんとかいったような、ポーランドの名前でした。精神分析家の訓練を受ける前は、彼女はグリーン小児病院の私の研修医でした。けれども、私が彼女に与えた影響がどれほどのものだったのか、私にはわかりません。彼女はまったく異なるタイプの実践家になったんでね。でも、それはまったく別の話です。

カー　そうしますと、先生はリヴィエール夫人と争われたのでしょうか？

ウィニコット　そうです、争いましたね。争いの一部は私自身のことでした。それはまちがいないですね。アリスがいろいろな不安で苦しみ始めたんです。私はそれを全部、吸収しなければならなかった。でも、リヴィエール夫人は、彼女自身とても繊細な女性だったし、とても男まさりの女性でした。偽りの自己を非常に発達させてしまったんですね。彼女は解釈で私を攻撃してきたもんです、…たくさんの解釈でね、…正しいものもあれば、誤っているものもありましたよ、どうしてかというと、一つには、ふさわしい時を選んでしなかったからですね。それでも、私は分析から多くを学ぶ方法を見つけました。いずれにせよ、戦争のせいで分析は中断しましたが、私はなんとかやり続けましたよ。

カー　ジョアン・リヴィエールとの分析、そして、メラニー・クラインとの関係について、多くの疑問が急に思い浮かんできました。ですが、これらが非常に個人的な問題であるいうことはわかっていますし、先生もおそらくお話したくは…。

ウィニコット　…おお、なんでも聞いてかまいませんよ。この故人とのインタビューのまさによいところの一つは、私はなんでも率直に話してかまわないということだし、あなたも遠慮なくそうするべきですよ。それで、あなたの知りたいことは何でしょう？

カー　え〜っと、私たちは、先生の私生活の多くの側面について、そして、結婚や分析について思い描くことができたのではないかと思います。しかし、先生にはなさらなければならないことが山ほどあったので、それがかなりの負担になったにちがいない、と私はただ申し上げたかったのです。

ウィニコット　ふーむ、そう、そうだったかな？

カー　先生のご自宅には、非常に病弱な奥さんがいらっしゃいました。治療中の患者さんたちが、数千人とまではいかないまでも、数百人はいました。ときどきいじめてくる分析家もいました。さらに、先生はこれから戦争しようとしている国に住んでいらっしゃった。すでに先生は、学校から大学からまで同期だった人たち全員がほとんど死んでしまった第一次世界大戦を、生き残ってこられた。

ウィニコット　たしかに、不安が次から次へと続く時代、…英国にとって非常に被害妄想的な時代でした。そして、私たちみんなが、そのなかへ、反ドイツと反ユダヤの狂乱、そしてあらゆるものの中へと吸い込まれていった。恐ろしかった。そして、「偽りの戦争」のあとに、私は本当の戦争、ロンドン大空襲を体験したんです。そして、一般市民が死んでいくようになった。国家精神全体がばらばらになりましたね。そして、万事申し分ないかのように、例のごとく葉巻をぷかぷか吹かせていたチャーチル、その彼と、彼の微笑とVサインとして描かれる全国的な偽りの自己のもとで、本当の自己が窒息死しました。私たちは、協力しあっているという大きな錯覚を、さらには、ナチスと闘いながら、愛国心に燃えて歌をうたうことで強くなれるという大きな錯覚をつくり出したんです。私たちはどうにかやり遂げた。でも、ばらばらにもなった。だれもがそうでした。

カー　おそらく、私たちは、先生が第二次世界大戦中になさった体験についても話をすることができると思います。なぜならば、このときの体験が、職業的にも個人的にも、先生にとって非常に重要な移行期間であったということを、私は知っているからです。

ウィニコット　さまざまな点において重要な時代でしたね。戦争が始まったとき、私はとても不安になりました。もちろん、個人的な心配、つまり自分自身とアリスの安全に対する恐れがありました。そして、彼女はほとんど爆弾で死んだようなもんです。ぞっとします。でも、私には、子どもたちに対するさらに広範囲におよぶ懸念がありました。そしてさらに、政府は、子どもたちをロンドンとその周辺地区から疎開させるという、とてつもない案を実行したんです。

カー　一九三九年に、先生は、『ブリティッシュ・メディカル・ジャーナル』に発表されるために、同僚の児童精神科医であったジョン・ボウルビィとエマニュエル・ミラーとともに、一通の手紙を共同執筆なさいましたが、それは、疎開させることで甚大な被害をもたらすかもしれない心理的な影響について、ほかの医者たちに警告するものでした。

ウィニコット　ジョン・ボウルビィのことについては、すでにちょっと話しましたよね？　彼と私は、職業的にも個人的にもおおいに共感しあっていました。でも、だからといって、けっしてうちとけた親しい友人にはなりませんでしたがね。

カー　ボウルビィは自分自身のことを、先生と同様に、「だれが聞いても同じ歌い方（同じ意見）」のようなものだ、と私に言っていました。

ウィニコット　音楽上のつながりですか、…おお、気に入りました。そうなんです、彼と私は、子どもたちと分離については意見が完全に一致しました。分離はなかなか避けることができずに、子どもに悪影響を与えるということを、二人とも知っていました。それから、エマニュエル・ミラーが私たちに協力してくれましたね。みんな、ミラーを忘れてしまったと思いますよ。なぜなのかはわかりませんが。彼は私やボウルビィのずっと前から、…ん〜、ちょっと前からかな、児童精神科医でした。私よりちょっと年上で。常勤の児童精神科医だったけれど、けっして精神分析家にはならなかったですね。それに、精神分析家たちが精神分析家ではない人たちのことをよく忘れるというのは悲しいことであると思いますよ。そして、ミラーはこのようにとても善良な人たちの一人でした。本や論文をたくさん書くなど多大な貢献をしました。でも、どういうわけか、姿を消してしまった。いずれにしても、あなたがおっしゃったように、私たち三人は、ＢＭＪに共同の手紙を書いた。なぜなら、私たちには何が起こるかわかっていたからです。

カー　両親と政府の役人の双方が、ロンドン大空襲の最悪の結果を恐れたのではないでしょうか。しかし、子どもの身の安全を守ることのほうが、子どもの心の安全を守るよりも優先されるべきではないのですか?

ウィニコット　いいえ、そうは思いません。なぜなら、子どもは心の安全がなければ、身の安全などないからです。もし、心の安全がないと、その子は、気が狂うか、自殺するか、非行に走るかしてしまいます。そうなると、その子の体は本当に危うくなります。いいや、そもそも母親と赤ちゃんを引き離すことなんてできないように、ここでも、心から体を引き離すなんて簡単にできることじゃあないんですよ。

カー　これで、疎開が幼い子どもたちに与える影響について、先生が懸念なさるのには、十分な根拠があることがわかりました。

ウィニコット　戦争が終わって、以前は心理的に健康だったのに、それが今では完全に破壊されてしまった家族の事例に私は多く遭遇しました。本当に破壊されたんです。カナダやアメリカに疎開した子どもたちの一部が、六年間まったく両親に会えなかったということを、あなたは知っていますか？　長いあいだ疎開していた子どもたちはたいてい、両親のことを忘れてしまうため、よい内的対象として両親に頼ることはもはやできなかったんです。

カー　じつは、私自身、患者さんたちと作業したおりに、一九九〇年代から二〇〇〇年代の前半にかけて、数人の高齢者の人たちに会いました。その人たちは、子どもだった第二次世界大戦中に疎開を経験したのですが、みなさん、かなり深刻な抑うつ状態になって私のところへやってきたのです。

ウィニコット　なんて恐ろしい。戦争の人的犠牲、精神的犠牲ですけれども、それはまったくはかりしれません。だから、私は精神的犠牲について率直に言おうとした、特に、子どもたちの場合に関してはね。

カー　先生の戦時中の仕事について、もっと単刀直入にお話をうかがってもかまわないでしょうか？

ウィニコット　ええ、もちろんですとも。

カー　先生はそのままロンドンに残られたはずですが、先生の同僚の方たちのほとんどは、地方へ避難したか、あるいは、英国軍医療部隊に加わりました。

ウィニコット　そのとおり、私はロンドンに残った。そうしたかったんです。ここで再び、私のメソジスト派のルーツが見えてきますよ。私はただ、船から去ることができなかっただけです。私はとどまった。そして、働かなければならなかった。でも、グリーン小児病院で働くことはできなかった。長い間、病院が閉鎖されたからです。さらに、私にはほとんど個人の患者がいませんでした。子どもたちが疎開してしまったのと、大部分の大人がいなくなったからです。女性たちの多くが、スコットランドや、どこかべつの場所に脱出したということは、あなたも知っているはずです。そして、一定の年齢に達した男性はみんな、戦うために去っていった。八〇歳の男性たちだけから成る分析なんて続けられませんよ！　そこで、私は仕事を得たんですが、本当に一週間に一日の仕事でしたよ。でも、実際には、それ以上に時間がかかることがわかりました。私は、オックスフォードシャー州とその周囲の地域の政府疎開計画の精神医学の顧問の職に就いたんです。

カー　これはたしか、少年非行などに関する先生の研究の基盤になりました。

ウィニコット　えーっと、一般的な児童精神科医として、私はロンドンで少年犯罪をたくさん見てきました。もちろん、当時もそうです。特に、東西ロンドンのうち、私が担当した特別な地理的区域ではね。私が、こういった子どもたちを「反社会的」、あるいは「AST」な子どもたち、いいかえると、「反社会的傾向」をもった子どもたちと呼ぶようになったということを、あなたは知っていますよね。

カー　反社会的傾向に関する先生の研究は、広く評価されるようになりました。

ウィニコット　一九三九年の戦争は、精神的にも大変な時代になりました。言うまでもなく、私たちは避難した。そして、オックスフォードシャー州は、疎開する子どもたちのための重要な収容センターになりました。それらの子どもたちは宿舎で生活しました。親元を離れ、移住したことで、その子たちがストレスに苦しんだということは疑いないが、子どもたちのほとんどはなんとか切り抜けました。でも、私はそういったふつうの子どもたちの世話はしませんでした。精神科医として、私には特別な役割があったんです。ロンドンですでに心理上の困難を呈していて、その上、今後さらに、地方での疎開生活にも耐えなければならない子どもたちに取り組みました。だから、いろいろと私は、一群の子どもたちと会わなければならなかったんです、しめて数百人にのぼる子どもたちとね。みんな、二重に苦しめられ、二重の障害を受けたと表現してよいかもしれません。

カー　それで、これらの子どもたちは、先生が相談なさった収容施設で生活したのでしょうか？

ウィニコット　そうです、これらの子どもたちは、オックスフォードシャー州と、それからバークシャー州にもいくつかありましたが、そこに点在していた施設で生活しました。私は特に五つの施設で相談しなければなりませんでした。でも、その五つだけじゃあないですよ、ほかの所も相談しました。

カー　先生は、一九四〇年代初期にはどのようなかたちの相談をなさったのでしょうか？　明らかに、こういった子どもたちに完全な児童精神分析を提供するための資源はなかったはずです。

ウィニコット　ええ、そうです。正式な精神療法は、どんな種類のものであっても、ほとんどやらなかったですね。知ってのとおり、ときには毎週だったし、週二回というときもあった、またそんなに頻繁じゃあないときもありましたが、巡回できるときには、施設を訪問したもんですよ。しかもこれは、ガソリンが規制されたために、しかたなくやった簡単な離れわざじゃあありませんよ。でも、方法を見つけました。医者として私は、ガソリンの特別手当をもらっていたが、それがとても役に立ったんです。ときには、パディントン駅から電車を利用しました。とにかく、こういった収容施設を訪問して、子どもたちといっしょに過ごしました。話をしたり、絵を描いたり、ただ単に子どもたちといっしょにいただけのこともありました。ときには、子どもたちといっしょに料理をしたこともありますよ。こういった体験をとおして、私は現場の知識を得ました。でも、たいていはスタッフと働きましたね。

カー　先生のスーパーヴィジョンを受けながら働いていた専門の職員がいました。ですが、なかには、心理学の訓練をまったく受けてこなかった職員もいました。

ウィニコット　こういった子どもたちの施設で働いていた職員のほとんどは、正式な資格などをもっていませんでしたよ。たいていの職員は読み書きの能力といった基本レベルしか身につけていなかった。基礎教育はほとんど受けていないし、もちろん、高等教育なんてほとんど受けていません。こういった人たちが仕事の大半をやったんです。そして実際に、寮父母としての役目を果たしました。ときどき、二人の未婚女性を担当させました。でも、私は、母親と父親という異性愛のカップルで担当させるのが好きでした、しばしば彼ら自身の子どもたちといっしょにね。それで、このような寮父母がいたわけなんです。さらに、数人のソーシャル・ワーカーもいました。そして、ときどき私は、当局と予算を取り決めることができたんですが、そのとき、一部の特に貧困な子どもたちに対する専門の精神分析活動をするために、同僚の何人かを引き入れた。

カー　シーハン＝デアさん、彼女のことを耳にしたことはありますか？

ウィニコット　はい、ヘレン・シーハン＝デア、初期の児童精神分析家だった方です。彼女はまだ学生だった先生を指導されたと思います。

カー　そうです、シーハン＝デアさん、ええ、そのとおりです。私には彼女が信頼できる人だとわかっていました。でも、戦時中、彼女にはお金が必要だったことがおわかりでしょう。みんな、そうだった。そこで、私は、子どもたちに対するちょっとした精神療法活動をしてもらうために、彼女を引き入れたんです。

ウィニコット　そのうえ、先生には、非常に重要になったソーシャル・ワーカーが一人、特別にいらっしゃった。

カー　ええ、ブリットンさんですね。えーっと、長年、私は彼女のことをそう呼んでいましたね、「ブリットンさん」と。そして、彼女は私のことを「ウィニコット先生」と呼んでました、…長い間、実際にね。でも、私たちはすぐに親しくなり、数年後に、アリスと私が離婚した後で、ブリットンさんと結婚しました、…それがクレアです。

カー　私たちはこれまで、ウィニコット夫人、二人めのウィニコット夫人ですが、彼女について何回かふれてきましたが、十分ではありませんでした。

ウィニコット　えーっとですね、知ってのとおり、私たちはオックスフォードシャー州で出会いました。それは、私が疎開した子どもたちのために、これらの施設に相談しに行ったときのことです。そして、おたがい仕事上の同僚として始まったけれど、私たちは恋に落ちた。面倒なことになりました。おわかりのように、私にはまだアリスがいたからですね。実際、アリスと私は、二〇回目の結婚記念日を迎えようとしていました。そして当時は、え〜、人は簡単に離婚なんてしなかった、…そんなことはありえないことでした、…恥ずべきことだったんです、実際に。でも、クレアには非常に特別な素質がありました。彼女は宗教的な環境のなかで育ちました、私のようにね。私の仕事に大きな関心をもってくれました。そのころは、いろいろな点でおどおどしていたけれど、分別がありました。おわかりのように、彼女は芯が強かった。

カー　最初の奥さんのもとを去るという決定が、非常につらいものであったことは、私にもわかります。

ウィニコット　ええ、そうでした。

カー　けれども、先生はアリス・ウィニコットと離婚されました。それから、再婚なさった。そして、ブリットンさんは新しいウィニコット夫人になられ、さらに最終的には、精神分析家になる訓練を受けられたことを、私は知っています。お二人は、仕事について非常に多くの共通した話をなさったにちがいありません。

ウィニコット　ええ、クレアと私は、仕事を共有することができました。でも、彼女には自分の仕事もあった。そして、このことをあなたにお話するのは光栄なんですが、でもまあ、おそらく、あなたはすでに知っているかもしれませんが、彼女は英国内務省のとても重要な人物になりました。そして、政府のとても重要な職をがんばって続けました。内務省児童局の保育研究の責任者になったんですよ。

カー　先生がお亡くなりになった後、女王陛下が奥さんに勲章を与えられたことをご存知でしたか？　大英帝国のもっとも優れた四等勲士 Officer of the Most Excellent Order of the British Empire、つまりOBEになりました。

ウィニコット　それはすばらしい。すてきなニュースですよ。彼女は内務省の仕事に本当に専念しました。特別な児童部門で働いて、社会福祉のトレーニングとその規準など、そういったことをすべて進めるのに助力したんです。そのせいで、彼女はほとんどくたくたになりましたよ。でも、やりました。ああ、私は、クレアがこうして表彰されたのを聞いて、光栄だし、うれしいです。授与式に彼女といっしょにバッキンガム宮殿に行けなくて、なんて残念なんだろう！　彼女は本当に勲章をもらったんですね？

カー　まさに、そのとおりです。

ウィニコット　行けなくて残念です。だってバッキンガム宮殿は、ちょうどチェスター・スクエアのこの家から、すぐそこですよ。

カー　先生の表情は今、最高に光り輝くほほえみでいっぱいでいらっしゃいますよ。

ウィニコット　あ〜、バッキンガム宮殿で、妻が…。なんてすてきな！　知ってのとおり、私はいつも、だれかが私のためにナイトの爵位を用意してくれないだろうか、と思っていました。ある時期に、やろうとしてくれた人たちもいましたが、でも、実現しそうになかった。

カー　先生はまちがいなくナイトの爵位にふさわしいですよ、ウィニコット先生。

ウィニコット　えーっとですね、おそらく、いつかは、そういったのが与えられるもんですよ、死んだ後にね。

カー　先生は、存命中は、君主から賞をお受け取りになることはありませんでしたが、先生のお書きになった記事が、常に精神分析電子出版のデータベースの中で、もっとも高く評価されていることをお知りになると、満足されるのではないかと思います。

ウィニコット　電子出版がなんなのか、わからないけれど、でも、それを聞いてとてもうれしいですよ。

カー　えー、精神分析電子出版サービスは、評論などを集めたアーカイブなんです。つまり、専門誌の記事の文字どおり倉庫ですね。そして、先生の発表なさったものが、ずっとたいへんな人気を博しているのです。先生がお亡くなりになってから四〇年以上も経っているのにですよ。

ウィニコット　うれしいことを言ってくれるじゃありませんか！

カー　ところで、第二次世界大戦中のオックスフォードシャー州の収容施設と、それから、職員との仕事についての話なのですが？

ウィニコット　ああ、そうでしたね。私は、基本的には、職員のために事例検討グループを運営して、みんなが子どもたちのことを理解するお手伝いをしました。訓練を受けていない職員の多くは、こうした少年や少女たちを行儀の悪い子とみなしました、…ただ単に言うことを聞かない子たちだと。でも、おわかりのように、あの子たちはただ言うことを聞かなかったんじゃありません。そこで、私は、子どもたちのふるまいには意味があるんだということを、職員が理解するお手伝いをしようとした。それには目的があるかもしれないし、なにかを伝えようとしているのかもしれません。

カー　それで、先生は理解することを勧められたのですね、しつけや罰よりも？

ウィニコット　実際にそうしましたね。私たちは慈悲を学ぶ必要があった。なぜなら、ここにいる子どもたちは、危険にさらされ、助けが必要だったからです。家からも、両親からも、きょうだいからも、そして環境からも引き離されてしまった、…とても混乱させられたんですね。それは、あの子たちにとってひどくショッキングなことでした。そしてもちろん、凶暴なやり方で行動化しました。盗みもしたし、人をなぐったり、放火したりもした。そのうちの一人は、干し草の山に火をつけて、とんでもない損害と恐怖をひき起こしましたよ。ずる休みはするわ、家出はするわ、でね。それで、職員はその子たちを見つけるために、オックスフォードシャー州の田園地帯を急いで捜しまわらなければなりませんでした。本当にまいりましたよ、あの子たちにはね。

カー　それで、職員間でのコンサルテーションの手法は、役に立ったのでしょうか？

ウィニコット　えーっと、その点は、妻や他の人たちに聞かないとですね。でも、私はおおいに役立ったと思いますよ。たしかに、私たちは多くのすぐれた診断の仕事をやったし、どの子どもにどういった介入をすれば良くなっていくのかもわかりました。私は遊びについてたくさん知りました。ブリットンさんと私は、もしも子どもたちが遊ぶことができたなら、えーっと、それは、将来の健康と可能性が期待できることを示す前兆になるという結論に達しました。明らかに想像力や創造性のない子どもたちは、本当に心配になりました。ほら、遊べなかった子どもたち、ですよ。そういった子たちは、まさに症状の重い子たちでした。

カー　戦争中、どうやって、これらの子どもたちは先生のところへやってきたのでしょうか？　どの子どもを先生の専門の施設に行かせるべきか、どのようにして、当局は知ったのでしょうか？

ウィニコット　えーっとですね、こういった不良少年のほとんどは、ふつうの宿舎で暴れ始めました。でも、その子たちのせいで、養父母たちは追いつめられて、あやうく精神状態がおかしくなりそうだった。だから、その子たちは私たちと宿泊しなければなりませんでした。でも、あなたに秘密を明かしましょう。私は彼らの多くを自分で精選したんです。パディントン・グリーン病院の私の患者さんたちをおおぜいこれらの施設に送ったんです。一つには、彼らから目を離さないでいられるようにするためですね。これがおおいに役立ったと思います。

カー　そして、最終的には、先生とブリットンさん、未来のウィニコット夫人ですね、お二人は、その体験に関する論文を執筆しはじめました。

ウィニコット　かわいそうに、クレアは当時、書くのはからきしだめでした。書くことは、彼女にとってたやすくはなかったんです。さらに、彼女は自分の仕事上の能力に対してほとんど自信がありませんでした。でも、私たちは仕事をこなしました。そして、草稿を共有しました、ほとんどは私が書いたものですが。それから、彼女はすぐにすばらしい知性をのばして、最終的に、とてもすぐれた著者になった、と私は思っています。たしかに、とても明晰な文章を書く作家になった。彼女は、自分には非凡な才能があることを知るためには、励ましを必要としたんです。私にはそれがわかっていた。でも、彼女がそれを知っていたとは思っていません。当時の非常にたくさんの女性がそうだったようにね。でも、一流のソーシャル・ワーカーと教師に成長しました。戦後、彼女はとても大きな影響を及ぼす職に就きました。ほら、例のLSEで教えたんですよ。

カー　ロンドン大学の政治経済科学部ですね。

ウィニコット　ええ、彼女は次世代のソーシャル・ワーカーを教えました。そして、私は彼女のためにそこで講義をしました。とても楽しかった。

カー　お二人は、なかなかのチームになりました、私生活においても、仕事においても。
ウィニコット　そうですね。そして、知ってのとおり、彼女は一〇年間、私の人生とともにあった。いつも言っていたことだが、クレアがいなかったら、私はずっと前に死んでいただろうね。私が死んだのはいくつのときだったかな？　ちょっと考えさせてもらっても…。
カー　七四歳です。でも、もうすぐ七五歳になるところでした。
ウィニコット　そうですか、クレアがいかなかったら、私は六五歳で死んでいただろうね、私にはわかるんです。まちがいないですよ。
カー　ところで、先生は、どうやって、最初のウィニコット夫人との問題を解決されたのですか、アリスさんとの問題を？
ウィニコット　ああ、それは、しばらくはどうしようもないことでしたね。
カー　あっ、そうでしたか。
ウィニコット　さてと、私は、自分の物語を話すのに、道に迷ってしまったみたいだね。どこまでやったかな？　ああ、そうだ、まだ戦時中の話をしていましたよね？
カー　はい、さらに、先生がオックスフォードシャー州へ定期的に訪問されたこととは別に、ほかにも多くのことが戦争中に起こったということを、私は知っています。
ウィニコット　私たちは、英国精神分析協会で、あのような恐ろしく緊迫した話し合いをしました。
カー　それは、「大論争」として知られるようになりました。
ウィニコット　そのすべてを説明するだけの気力があるかどうか、自信がありません。でも、国が戦争を始めたんで、そう、だから私たち分析家たちもやったんです。話し合いにつぐ話し合い。フロイト派はクライン派に対抗し、クライン派はフロイト派に対抗した。でも、みんな、エドワード・グローヴァーを嫌っていた。エイドリアン・スティーヴン、彼はヴァージニア・ウルフの一番下の弟ですが、その彼がクーデターを組織して、グローヴァーを公職から追放したんです。グローヴァーもまた、とても影響力があった。そして、だれもがこれに腹を立てた。さらに、ジョーンズは永遠の会長だった。そういうわけで、これらの話し合いにはいくつかの役割があったんです。保守派の人たちをくびにする、新興派閥間の緊張状態を処理する、そして、思うに、ドイツ空軍によって毎晩爆撃されるという病的な恐怖を和らげようとする。ほとんど言語に絶する時間でした。

カー　先生はきっと、精神分析協会で科学会議が行なわれている最中、空襲のサイレンが鳴り響いているのを、ときどき聞かれたのではないでしょうか？

ウィニコット　あるとき、ものすごい騒音をたてて、サイレンが鳴り響いたんですよね。そして、私は当時、ハムステッドの空襲監視員だったので、事の重大さがわかっていました。避難するために地下室に向かうよう、みんなを説得したんです。でも、年輩の方々は、少数の人にしかわからないような理論的な考えについて、おたがいに議論を続けていて、だれもまったく耳を貸してはくれませんでした。分析家たちは議論を戦わせ続けました。グロスター・プレイスの建物に、ニュー・キャヴェンディッシュ通りのもっと大きな建物に移る前は、そこにあったんですが、その建物にもしも爆弾が落ちたなら、英国の精神分析運動全体が、それこそ一発で消滅してしまったでしょうよ。

カー　こういった戦時中の精神分析会議で突如として起こった理論的な論争を、先生はどういうふうに理解されていますか？

ウィニコット　マシュード・カーンがあなたに話したでしょうけど、私は彼らのことがあまりよくわかっていないんです。マシュードはすぐれた理論家でした。それぞれの理論の微妙な違いをすべて理解していましたよ。本能の欲動の違いや、超自我と自我理想の違い、そういったことをよく知っていました。私にはわかりません、細かな点まではね。おおまかな所しかわかりません。だから、何が起こったのかをあなたにお話しするには、私じゃあだめかもしれませんね。でも、クライン派は、フロイト派のやったやり方が気に入らなかったことは知っているし、逆もまた同じですね。でも、戦時中のあの議論に関しては、そのほとんどが、無意識の空想の本質を中心に展開したんです。幼児はどれくらいわかっているのか？　幼児がエディプス問題の存在にはじめて気づくのは何歳のときか？　などですね。私たちは議論に議論を重ねた。でも結局、本当になにも解決しませんでしたよ。

カー　英国精神分析協会は、異なる専門職集団に分裂したも同然だった。

ウィニコット　すんでのところで分裂しそうでした。その時点で、私たちは二つの異なる組織になろうと思えば、簡単にそうすることができました。でも、そうはならなかった。なんとか分裂せずにすみました。でも、ばらばらになりましたよ。簡単にね。それも、意地の悪いやり方で。協会は派閥でいっぱいでした。クライン派が秘密結社をつくったかと思えば、ミス・フロイトはハムステッドの児童治療クリニックで自分たちの組織をつくり、協会の会合をよくボイコットしました。で、ほんのひとにぎりの残った人たち、つまり、私に、ボウルビィに、リックマン、エイドリアン・スティーヴンや、マジョーリー・ブリーリー、そしてシルヴィア、…シルヴィア・ペイン、彼女が新しい会長になりましたが、私たちは、「中間学派」、または「中間学派のメンバー」として知られるようになった。私たちをどうあつかえばよいのか、だれにもわかりませんでした。そして、メラニーは、私が正規のクライン派の人間だと宣言しなかったことをけっして許しませんでしたよ。あるいはおそらく、私はあまりにも反メラニー的な考えをしていたので、この点で、メラニーは私が彼女の身内の一人であることを望まなかったのではないか、という気がしました。

カー　先生のスーパーヴァイジーの一人だったパール・キングさんは…。

ウィニコット　私はパールのことが本当に大好きでした。私が二期目の英国精神分析協会会長だったときに、彼女が副会長になったことは知っていますね。

カー　えーっと、彼女は大論争のすべての議事録やメモをタイプして、きちんと公表できるように手配しました。そして、その全文はほぼ一〇〇〇ページに及びます。ですから、精神分析の根気強い歴史家さえ、これを読んで理解するには分厚い本だ、ということを私は知っています。

ウィニコット　なにしろ、分析家は患者さんの話を黙って聴くことに非常に多くの時間を費やしますよね。だからその分、分析家はしゃべる必要があるし、…そして、よくしゃべる、少なくとも、相談室の外ではね。

カー　よくわかります。

ウィニコット　そういうわけで、オックスフォードシャー州での私は、戦争のために緊迫した状態にあったし、グロスター・プレイスでもそうでした。で、そこには、十分な分析を受けた精神分析家たちが、みんないっしょでした。マスコミが私たちの数多くの論争をまったくかぎつけなかったことに感謝しないとですね。思うに、マスコミはそのことにはあまり興味がなかったんでしょう。でも、だれでもいかにけんか腰になりやすいのかを知っていれば、マスコミはこの職種を回復できないくらい侮辱したことでしょうね。

カー　マスコミといえば、戦争中、先生がもう一つ別の重要な方面の仕事を発展させられたことに言及しなければなりません。つまり、ラジオ放送、それと一般市民に伝達することです。

ウィニコット　ええ、たしかにやりました。

カー　なぜ、先生は、精神保健に関する放送の有力な人物になることができたのでしょうか？

ウィニコット　私が何だって？　有力な人物だって？　「精神保健に関する放送」という表現はいいですね。それは私がやっていたことだろうけれど、当時の私はよくわかっていませんでしたよ。

カー　えーっと、精神分析の多くの同僚の方たちには、そうする能力も、そうする勇気もなかった時代に、先生は精神保健に関する問題について、公衆を前に意見を述べることをあえてなさったのです。

ウィニコット　私たちは人づきあいを避けるのが好きだったという事実を、あなたがほのめかしているように、私には思えますが。

カー　ある意味、このことはほとんど驚くに値しません。先生は、一九一〇年代から一九二〇年代にかけて、フロイディアンたちが耐えなければならなかったあらゆる憎悪を、残念ですが、はっきりと憶えていらっしゃるのではないでしょうか。

ウィニコット　おお、そうですとも。世間は、私たちのことを呪術医とか、いやらしいにせ医者と思っていました。そして、それ以外のことはなにも知りませんでした。精神分析を非常に道徳的に好ましくないと考えた。性的倒錯者だとか、セックスにしか興味がないんだとか、一般にはそう思われていました。でも実際のところ、私たち分析家は、セックスのことはほんのわずかしか本当に知らなかった。だれひとり、そんなこと考えていなかったでしょう。一般の人たちのように、私たちも、患者さんに、たとえば、自分の性生活について話してもらうことがとてもむずかしいとわかりました。

カー　それで、ウィニコット先生、先生はもっとだれもが知っているようなやり方で、自分の意見が言えるようになさったわけですね、それには度胸がいりました。

ウィニコット　実際に、意見を述べる主な理由が二つありました。一つめは、赤ちゃんの心や、母親と父親の心についての私の関心です、ほら、『子どもと家族』や『子どもとまわりの世界』という本で、私が取り上げた話題ですよ。そのすべてが、人生の初期とその試練などと関係があります。私はみんなに、家族の心理についてもっと多くのことを知ってもらいたかったんです。さらに、私の関心の二つめは、ＥＣＴに対するものだった。

カー　電気けいれん療法ですね。

ウィニコット　そうです、または前頭葉切除術とも、…知ってのとおり脳をちょっと切り取るんです。そして、こうした残酷な治療について、聴衆にもっと広く意見を述べたかったんです。おわかりのように、こういった身体療法について、私は非常に激しい意見を持っていた。ＥＣＴを精神医学がやってしまった恐ろしい手段だと思いましたね、まったくもって見当ちがいの手段ですよ、本当に。

カー　先生がどういうふうにしてこのような関心を抱くようになられたのか、さらに知ることができて、私はとてもありがたく思います。

ウィニコット　そうでしょうとも。まずは、母親と赤ちゃんについて取り上げますか。

カー　ぜひ、お願いします。

ウィニコット　当時、一九三〇年代、一九四〇年代ですね、どうやって両親と話せばよいのか、だれもわからないということが、私にはとても不安だった。医者は両親に向かって一方的にしゃべっていた。でも、話しかけたり、親の不安や心配事についてはけっして相談したりしなかった。私が医学生だったころは、聖バーソロミューの病院の職員のほとんどが、患者さんがしゃべるのをまったく許可しなかったのを知っていましたか。うそみたいな話ですが、でも、事実なんです。医者は患者を診察する。それから、どこが悪いのかを患者に伝える。患者さんから学ぶということに、医者はほとんど関心がなかったんです。トミー・ホルダーような人たちを除いてね。そう、彼は後に、ホルダー卿となった、…実際に、ホルダー男爵になった。彼は、患者さんのベッドサイドのそばに座って、話を聴くのが好きでした。そして、そういった会話は、彼の診断を知らせるのに役立ったんです。そういうわけでね、私がはじめて医療職に就いたとき、ほかの医者たちは両親に一方的にしゃべって、何をしたらよいのか伝えるだけでした。

カー　医者はどんなことを両親に勧めていたのでしょうか？

ウィニコット　いや〜、たいていはくだらないことですよ。子どもたちにヒマシ油を与えるように母親に言っただろうし、新鮮な空気を吸わせるために子どもをいなかに行かせるように勧めたでしょう。さらに悪いことに、子どもは無視するべきだとか、悪いことをしたら罰を与えるべきだとか、よく勧めていました。

カー　今とは大ちがいですね！

ウィニコット　直感で、医者が両親に向かって一方的にしゃべることはまちがっているとわかりました。私は子どもたちについて両親と話し合おうとしたんだ、と思いたいですね。助言をするんじゃあなくて、子どもの行動にははたして意味があるのかどうか両親が確かめるのを援助するんです。…子どもの行動には道理があったのを確かめる援助をね。それは、就寝時に鎮静剤を処方するよりもずっと重要でした。

カー　親と子どもの関係や、医師と患者の関係に関する先生の考え方は、みごとに一致しています、大きな連続性があります。そして、この考え方は、ラジオで話すのにあたって、非常に独創的なものを先生に与えてくれたように、私には思われます。

ウィニコット　なにしろ、最初、どうやってＢＢＣ英国放送協会に行き着いたのか、よく憶えていないんですから。おそらく、だれかが私を推薦したのかもしれないし、…わかりません、…でも、一九三九年までにはＢＢＣの放送を始めたのは、確かですね。知ってのとおり、ポートランド　プレイスにあるＢＢＣ本部のスタジオから人々に向かって話すのを始めた。とても楽しかった、じつに、すばらしい機会でした。

カー　そして、先生は親に何をするべきかまったく話さなかった人物として、非常に特別な評判を高められました。親と話し合われ、そして、親の専門知識を尊重されました。

ウィニコット　そうです。私は精神分析家でしたから、患者さんに何をしたらよいかけっして話すべきではないということをすでに知っていました。精神分析家は、結婚や仕事などをやめるべきかどうか、患者さんに助言することはできません。自殺するべきか、するべきでないかなんて、私たちは患者さんに話すことはできません。話を聴くんです。そうすると、同時に、解決策が見えてくるかもしれない。さらに、こういった精神分析の方法の、…えーっと、私は単に、それを子どもたちとの取り組みに適用しただけなんです。そして、これが私がラジオで話さなければならないことなんだと知るのは、とても簡単なことでした。だれもが、私が助言を与えてくれることを望んだ、一部の女性雑誌のいかさまのコラムニストのようにね。「わるさをしたときは、子どもをひっぱたくのです。」とか、「三回、お尻をたたくのです。」とか、そんな感じです。でも、私はそんなこと信じていません、そんなわけで、そういった類いの要望には迎合しなかった。

カー　先生は、非常に先生じきじきのアプローチをなさいましたが、それは精神分析の色に染まっているものでした。

ウィニコット　精神分析の色。私がやろうとしたことを表現するのにうってつけの言い方ですよ。そうです、色。それが私のなかにはあったんですね。

カー　ラジオの仕事は楽しかったですか？　特に、一九四〇年代から一九五〇年代にかけて、先生はラジオで多くの話を、原稿を読みながら話をなさいました。

ウィニコット　とても楽しかったですよ。でも、激務でしたよ。さらに、予定を組むのは、骨が折れるけれど、やりがいがあることがわかりました、おわかりのように、私にはこのようにあらゆる患者さんがいたんでね。そのうえ、ＢＢＣはいつも、朝早くからスタジオへ私がやって来るのを待っていました。そういうわけで、私はいつも、自分のラジオの仕事をしてから、診察室へ急いで戻り、患者さんたちと会い、次の原稿を書かなければならず、さらに、自分自身に課したそれ以外のたくさんの仕事を全部処理しないといけなかったんです。ありがたいことに、当時の私には十分なスタミナがありました、死ぬ前はね。

カー　ラジオ放送と、さらには、たとえば『家と学校における新時代』といった人気を博した雑誌の記事とで、仕事の数は相当なものに及んだはずです。

ウィニコット　ご承知のように、偉大な教育学者だったベアトリス・エンソアが、彼女の雑誌に載せるための記事を私に書かせてくれたんです。多くの分析家が、『新時代』のために記事を書きました、スーザン・アイザックスのようにね。彼女は児童分析家として私といっしょに訓練を受けました。そして、ベアトリス・エンソアが退職した際、ペギー・ヴォルコフがそのあとを継いだんですが、私のラジオ放送の原稿の多くを雑誌に発表してくれただけでなく、それをパンフレットの形式に直すのを手伝ってくれたのも、彼女でした。そのパンフレットはすごくたくさん売れましたよ。発行部数は多かったですね。さらに、そのパンフレットは、一九五七年に出た私の二冊の本『子どもと家族』と『子どもとまわりの世界』のもとになった。それから私たちは、その二冊の本を一冊にまとめて、ペンギン・ブックスから出版しました。

『子どもと家族とまわりの世界』ですね。とても分厚い合冊本です。何万部も売れましたよ、もっとかな。大きな影響力があったんですね。

カー　その本によって、先生のお名前がよく知られるようになりました。

ウィニコット　そうだと思います、でも、ほんのちょっとだけですけどね。それに、おわかりのように、その多くはペギーのおかげなんです、ヴォルコフ夫人のね。彼女は私の味方になってくれました。『新時代』のあのような小さな記事が、最後にはあちこちでこんなにも読まれるなんて、全然思ってもみなかったと言わなければなりません！

カー　それで、先生は、ラジオの仕事や、子どもと家族の分野における一般向けの著述業に、非常に多くの時間と思考を捧げられた。ですが、先生が私に思い出させてくださったように、先生はまた、精神医学の領域で肉体的な治療を、つまり身体治療を行なうことに、声を出して反対なさいました。

ウィニコット　私がバーツで働いていたとき、一九一〇年代後半ですね、発狂した人たちは、本当に恐ろしい治療を受けました。その人たちは監禁され、無視され、下剤が与えられた。でも、私たちは、治療の選択として、その人たちの頭を切るなんてことはしなかったし、身体を電気ショックでけいれんさせることもしなかった。私たちは実にひどい治療を行なった。でも、一九三〇年代から一九四〇年代の精神科医たちほどひどくはなかったですよ！　ＥＣＴと前頭葉切除術の大流行が、精神医学のなかにまで襲いはじめたとき、とくに一九四〇年代ですが、私はますます憤慨しました。医者が患者にどうしてこんなことができようか？　頭を切るだなんて。不名誉なことですよ。言うまでもなく、こうした精神科医たち、知ってのとおり、ウィリアム・サーガントのような人たちですね、彼らは、ショックと脳の手術がどれくらい本当に効果のある治療法なのか、証明された治療法なのか、それこそ信念をもって語りました。でも、私は違う。私はこのような治療をすでに受けた患者さんたちにクイーン・アン通りで会いました。患者さんたちは、これらの治療を、これらの拷問を受けたんです。そして、これらがまったく効果のある治療法でなかったと言うことができます。患者さんたちはいまだに苦しんでいました。そもそも医者の誤解によって、楽になるどころか、さらに苦しんだんです。罰せられたと感じるだけで、治ったとは思っていなかった。そういうわけで、私は思ったんです、このことについて話さなければいけない、反対の意見を述べなければいけない、とね。そして、ほとんどあらゆる場で、そうしたんです。

カー　先生は、その時期、主要な医学専門誌の編集者たちに宛てて、多くの手紙を書かれました。さらに、英国精神分析協会で、電気けいれん療法に関するシンポジウムを開く準備のお手伝いをなさいましたよね？

ウィニコット　さらに、私は精神医学のサディズムについて話をしたまさに最初の人間だったし、おそらくは唯一の人間だったでしょう。精神医学のサディズムが好きな人はだれもいなかった。でも、真実は必ずしも好かれないものです。

カー　先生の率直な意見は、当時の精神科医療に影響を与えたのでしょうか？

ウィニコット　大きくはなかった、なかったですね。たぶん、精神科医じゃなくて、精神分析家のところへ行って診てもらった人もいたでしょう。私は、脳の手術よりも分析を望んでいる患者さんたちから、たくさんの手紙をもらいました。でも、その人たち全員に会うことはできなかったし、私の同僚たちもそうでした。当時、分析家の数はとても少なかった、それゆえ、空きもほとんどなかった、とくに戦争中はね。実に悲しいことですね、とても悲しいですよ。

カー　それから約二〇年後の一九六〇年代になって、ロナルド・レイン博士、R・D・レインと、それ以外の人たち…。

ウィニコット　ああ、あなたが何を言おうとしているのか、わかりますよ。私は、レイン博士、この男を知っていました。彼は精神分析研究所の候補生の一人でしたが、でもそのあと、指導者になると言って、姿を消した。彼は、私がこれまでにやった以上にとてもはっきりと目立つかたちで反精神医学運動を開始したんです、テレビとか大きな会合なんかを利用してね。よくやるなあと、私は思いました。彼が有名になる前に、私に手紙を書いたことは知っていますね。彼は私に、出版前の草稿を読むように求めてきた。

カー　『ひき裂かれた自己：分裂病と分裂病質の実存的研究』(1)でしょうか？

ウィニコット　そうです、『ひき裂かれた自己』。読みましたよ、レインの本。それを読む時間を見つけるのに時間がかかりましたよ。でも、読んだ。そのほうがむしろよいと考えたからです。そして、私も彼に手紙を書いて、そのことを伝えました。私はむしろ、彼になんらかの役に立つような励ましを与えることができたんじゃあないか、と思いたいです。基本的に、狂気はたいてい、家族を背景にした環境の失敗から生じるというレインの意見に賛成です。あるいは、そういう私の意見に彼が賛成しているのだと言うべきでしょう。人は狂っては生まれません。狂うように駆りたてられているんです。それが基本的に真実であると思います。

カー　雑誌や、広く読まれて国際的にも有名な医学定期刊行物のおたよりのページで示された大胆な態度、そして、ラジオから聞こえてくるあの声によって、またもや先生は、いくらか「有名に」なりました。

ウィニコット　ええ、ある程度、一定の名声を得たのではないかと思います。でも、それはビートルズが有名になったやり方ではないですね。おお、そうだ。あなたはビートルズのファンですか？　私はそうです。もちろん、彼らとは世代が違うことは知っていますよ。でも、あの男の子たちはとても楽しませてくれる。彼らは遊ぶ方法を知っていると思います。そうなんです、ビートルズが舞台へあがるとき、彼らはプレーをするんです。楽器を演奏することを言っているんじゃあないですよ。遊ぶんです。そしてそれが、私たちが彼らのことが好きである理由なんです。あのように遊ぶことができたらなあと思いますね。彼らの歌はすばらしいですよ。でも、ベートーヴェンが音楽家であるのとは、また違った音楽家です。それはそれとして、ビートルズは遊ぶことができた。それがたいせつなんです。ざっくばらんだった。知ってのとおり、髪を長くしなかったら、ビートルズはスターにはならなかっただろうと思います。彼らは抑圧の高まりを表現したんですね。文字どおり、ざっくばらんだった。

カー　ビートルズのなんともすばらしい「評価」ですね。ありがとうございます。私はこれまで、そんなふうに彼らのことを考えませんでした。

ウィニコット　えーっとですね、私は大衆文化について考えるのが好きなんです。分析家たちはけっこう時代遅れのところがあって、よく年代順に話をすると思いますね。そして、若者の文化についてあまり十分に考えていません。そう、けっして十分にはは。

［コールズさんが、たくさんのカーボン紙の写しを持って、再び部屋の中に入ってくる。］

ウィニコット　コールズさん、戻ってきましたね。

コールズ　インタビューの、とりあえず最初の部分のタイプが終わりました。次のセクションに着手しましょうか？

カー　それはとてもご親切に、コールズさん、ありがとう。

コールズ　お茶をもっとお持ちしましょうか、ウィニコット先生？

ウィニコット　大丈夫ですよ、もうしばらくのあいだは、コールズさん。ありがとう。作業に没頭していますよ。一八九六年から始まって、そして今のところ、一九四〇年代の後半までできていると思います。今はちょうど、ビートルズについて話していたんだがね。

コールズ　わかりましたわ、ウィニコット先生。

［コールズさんは、もう一つのカセットテープを持って部屋から出ていき、録音したものをタイプで打つ準備をする。］

ウィニコット　これらのページを見てください。彼女のタイプしたものはとても美しいんです。コールズさんはまったくすばらしい人ですよ。今、このインタビューをまとめるのに、不具合はないですよね？　私が話すことを、だれもが聞きたいのかどうかという疑問がさらにわいてくるようです。私はただ漠然と話してはいないですよね？

カー　はい、まったくそんなことはありません。先生がお話なさることは、とてもわかりやすくて、人をひきつけてきます。

ウィニコット　そう思いますか？

カー　ええ、そうですとも、ウィニコット先生。

ウィニコット　それじゃあ、もしそうなら、どんどん続けましょう。私が言いたいのは、あなたはいつでもこのインタビューと、それとこのお茶ですね、これらを共有することができるということなんです。それに、もしもですよ、それがみなさんの役に立つのであれば、それはすばらしいことです。私は役に立ちたいんです。

（訳注1）『ひき裂かれた自己：分裂病と分裂病質の実存的研究』坂本健二ら訳、みすず書房、一九七一年
『引き裂かれた自己：狂気の現象学』天野衛訳、ちくま学芸文庫、二〇一七年

カー　その間に、先生は多くのことを成し遂げられました。

ウィニコット　え～、そのなかでもいちばん大事なのは、私が生き残ったということです。

カー　もちろんですとも。だれもが、ナチスの侵略と、そこから自分たちが生き残れるかどうか、非常に心配したにちがいありません。

ウィニコット　ええ、そうです。私たちはみんな、もしナチスが世界を支配したら、私たちに何をするんだろうね、などとそんな冗談を言っていました。私の場合は、明らかに銃で撃たれて、たぶんその前に拷問されるだろうと思っていましたよ。なにしろ、精神分析家はとても怪しい人物ですから。だから、私たちは、検挙される最初の人たちの一人だった。そのなかに私もいることは確実でしたね。

カー　しかし、先生は生き残りました。

ウィニコット　そう、生き残った。

カー　そのうえ、先生は、ラジオ放送で欠かせない人物となりました。

ウィニコット　はい、さらに、私は、反社会的行動に関して、剥奪や放棄、分離などと結びつけた新しい理論を作っていて、戦争からは遠く離れていました。

カー　ボウルビィも非行少年に対して似たような仕事をしました。

ウィニコット　ええ。彼は早期の喪失について考えていました。人生の初期において父親を失くし、罪を犯した子どもたちや、そういった類いのものについてね。私も考察しました。私たちは似たようなことに没頭したわけです。でも、ボウルビィが研究作業の大部分をやったと思います。ある段階で、彼は患者と会うのをほとんどやめてしまった、精神療法の長い過程をつうじて人々と会うのをやめてしまったんです。

カー　先生とボウルビィ博士は、「同胞間競争」のようなことをなさったのでしょうか？

ウィニコット　いや、そんなことはまったくありません。私はずっとジョンのことが大好きでした。知ってのとおり、彼は私よりだいぶ若かった。そして、彼が王立ロンドン医科大学の特別研究員（ＦＲＣＰ）になったとき、私はそれを祝うために、彼を飲みに連れていった、…もしかしたら、食事に連れていったのかもしれないが、よく憶えていません。でも、ＦＲＣＰになったことは、医者にとっては一大事なんですね。私はすでにＦＲＣＰでした。一九四四年になったんです。だから、ジョンが私の競争相手だったなんて思っていませんよ。あなたの表現を利用するなら、ボウルビィと私の両方とも、精神分析的な話し方をするけれども、「精神分析の色」がやや異なる話し方だったんでしょう。

カー　なるほど。さきほど申し上げたと思うのですが、私が一九八六年にボウルビィ博士と面談したとき、彼は私にこう言ったのです。先生と彼は「同じことを歌っている」けれども、先生がご自身のことを芸術家だと思っているように、彼は自分自身を科学者だと思っている、と。

ウィニコット　本当ですか？　それは、本当にジョンが言ったことなんですか？　う〜む、それは競争心からなのか、それとも本心からなのか？　私は芸術家なんだと思いますよ、一種の。でも、同時に科学者でもあると思いたいですね。科学的な訓練を受けたから、ということです。私はデータを集めた、それこそ多くのデータを集めました。そして、それを共有した。そうですね、それについてジョンと意見が一致するという確信は私にはないです。

カー　おそらく人は、芸術家にもなることができるし、科学者にもなることができます。

ウィニコット　ええ、両方にね。そう、私は、おわかりのように、ささやかではあるけれど、精神分析のために働く、そして赤ちゃんのために働く、芸術家であり科学者でもあると思いたいですね。

カー　同感です。

ウィニコット　私たちは戦争について話をしたし、私が仕事で遭遇し、同様にボウルビィも気づいていた少年非行の急増などについて、話し合いを続けた。そしてもちろん、おわかりのように、あらゆる点でとても恐ろしかったけれど、あの戦争のおかげで、私はクレアと出会えた。とても重要なことです。

カー　ですが、先生はブリットンさんとすぐには結婚なさらなかった。

ウィニコット　えーっとですね、私は困った状況にいました。まだアリスと結婚していたんです。それは二〇年以上におよびました。私はアリスのもとを去りたかった。でも、もしそうすれば、彼女は精神的に参ってしまうのではないかと心配になった。だから、そうしなかったんです。

カー　先生と最初のウィニコット夫人は、親になることができませんでした。

ウィニコット　ええ、アリスと私とのあいだには、まったく子どもができなかった。

カー　しかし、たしか先生は、ハムステッドのピルグリムズ・レインのご自宅に子どもたちを住まわせておいでだったと思うのですが？

ウィニコット　そうですよ。知っているかもしれないが、ときどき私は、精神に重い障害のある子どもたちの世話をしました、仕事上ね。ときには、あの子たちにはどこにも泊る所がないこともあったんです。両親が姿をくらましたり、死んでしまったり、あるいは子どもたちを虐待したりしたからですね。さらには、適切な社会福祉サービスはほとんどなかったから、もちろんこれは、国民健康保険制度が創設される前のことですがね、アリスと私はときどき、その子たちを泊めさせて、ちょっとのあいだいっしょに暮らしたもんです。ふつうの子どもじゃあないし、それに大人の統合失調の患者さんでもないしね。

カー　ウィニコット先生、率直に申し上げてよろしいでしょうか？

ウィニコット　これだけたくさんのお茶と会話を共にしたあとなんですから、徹底的にざっくばらんになってください。

カー　それではですね、先生を批判する者のなかには、先生がお亡くなりになった後の批判者たちですが、患者さんたちを泊めさせたという先生の実践を、大きな疑いの目で見ている者もおります。それはもう、たいへんな懸念でもって…。

ウィニコット　まるで私が判断力を失ったのではないかと？

カー　えーっと、おそらくそこまではいかないかと…。

ウィニコット　でも、どことなく、行動化を起こしていたんじゃあないかと？

カー　えーっと、はい。つまり、結局のところ、精神分析は、患者と医者とあいだの職業上の境界線が非常に明快であることを誇りにしています。たとえば、五〇分をめやすにセッションを終えること、分析の外での接触は控えることなどです。境界と構造のモデルは、両者に安心感を与えてくれます。

ウィニコット　ええ、たしかに。でも、境界はとても重要だけれど、患者さんが境界よりももっと重要であるということを忘れてはなりません。そして、こうした患者さんたちは、どこにも行くところがなかったんです。めんどうをみてくれる人などだれもいない。たいていお金なんてないし、よく狂ったように興奮した。さらに、そうした患者さんたちは、ＥＣＴや手術から救う必要があった。そこで、アリスと私がピルグリムズ・レインで患者さんたちを受け入れたとき、あの人たちはまさしく巡礼者でしたね、慈善行為を、本当に時代遅れのキリスト教の慈善行為を受けました。私の活動は、あのような慈善行為が支えになっているんです。

カー　精神療法や精神分析の専門家が、患者さんのために十分なことをやっていない、と先生はお考えですか？　私たちには十分な社会的良心が欠けているかもしれない、とお思いですか？　つまり、私たちは、患者さんのためになにかを買ってあげたり、実際に食べ物を与えたり、家に泊めるたりするなどということは、まったくしなかった。ですが、先生はなさった、少なくともさらに弱っている患者さんの何人かには。

ウィニコット　精神分析は神経症の患者さんにはすばらしい贈り物です。とてもすばらしい。私は精神分析よりもすばらしいものを知りません。ともかく、神経症の患者さんは精神分析を利用して、かまわない。病気の人も精神分析を利用してかまわない。でも、精神分析以外のものも必要なんです。あるいは、こう言ったらいいかな、精神分析のほかにもなにかが必要なんです。管理《マネージメント》が必要だし、住む家も必要です。スープもいるしね、…文字どおり、スープですよ。私は具合がよくない精神病の患者さんにスープを与えました。いつもではなかったが、でもときどきね。

カー　精神病の患者さんや、恵まれない患者さん、心的外傷を受けた患者さんたちとのこのような「実験」は、多くの論争をひき起こしました。たとえば、クライン派の分析家たちです。彼らもまた統合失調症の人たちに取り組んでいましたが、コンテインすることができないという理由で、先生を激しく非難しました。彼らは、週に五回、精神分析の正式な構造の中で統合失調症の人と取り組むことができるし、そうするべきだ、と主張しました。

ウィニコット　まあ、それが正当でしょうね、おそらく。でも、そういった患者さんたちのなかには、自殺した人もいるということを知っています、じかに経験しましたからね。私の時代のクライン派の主流の人たち全員、特にとても有名なメラニーの二人の弟子のことを私は思い浮かべているんですけど、みずからの本で自殺について取り上げています。どんな治療上の段どりにだって失敗することはあるんだし、成功することもある。そして、私も、…私も自殺について取り上げた。自殺について書きました。けっしてそれを隠蔽しようとはしなかった、そうでしょう。自殺は、すでに自殺願望のある人たちと取り組むときの代償の一部なんです。

カー　しかし、ピルグリムズ・レインに住まわせておくことで、そういった患者さんたちは救われたのか、あるいは、逆にじゃまをされたのか、先生はどのようにお考えですか？　つまり、クイーン・アン通りや、グリーン小児病院でのたいへんな仕事量のために、先生にはご自宅で過ごされる時間が多くありませんでしたし、したがって、奥さんも、先生は奥さんを繊細な女性だとおっしゃいましたが、そしてたしか、ナルコレプシーを患っておられたの思うのですが、…えーっと、奥さんは、このようないわゆる「入院患者さん」の看病をすることに憤慨なさっていたかもしれない、そういうことです。

ウィニコット　たしかに、そうかもしれません。それは実験でした。でも、私がやろうとしたことはよかったと思っています。そして、この実験のおかげで、多くの生命が救われた。もしそうじゃなかったら、これらの人たちが路頭に迷って死んでしまうのはほぼ確実だったし、さらに、なかにはECTを受けるよりもむしろ病院で自殺してしまった人もいたでしょう。あなたがこの難しい問題を取り上げてくれてよかった。それに、私は首尾一貫して行動したと言うことができて、うれしいんです。でも、私たちは調査・研究を続けなければならない。それはまちがいないことです。

カー　ところで、精神分析の取り組みは、今日では、体系化され慣例化されました。ですから、私たちはみんな、五〇分間という制限のなかで、まったく自然に、まったく機械的に取り組むことができます。もし患者さんが、週に五回五〇分間のセッションでは足りないというならば、私たちは、その患者さんが社会福祉サービスや、病院のサービス、一般の開業医によるサービスなどを利用するのを奨励します。これはしばしば非常にうまく作用します。

ウィニコット　そうですね、精神分析は仕事としては、さらに形式化された。これはよいことです。科学には手続きが必要ですから。でも、それはまた、実験をするのがさらに難しくなることを意味するし、臨床の仕事において本当の創造力を向上させるのがもっと難しくなることを意味します。

カー　ウィニコット先生、先生は、何世紀もの間、ヘールというベルギーの村が、ほぼ全面的に精神障害者の人たちの世話に専念した、ということを思い出されるかもしれません。昔の精神病院に入院していた患者さんたちを施設に収容するのではなく、村全体で「気が狂った」人たちを自宅に連れて行き、そこでめんどうをみるようにしました。ちょうど、先生や最初の奥さんがなさったように。

ウィニコット　それについては知りませんでした。なんてすばらしい！

カー　さらに、一九世紀の大半から二〇世紀の初期にかけて、ヨーロッパ大陸の精神科医や精神病院の医者らが、病院で定期的に患者さんたちといっしょに暮らし、同じ場所でともに食事をとったということを、先生はご存知かもしれませんし、あるいはご存知ないかもしれません。ですから、ピルグリムズ・レインでの先生の「実験」には、長い歴史的な流れがあるのです。

ウィニコット　それは実に興味深いですね。知りませんでした。

カー　えーっと、おそらく私たちは、この話題についてさらに話を進めることができるでしょう。しかし、私は四つしかカセットテープを持ってきませんでした。私は、本当にこれが、先生がこれまでの話をすべて語る機会であってほしいのです。そういうわけでして、私たちの歴史めぐりを続けてもよろしいですか？

ウィニコット　もちろんですとも。今のところ、一九四六年か一九四七年あたりにいるのかな。

カー　一九四七年から、それも一九四七年の二月から再開してもよろしいでしょうか？

ウィニコット　ずいぶんと具体的ですね。

カー　えーっと、一九四七年二月五日に、先生は最初に、「憎しみについてのいくつかの観察」という画期的な論文を発表されましたが、二年後には、「逆転移のなかの憎しみ」として発表されました。現代のほとんどの専門家たちはこれを、先生のもっともすぐれた論文の一つであるとみなしています。それどころか、一部の研究者たちはこれを、先生のもっとも重要な論考であるとみなすようになりました。

ウィニコット　それは短い論文です。でも、とてもがんばって書きました。そして、書き上げたとき、いくらか不安な気持ちになりました。かなり挑発的な論文だと思います。消化するのは難しいと思いますよ、とても短いけれど。それに、かなりわかりやすく書いたと自分では思っていますけど、それでも難しいでしょう。

カー　そうですね、先生はむしろ重大な命題を提出されました。つまり、分析家のほとんどが患者さんを、とりわけ重症の患者さんを憎む、ということと、重症の患者さんに対する思いやりの気持ちは重荷になることがある、ということです。

ウィニコット　たしかに、それは妥当な要約です。でも、分析家は患者さんを憎みますと言うとき、私が正確には何を言おうとしているのか、それを明確にさせたいんです。私たちは患者さんが嫌いでありません。患者さんを愛しています。患者さんは苦しんで、私たちのところへやって来ます。苦痛だからやって来ます。そして、私たちは患者さんの気分が改善するのを助けるための訓練を受けます。患者さんを愛しているし、心配します。そして、患者さんにもっと健康になって、もっと調和のとれた人になってもらいたい、おわかりですね。でも、私たちは、悪い部分、重荷となる部分、貧困な部分、私たちをトイレのように扱う部分などを憎むようになることだってあります。患者さんが私たちを罵倒することがあるそのやり方を憎む可能性があるんです。そして、患者さんは私たちのことを口ぎたなくののしることがある、とはっきり言っておきますね。

カー　分析家が患者さんを憎む可能性があるという先生のご意見ですが、先生は、その根拠を、母親と赤ちゃんとのあいだで観察した相互作用に置かれました。分析家が患者さんを憎むのは、ちょうど母親が赤ちゃんを憎んだり、憎むことがあるというのと同じことだ、と主張されました。

ウィニコット　そうですね、母親は赤ちゃんを愛しています。でも、憎んでもいます。それには多くの理由があるんです。

カー　論文の出版された版において、先生は、母親がなぜ、赤ちゃんを憎むのか、その理由を少なくとも一八に分けて、一覧表になさいました。

ウィニコット　数えたんですか？

カー　ええ、私は、それこそ何年ものあいだ、学生たちに先生が書かれた論文を教えてきましたから。

ウィニコット　私が、一九四六年に書き始めて、一九四七年に書き終え、発表して、一九四九年には改訂されたけれど、その論文を人が教えるようになったんだと思うと、奇妙ですね。

カー　その論文は古典になって、世界中で知られるようになりました。

ウィニコット　なんとまあ、奇妙だね。それにとても満足ですよ。

カー　さきほどの一八の理由に戻りますと…。

ウィニコット　ああ、えーっと、そうでしたね。母親と赤ちゃんを美化した見方をとることは、いたって簡単です。「母親は赤ちゃんを愛する。母親は赤ちゃんに自分の生命を捧げるものだ」などなど。もちろん、これは事実です。母親が赤ちゃんを愛する、みんなわかっていることです。でも、ここで再び、赤ちゃんが所々で母親に多くの悲しみももたらしてきたのを思い出しましょう。赤ちゃんは、妊娠中、お母さんに身体的な苦痛をたくさん与えてきたかもしれない。分娩中、お母さんに身体が引き裂かれて、体内がむきだしになっているんじゃあないかと感じさせたかもしれない。周産期には、お母さんの生命を危険にさらしてきたかもしれない。そしてその後、赤ちゃんは、夜通し、お母さんを起こします。無条件の世話を期待するし、それは当然なことです。でも、やっかいです。心身を疲れさせます。そして、これが憎しみを誘発することになるんです。

カー　論文で、先生は、「くず」という驚くべき単語を使用されました。「くず」は、今では嘲笑を表現するありふれた単語になりましたが、私はこれまで、その単語を使用した一九四〇年代のほかのプロの書き手をだれも知りません。

ウィニコット　赤ちゃんは母親を「くず」のように扱う、と私が提案したとき、同僚たちは一瞬びくっとしたと思います。でも、それが真実なんです。赤ちゃんはたいてい、お母さんのことを考慮しません。母親は赤ちゃんのニーズを満たしてくれる対象のように扱われます。そこにはある特定の冷酷な本質があるんです、そう思いませんか？

カー　先生は母親と赤ちゃんの関係をかなり偏見をもってあからさまに描写している、と主張する女性もなかにはいました。そして、自分たちは、ミルクを与えるために午前三時〇〇分に起こされるのはまったく気にしなかった、とも主張しました。こういった母親は、赤ちゃんによって愛され、必要とされ、赤ちゃんの役に立っていると感じていると、そう強調します。そのような親は、赤ちゃんに対して、まったく腹を立てなかったと主張します。

ウィニコット　えーっとですね、そういったお母さんは、より健康であるといえます。でも、すべての母親が、他の母親と同じくらい精神的に健康であるというわけではない。さらに、そういった健康な母親でさえ、無意識的な憎しみが、分裂・排除された憎しみが、どこかで、なんとなく顔をのぞかせているのではないか、と私は思っているんですよ、そのお母さんは、自分には憎しみなんてないと否定するけどね。あの～、母親や父親がみんなして、例の子守り歌が好きなのは、「赤んぼおねんね、木の上で」[1]ってうたうのが好きなのは、まったくの偶然ではないんです。もちろん、あなただってその子守り歌を知っているでしょう。その子守り歌は、ゆりかごがひっくり返って、地面にぶつかり、どうやら赤ちゃんは死んでしまう、というかたちで終わっています。こういうふうに、まったく無意識的に、私たちはみんな、愛情に飢え、手がかかり、重荷となる赤ちゃんに対する憎しみを表現しているんです。その一方で、悪に染まらないやり方で、かわいらしい赤ちゃんにずっと愛情をそそぐこともできるわけです。

カー　多くの点で、赤ちゃんに対する私たち自身や私たちの感情を理解するにあたって、より正直で、より率直で、より完全でいるようにと、先生は私たちに訴えてこられました。

ウィニコット　より正直にね、ええ、まったくそのとおりです。意識して憎しみを認めることのほうが、無意識にそれを実行するより、ずっといいことです。そして、母親と赤ちゃんや、父親と赤ちゃんだけでなく、分析家と患者にも、このことはあてはまります。母親と父親が自分たちの赤ちゃんを憎むことがあるように、分析家もいやな患者を憎むんです。

カー　さらに、その当時、先生にはよほど具合のよくない患者さんが何人かはいたはずだ、と私は思っています。

ウィニコット　「逆転移のなかの憎しみ」というこの論文を書いたとき、だいたい一九三〇年ごろから、私が治療してきた一人の重い精神病の人と深い深い闘いをしている自分にまさに気づいたんです。結局彼女は、二〇年ほど私の分析を受けた。とても長かった、本当にとても長かった。そして、彼女は私をいらいらさせようとしました。…私をいらだたせて、そのかわり、自分が気が狂ったんだと感じる必要がないようにしました。

カー　彼女は何をやったんですか？

ウィニコット　いつも自殺をすると言って脅してきました。ヒステリーとして相手にしないことももちろんできます。でも、彼女はヒステリーではなかった。本気だったんです。だから、医者にとって、いつでも自殺しそうな患者がいるときには、たいへんな負担なんです。

カー　先生は長い間、彼女を分析することによってなんとか対処されました。自殺念慮の強さを考慮して、入院は検討されたのでしょうか？

ウィニコット　ええ、もちろんですよ。彼女は長期間、精神病院に入院していました。でも、それによって、死にたいという願望が低下することはなかった。彼女は私にものすごい罵倒を浴びせましたね。そしてもちろん、私に対する自分のエロチックな願望とも闘った。分析の治療中に起こりうる厄介なことはすべて、実際に、この患者さんとともに起こったんです。そして結局、彼女は自殺しました。彼女にとっても、私にとっても恐ろしい打撃でした。それに、私は彼女のことを、さまざまな点で深く愛していました、娘のようにね。……私がこれまでに娘というものをもったなかで、もっとも親しい関係でしたよ、本当に。でも、この病気に罹っている彼女を憎みました。その病気を憎みました。彼女にもっと恵まれた人生のスタートを与えてこなかった彼女の両親を憎みました。

カー　患者さんにとって、なんという悲劇の体験なんでしょう、そして、先生にとって、なんというたいへんな喪失なんでしょう。

ウィニコット　そう、それはたいへんな喪失でした。でも、私は、そこからなにかを学ぶ方法も見つけないといけなかった。それに、この患者さんから、人々がどういうふうにして統合失調症になるのかについて、たくさん教わりました。さらに、私はその知識を同業の人たちに伝えようとした。彼女は統合失調症が環境の失敗から生じることを教えてくれた。遺伝子からじゃあなく、生化学からでも、生理学からでもなくね。もちろん、そういったものは全部、関わっています。でも、彼女の場合には、そして、彼女のように非常に多くの場合には、環境の世話の失敗、環境の供給の失敗があったんです。さらに、彼女の母親は、自分の赤ちゃんが、つまり私の患者さんですね、お母さんの手から落っこちちゃうんじゃあないかと何度も何度も、くり返し感じるのを防せげなかった。

カー　そうしますと、先生は、アメリカの精神分析家が、「統合失調症をひき起こす母親」と呼ぶようになった、悪評をまねいた例の概念を支持されますか？　子どもたちの狂気の直接の一因は両親にある、とするこの理論が、それが根拠の確かな概念であるかどうかにかかわりなく、当時の大多数の人々のたいへんな怒りを呼び、多くの団体において精神分析の評判を悪くしたということを、先生はご存知かもしれません。

ウィニコット　ええ、それは道理にかなっています。私の意見では、私なら、そういうことで母親を非難しません。そう、その用語〔環境の失敗〕は、よく考えもせずに使用したんではありません。でも、それによって何が意味されるのか、についてはわかっています。その概念には賛成ですが、まったくそういうふうには解釈しませんね。でも、初期の育児は、のちにやって来ることに対してたいへんな責任をもつんです。

カー　なるほど。

ウィニコット　けっして母親を責めてはならない。母親はみずから、かなり十分にそれをやっています。ある意味、その哲学は戦時中の私のラジオ放送の中核をなすものなんです。母親を非難するんじゃあなくて、母親に共感しないといけません。そして、母親の闘いや困難を認めてあげないといけませんね。さらに、母親は、自分はもうすでによくない仕事をしてしまったのではないか、と不安になっている。それと同時に、一部の母親は、実のところ、よくない仕事を、しばしばたいへんよくない仕事をしているという現実を考慮に入れておかなければなりません。

カー　そうしますと、私たちはこのような無意識の憎しみとどう向き合うべきでしょうか？　どのようにして、それを意識することができますか？　患者さんに対して憎しみを感じるときには、何をすべきでしょうか？　精神保健の従事者にとって患者さんは、困難であり、重荷であり、分析家の上に、あるいは分析家の中に憎しみを投影してきます。

ウィニコット　そのことについて話し合わないといけません、でも、患者さんに話してはならないでしょう。分析家は憎しみを言葉で表現しなければなりません。たぶん、分析家は、自分の分析家や同僚、スーパーヴァイザーと話さなければならないでしょう。ちょうど、母親が、父親や、あるいはだれにでもいいから、赤ちゃんに対する憎しみについて話さなければならないのと同じようにね。赤ちゃんを憎しみで苦しめてはいけない。でも、憎しみは打ち明けなければならない。それも、患者さんにではなく、赤ちゃんにでもなくね。

カー　同僚のみなさんは、一九四七年の論文にどう反応しましたか?

ウィニコット　えーっとですね、彼らのほとんどは、それをどう理解したらよいのか、よくわからなかったと思いますね。ミス・フロイトは、けっしてこの論文には手をつけませんでした。私の仕事の他の面は取り入れて、私が発表した他の寄稿論文は引用していましたがね。

カー　私は、昔のハムステッド児童治療クリニック、その後、アンナ・フロイト・センターと改名されましたが、数年前、そこで昼食をとったのを憶えています。ミス・フロイトが、逆転移はけっして治療状況に持ち込むべきではないと主張していると、彼女の年配の同僚の一人が、私に話してくれました。逆転移は、臨床家自身の訓練分析で分析されるべきであると。

ウィニコット　私の言いたいことは、まさにそれです。どんなに分析を受けたとしても、私たちには、みんなこの逆転移による憎しみがあるんです。そして、私たちはそれについて正直でなければならないし、さらに、それを利用するんです。メラニーが、アンナ・フロイトと同じような忌避反応を示しましたね。彼女もまた、私の論文にはまったく手をつけなかった。彼女はすでに、面接室で私たちのとは異なる憎しみの対処法を使っていたんだと思います。

カー　異なった対処法とおっしゃいますと?

ウィニコット　えーっとですね、私は少し不安な気持ちでこのことを言いますが、…分析家のなかには、解釈で患者さんを攻撃する者もいます。彼らは、長い解釈で、それも多くの場合、とても長くて、頻繁な解釈で、それで患者さんを攻め立てるんです。正しい解釈、ぴったりの解釈の場合もあるけれど、それでもやっぱり、患者さんの心を骨抜きにするんです。解釈は患者さんに押し寄せてきて、患者さんの考える能力や、思考を発展させる能力をむしばみます。それに、メラニーはすばらしかったが、なにかにつけ怒っている女性でもあった。そして、患者さんにこの怒りの一部をぶつけた。だから、多くの患者さんがまったく同じような人たちになりました。言うまでもなく、だれもあなたにそんなことは話さないでしょうが、でも、それは本当のことなんです。

カー　説得力のあるご意見ですね。

ウィニコット　メラニーは、ほら、私の「憎しみ」についての論文にまったく取り組まなかったでしょ。なぜなら、あれが彼女の逆鱗に触れたからです。メラニーと彼女の子どもたち、全部で三人いましたが、そのあいだで、それはもうたいへんな憎しみが生まれ、ひどくなっていった、えーっと、私は自分の言うことに慎重になるべきですが、私が彼らのうちの一人を分析したからです。このことは知っていますね。彼女の息子の一人は登山中の事故で死にましたが、でも、それは全然事故ではなかったのかもしれない。そして、メリッタ…。

カー　メリッタ・シュミドバーグ、彼女の娘ですね。

ウィニコット　そう、メリッタ。彼女も分析家だった。でも、母親を憎むようになった。彼女は公の会合で、母親のことを「クライン夫人」と呼んでいましたよ。科学会議など利用できる場ではいつも、母親の意見に反対しました。そうね、もっとたくさん言えるけれど、やめておきます。

カー　フィリス・グロスカース教授が書いたメラニー・クラインの伝記、その本は、先生がお亡くなりになってから、およそ一五年後に出版されたのですが、それを読んだ人であればだれでも、シュミドバーグ博士が自分の母親の死を知ったとき、それを祝うかのように反抗して、赤いブーツをはいたということを知っています。

ウィニコット そのことは、私も知っていました。でも、驚きませんね。赤いブーツか…、一目瞭然だ。

カー ですが、このとき、憎しみについて、なぜあれほどまでに気づいておられたのか、先生ご自身の理由があったにちがいありません。

ウィニコット うーん、そう思いますね、まったくそう思います。

カー 自殺志願の患者さんとの、長年続いた非常に困難な闘いに加えて、この話題に対しても先生を敏感にさせたものは何だったのか、それを私たちが理解できるようにしていただけますか?

ウィニコット えーっとですね、私たちは戦争からちょうど抜け出したところだった。そして、だれもが憎しみに満ちていた。憎しみに満ちてはいないと思いたかった。ドイツ人と日本人を楽しんで殺したなどと思いたくなかった。私たちは学童のようになっちゃったんですよ。「あいつらが、ぼくたちを攻撃した。あいつらは、ぼくたちに死んでもらいたいんだ。だから、ぼくたちは、あいつらを殺さなければならなかったんだ」とね。それはそれとして、私たちは、二つの原子爆弾を日本人に落とさなければならなかったのか? そして、私が「私たち」と言うときは当然、盟友であるアメリカ人のことを言っています。さらに、私たち英国人は…、えー、あのアメリカの爆弾を製造するのを手伝った。その後、私たちは自分たち自身のも一部製造した。

カー そうしますと、第二次世界大戦は、「逆転移のなかの憎しみ」のとても重要な、語られてはいないけれども、その背景としての役目をはたしたのですね。

ウィニコット　そうだったと思います。それに、私には個人的な闘いもあった。でも、それは秘密にしておきましたがね。

カー　最初のウィニコット夫人との結婚でしょうか、アリスとの？

ウィニコット　そうです。アリスは重荷になりました。彼女を愛していたにもかかわらずに。彼女は重荷になった。そして…、おわかりでしょうが…、こうなるように計画したわけじゃあないんだが、私はクレアと恋に落ちてしまった。でも、私はアリスのもとを去ることはできなかった。私が去っても彼女は十分がんばってやっていけるとは思わなかったからね。それで、重荷になったんです。

カー　さらに、先生は、一九四九年の一月に心臓発作をおこされましたね？

ウィニコット　ええ。死ぬところでした。たぶん、死んだはずです、心臓に負担がかかったんですから。でも、助かった。

カー　ぞっとするほど死が迫っていることで、先生はご自身の将来を再検討することが可能になったのでしょうか？

ウィニコット　そのような状況では、必ずそうなりますよ。そして、すぐにというわけじゃあないが、しばらくして、仕事などに復帰できるまでに回復したときに、私は、別の女性を見つけたとアリスに話しました。それから、私たちは離婚した。さらに、適当な間隔をおいて、私とクレアは結婚しました。つらく、苦しい期間だった。でも、私にとってはよい結末だった。というのはうそで、私は心配だった、アリスのことがね。そしてそのことで、私はおおいに悩んだ。なぜなら、ほら、彼女はすてきな女性だったからね。愛しい女性。でも、重荷だった。

カー　心臓発作は、多くの原因で、特にたばこをやめられないことから起こりますが、先生は、ご自身の冠状動脈血栓症の根本原因は心因性のものであるとお考えになった、と私は思っています。

ウィニコット　私は絶え間なくたばこを吸っていました。当時は、みんな、そうだった。だから、それと関係があったかもしれないし、…実際には、それとおおいに関係していたかもしれない。しかし、私には同様に失意があった、あるいは、私の心臓は破裂寸前だったと言うべきでしょう。そして、私の血栓症は、葛藤を表現したものに、症状を表現したものじゃあないか、と私は思っていますが、それになった。

カー　しかし、先生は回復された。

ウィニコット　回復したとは言えないですね。なぜなら、その後、一八年半にわたって、さらに心臓発作が続いたのですから。でも、回復したということにしましょう。異議がないわけではないけれど。残念ながら、アリスは、…どう言えばよいのか、…最高の看護師でなかった。コールズさんが、彼女は二・三か月前に私のもとで働き始めたばかりでした、彼女が私のためにかなりのことをやってくれたんです。コールズさんがいなければ、私は死んでいたかもしれない。それはそれとして、私は十分に回復した。それから、アリスのもとを去るべきだと決心して、そうしました。一九五〇年のまる一年間をかけて、私は少しずつゆっくりと彼女のもとを去りました。そして、さらに多くの時間をピルグリムズ・レインから離れて過ごしました。でも、結局、私は去りました、完全に彼女のもとを去ったんです。そして、最終的に、私たちは家を売って、引っ越した。アリスはバークシャー州にひとりで住むために出発しました。

カー　それから、先生はブリットンさんと結婚された？

ウィニコット　離婚が成立した後、一九五七年の一二月に、私とクレアは結婚しました。すばらしい結婚式でしたよ。私は一度も自分の決定を後悔したことはなかった。あなたは、全然クレアに会っていませんか？

カー　残念ながら、お会いしていません。一九八四年に彼女と連絡をとろうとしたのです。ある会議で講演をしてもらえないかとお願いしようと思って、私は彼女と話すために自宅に電話もしました。ですが、残念なことに、二・三日前に亡くなったばかりでした。

ウィニコット　ということは、クレアは、一九八四年まで生きたということですか？　彼女は、私が死んでから、さらに一三年間生き続けたわけですね。クレアが亡くなったことを考えると、悲しくなります。

カー　精神分析の細かな仕事だけでなく、家庭生活も共有することができる奥さんを、先生はついにもたれました。

ウィニコット　ええ、クレアは私の論文をたくさん読んだし、私の本もね。私の講演にもやって来ました。そして、私たちはいっしょに仕事をしました、いっしょに執筆することはそんなに多くはなかったけれど。むしろ私は、クレアには自分の仕事があったという事実のほうが好きですね。彼女は、英国での社会福祉事業に適切な基盤をきずくために、ほかのだれよりも多くのことをやりました、とても適切な基盤をね。そして、私はそのことで彼女を心の底から尊敬した。さらに、彼女は分析家の訓練も受けた。患者さんにも会った。それから、内務省の仕事を引き受けて、保育職員の教育水準を高めるために働いた。…まだまだありますよ。そうなんです、私たちは本当に協力し合いました。

カー　しかし、お二人にはお子さんがいませんでした。

ウィニコット　クレアと私は、子どもが欲しくてしかたがなかった。でも、だめでした。私はすでに、六〇歳になろうとしていたし、彼女もとうに四〇歳を過ぎていましたから、…もう、おわかりでしょう。

カー　ええ、もちろんです。

ウィニコット　でも、私にはたくさんの生徒たちがいました。おおぜいの生徒たちがね。それに、セミナーを開きました。児童分析家や小児科医、精神分析家に、子どものセラピストたちのためのセミナーをね。チェスター・スクエアにあった私たちの新しい家に、そういった人たちをみんな集めたときもありましたよ、まさにこの家にね。再びここに戻ってきているなんて、まだとても奇妙な感じがしていますよ。

カー　よくわかります。

ウィニコット　でも、私は、自分の生徒たちと、これらの朗らかで若い人たちと、とてもすばらしいセミナーがもてた。なにしろ、私が行なった教育はすべて、自分の考えを明らかにするのにとても役に立ったと思うからね。

カー　一九五〇年代は、先生にとって、非常に創造的な一〇年間であることがわかりました。一九三一年に出版された小児医学に関する教科書と、一九四〇年代に出版されたラジオ放送による相談をまとめた二冊のパンフレットを別にして、先生は、六〇歳の誕生日をむかえた直後まで、完全な精神分析の本をなかなか出版することができませんでした。

ウィニコット　それはいまだに、実に残念でなりません。もっとたくさんの本を書くべきでした。実際に、もっともっとたくさんの本をね。私はずっとそうしたかったんです。でも、人は自分で自分を罰することはできない。罪悪感はまったくよくありません。私は、自分の考えでは、まだ書いていないたくさんの本とともに死んだんです。それはともかく、結婚生活やら、精神分析協会の委員会の仕事やら、患者さんたちのことや、病院の仕事、手紙のやりとりなどなど、…とにかく、ペギー・ヴォルコフには感謝しないと。すでに話したように、彼女は私を説得して、一九五七年にあの二冊の本を出版させました。そして、そのおかげで、私が死ぬ前になんとか完成させることのできたもろもろの本の出版を開始することができたんです。

カー　『子どもと家族：最初の関係』と『子どもとまわりの世界：関係発達の研究』ですね。たしか、ジャネット・ハーデンバーグ博士が、それらを編集するお手伝いをしたと思います。

ウィニコット　そうです。彼女はすてきな人でした。グリーン小児病院で私の後輩だったヘルマン・ハーデンバーグ、彼はとてもまじめな児童精神科医だったし分析家でもあった。その奥さんですね。おわかりでしょうが、一度ああいった本を出版したら、アメリカの人たちや、他の国々の人たちにも売れたので、私はとても喜んだ。そしてこれが、コールズさんやマシュードから軽くせっつかれることにもつながりました。それでええっと、…私はどうにか、続々と本を出版していくことができました。

カー　もちろん、マシュード・カーンのことですよね。

ウィニコット　ええ、マシュード・カーンです。彼は、私がたくさんの本をまとめる手伝いをしてくれましたが、その進行役をしっかりつとめてくれました。

カー　カーンによって、後年、先生の人生はかなり困難な事態になりました。あるいは、先生が、彼の人生に非常に困難な事態を招いてしまったと言うべきでしょうか。

ウィニコット　私は、彼がこの国へ到着した直後に彼のことを知りました。インドからやって来ました、えーっと、実際にはパキスタンからですね。でも、当時はすべてインドでした、分割される前までは。彼はイスラム教徒のインド人の一人でした。そして、訓練を受けるためにここに来たんです。彼の訓練分析家はシャープさんだった。彼女と訓練を開始したんです。その後、彼女が死んでからは、リックマン、ジョン・リックマンですね、私の友人の。彼に引き継がれた。それから、哀れなマシュード、彼にはもう一つの心的外傷があった。リックマンもマシュードの上に倒れて急死したんです。だから、彼にはこうしたあらゆるものすごい喪失感があった。それで、もっと多くの分析が必要だったので、彼は私のところにやって来ました。

カー　先生は、彼を一患者として引き受けることについて、不安はありましたか？　先生はすでに、さまざまな方法で、だいぶ彼と接触なさっておられましたから。なにしろ、たしか彼は、パディントン・グリーン小児病院にやって来て、先生の児童精神医学の仕事を見学したと思いますし、おそらく先生の講義などにも出席しただろうと思います。

ウィニコット　そのとおりです。でも、当時の私たち分析家のコミュニティは、とても小さなものでした。だから、だれもが全員を知っていた。それで、私たちはひたすらこういった多重関係を管理しなければならなかった。そして、マシュードと私は、この多重関係にあった。そうです、彼は分析を受けに来ました。

カー　ところで、たしか、彼の最初の奥さんも、先生と少し相談したと思います。

ウィニコット　そのことについては、あまり話すべきではないですね。ときどき、ちょっと混乱しましたが、なんとかなりました。

カー　さらに、先生は、原稿の整理をするにあたって、カーン氏が手伝うのを許されました。

ウィニコット　彼のほうから申し出たんです。まさか、だめとは言えなかった。彼はとてもすばらしい学者でした。フロイトに精通していたし、なんでも知っていました。精神分析の専門誌を最初から最後まですべて読んでいて、だれが何を言ったのか、そして、いつ、どこで、それが発表されたのか、正確に憶えていたそんな人の一人でした。たいした技ですよ。天賦の才能といってよいくらいですね。私にはできません。私は学者みたいに調べることにまるで弱いんです。それで、マシュードはよく、私の論文に引用したものをもりこみました。彼がそう要求してきたんです。私にしてみれば、そういった引用などしなくても、そのまま論文を発表してきてとても満足だったんです。私は自分の頭で考えますから。

カー　わかりました。おそらく、マシュード・カーンの話は、またのちほどすることになるでしょう。彼は、先生がお亡くなりになった後の評判に対して大きな影響を及ぼしたからです。

ウィニコット　おやおや、不吉な予感がしますね。彼はどじを踏んだんですか？　私が死んでから、マシュードになにか起こるかもしれないかと、いつも心配していましたよ。

カー　えーっですね、彼は非常に大きな争いをして、たしか、たくさんの損害をひき起こしたと思います。

ウィニコット　それを聞くと、悲しくなります。でも、まったく驚いたわけでないですよ。あとで必ずこの話に戻りましょう。

カー　それまでのあいだ、先生の本の質問に戻ってもよろしいでしょうか？　先生の本は、精神保健の専門職の次の世代が、先生のことを知るようになった主要な伝達手段になりました。

ウィニコット　知ってのとおり、タヴィストック出版から、例の二冊の本『子どもと家族』『子どもまわりの世界』ですね、これが出た後、私はこうして出版社との適切な関係を築きました。そのおかげで、自分の論文集を、専門的な精神分析に関する論文集ですが、これを世間にむけて出版することができました。えー、私は論文をたくさん書いたけれど、マシュードが手伝ってくれた。それに、ジョイスも、コールズさんですね、彼女も、私が最高のなかの最高の論文を集めるのを手伝ってくれました。そして、それが、『ウィニコット臨床論文集：小児医学から精神分析へ *Through Paediatrics to Psycho-Analysis*』（ＴＰＡＰ）になった。マシュードの兄のターヘルが、カバーの袖に入れる写真を撮ってくれましたよ、私の写真をね。

カー　先生がお亡くなりなってから、その本は何回か増刷されました。ですが、最終的に、出版社が「論文集」ということばを取り除いて、短くしてしまったのです。なぜなら、先生がその後もさらに論文集を出されたからではないか、と私は思っています。そういうわけで、ほとんどの人たちは、一九五八年の本を知っています、ただ単に、『小児医学から精神分析へ』あるいは『TPAP』としてですが。

ウィニコット　私は、『TPAP』が気に入っていますよ。

カー　そして、その論文集は非常に有名になりました。本物の傑作です。なぜなら、そこには、先生のとてもすばらしい貢献がいくつか含まれていますし、逆転移の憎しみに関する、先生の独創性に富んだ論文も収められているからです。それについては、私たちはすでに話をしました。

ウィニコット　おや、移行対象に関する私の論文もお忘れなきよう。あれは、とても重要な論文だと思いますよ。それと、「原初の情緒発達」と、それ以外のもね。

カー　同感です。あれらの論文すべてが、多くの精神分析教育の根幹を作っています。

ウィニコット　なんとも、うれしいことです。ええと、人はものを書きます、書き続けます。でも、他の人たちは、その人が書いたものをどうすればよいのか、けっしてよくはわかりません。だから、みなさんがそれらの論文を読んで、記憶できるようになったことを知ることは、いいことです。

カー　まさにそのとおりです。

ウィニコット　『TPAP』のなかで、お気に入りの章はありますか？

カー　私は、あれらのすばらしい論文をすべて参考にしてきたので、お気に入りを選ぶのにとても困っているのです。

ウィニコット　おお、そうですか、でも、ぜひ教えてください。その本の他の論文は、自分たちの嫉妬をなんとかできるでしょうから！

カー　ええっとですね、「統合失調症」と診断された人たちに取り組んだことから、私の臨床経験が始まりました。私はかなり早い段階で、先生の「精神病と子どもの世話」という論文を参照しました。それは、私と私の仕事に、巨大な影響を与えました。

ウィニコット　その論文はとてもよく憶えてますよ。私は最初、それを英国王立医学会に提出したんですから。

カー　ＲＳＭですね。

ウィニコット　ええ、そのとおりです。私とＲＳＭには、長い関係があったということは知っていますね。そこは、私が子どもの医者として最初の経験を積んだ所です。そこの会合にも出席しましたよ。精神医学のなんたるかを知るずっと前のことです。私は一九二〇年代、ＲＳＭのためにたくさんの仕事をしました。それから、クレアと結婚した直後に、私はＲＳＭの小児科部門の部長になった。とてもおもしろかったけれど、あまりにも退屈な委員会ばっかりでね、たとえば、ペチャクチャしゃべる放射線科医の話を聞いていました。結局、私は、私自身のことをやったまでです。そして、委員会で仮眠をとってましたよ。そんなことより、私に「精神病と子どもの世話」について話してください。

カー　えーっとですね、私は、先生がその論文を書くにあたって、多くの勇敢さを示された、と思いました。

ウィニコット　勇敢さですか？

カー　そうです。なぜなら、その論文で先生は、精神病は環境の世話の失敗から生じると、まったく大胆にも実際に述べられたからです。一九五〇年代のはじめ、その論文は、遺伝学者や生化学者、電気ショック療法の人や精神外科医を怒らせたにちがいありません。

ウィニコット　サーガントをはじめ、他の人たちは、私の論文はけっして読みませんでした。

カー　先生は、すでにウィリアム・サーガントについて簡単にふれられました。

ウィニコット　彼は、私と同じように、古きレイズの人間だった。
カー　古きレイズの人間ですか？
ウィニコット　ええ、彼はレイズ・スクールに通いました、私と同じようにね。でも、私たちはそれぞれ、まったく異なる方向で精神医学を理解した。私は、正しい精神医学の道を進もうとしたんだと思いたいですね。そして、彼は誤った道を進んだんだとね。だから、彼は私の論文を読もうとはしなかった。
カー　このことはまったく根拠のないうわさ話かもしれませんが、一九六〇年代に、私の先生の一人が、ハーレー街で、サーガントと事務所を共有していた、と言ってよいと思います。さらに、私の先生は、サーガントがいつも秘書にむかってよく叫んでいた、と話していました。本当に彼女にいばりちらしていたのです。
ウィニコット　ええっと、コールズさんには、そのことに関してちょっとした考えがあるかもしれませんね。私は自分のやることがわかっています。それじゃあ、医者の秘書に対する接し方が、どれほどまでに患者の治療に反映するのかについて考えてみましょう。そして、サーガントと彼の仲間は、見識があって教養のある専門職の男たちですが、きっと、自分たちの患者を脅して、脳の手術を受けさせたんだろう、と私は思っています。
カー　一九四〇年代から一九五〇年代にかけて、患者さんたちには、どれくらいの選択肢があったのでしょう。
ウィニコット　事実上、まったくなかった、と私はみています。そう、ウィリアム・サーガントは、「精神病と子どもの世話」をけっして読もうとはしなかった。そんなことよりも、あなたがその論文を気に入ってくれて、うれしいですよ。私は、精神病が、母親の赤ちゃんに対する接し方となにか関係があるということを言おうとしたんです。世間一般に信じられている理論ではないけどね。でも、なくてはならない理論。

カー　私は狂気を理解するにあたって、その論文がきわめて重要な貢献をしたと、本当に考えています。

ウィニコット　それは、時の試練に耐えましたか？

カー　えーっとですね、ここ数十年で、精神医学は非常に反精神分析になりました。そして、精神医学の研究者たちの多くは、統合失調症の病因に関して精神分析的に理論を組み立てることに、ほとんど我慢がならないのです。症例の素材それ自体では、なんの証明にもならないと、彼らは主張しています。そういうわけで、まったく正直に言えば、先生の論文は精神医学に対して影響を及ぼしてはいません。ですが、精神療法に対しては影響を与えています、絶対にまちがいありません！

ウィニコット　悲しいことです。

カー　しかし、もう少し期待できる理由があるかもしれません。なぜならば、原始的身体に関する理論を立てるのに数十年を費やした後、ついに、精神医学は初期の家族内体験の重要性を認め始めたからです。たしかに、幼少期のあいだに身体的虐待と性的虐待を体験した数多くの精神病の患者さんたちについて、いまの私たちには多くのデータがあります。

ウィニコット　なんとも悲しいですね。でも、驚きませんよ。虐待は深刻な衝撃になるでしょう、…成長を促すはずの環境のまさにひどい失敗。

カー　はい、私も同意見です。

ウィニコット　あなたがお好きな『ＴＰＡＰ』の論文は、まだほかにありますか？　私は、その頭字語が本当に好きです。『ＴＰＡＰ』、なんてすばらしい！

カー　実をいうと、それは私にとってあまりに難しいので…。

ウィニコット　ああ、私はね、楽しいんですよ。自分の仕事を気に入ってくれている人に会えて、とてもうれしいんです。

カー　先生の論文と本を全部、順番に検討していく時間があればよいのですが。ただ、そうなると、コールズさんにあまりにもたくさんタイプを打たせることで、重い負担をかけることになりはしまいか、と私は心配なのです。

ウィニコット　かまいませんよ。彼女の打ち込み作業はとても速くて、それに正確なんです。カーボン紙の女王ですよ、知りませんでしたかな？

カー　一九五〇年代までには、先生の著作のなかに、同じ内容のくり返しがいくつか見受けられるようになりますが、それは、同じ現象を異なる角度から議論しているのだ、と私は思います。しかも、人間の発達に関して詳細に立てられた理論の出現や、そこに由来する臨床上の技術の出現も認められるようになります。先生は、私が先生を説き伏せているかもしれないと思われますか？　…私には、これがかなり退屈な仕事だろうということがわかっています。…ですが、人間の発達に関する先生の理論をすべて要約したものを、次々と私たちに与えてくださるようお願いしてもかまわないでしょうか？

ウィニコット　次々と？　あなたが何を言おうとしているのか、私にはわかりますよ。私はまったく、きちんと整理された方法で書かなかったからでしょう？

カー　えー、必ずしも…。

ウィニコット　それじゃあ、試しにひとつやってみましょうか？

カー　それが、先生の研究に取り組みたいと思っている若い学生たちにおおいに役立つだろうと、私は思います。なにしろ、先生の著作集と論文、それに書簡、とは言っても、出版されたものに限りますが、ほぼ二〇冊にのぼります。…さらに、ちょうど今、いろいろな学者たちが、先生の著作集をもっと出そうと、その準備に忙しいのです。そういうわけで、先生の多岐にわたる論文などを研究することは、非常に困難な仕事になるかもしれないのです。

ウィニコット すると、ちょっと整理してみることは、役に立つわけですね。

カー 非常に役に立ちます。ただし、先生の作品のもつニュアンスや微妙なところがすべて失われてしまうのも、いやなのです。

ウィニコット でも、あなたの言いたいことはわかりますよ。書物のかたちで、学生たちに伝達した講義のいくつかを、詳しく書きましたが、完成させる前に、私は死んでしまったはずです。

カー えーっとですね、一九八八年に、それらの講義が、『人間の本性』(2)という題名で出版されたことをお知りになると、先生はお喜びになるでしょう。ウィニコット出版委員会のメンバーによって編集されたものです。

ウィニコット ウィニコット出版委員会なんていうのがあるんですか?

カー えー、そのグループは、最近、仕事を完了させたので、もはや存在していません。長年にわたって非常にうまく役目を果たしたのですが。そのときに、その委員たちは、たくさんある先生の未発表論文を出版しようと準備していました。それよりも、先生の文献的な財産の管理を任されているウィニコット・トラストがまだあるのです。そして、スクィグル財団も、ウィニコットをテーマにした公開講座を開催しています。

ウィニコット なんて、すばらしい。スクィグル財団!

カー　はい。

ウィニコット　やれやれ、なにはともあれ、私の思考の産物が失われることはありませんね。こういった人たちが、こうやって私の考えに注意をむけてくれていた、とても満足ですよ。

カー　『人間の本性』は訓練生にとってはよい出発点であると、私は信じています。それはそれとして、先生は、非常に多くの新しい概念や、数多くの新語を、精神分析の語彙に持ち込まれました。たとえば、「移行対象」、「スクィグル」、「本当の自己」、「偽りの自己」、「ほどよい母親」などの言い方ですね。私は、ウィニコット専門の集中講座が、おおいに価値があるだろうと思っています。

ウィニコット　よろしい。試しにやってみましょう。

（訳注1）『小児医学から児童分析へ』（北山 修 監訳、岩崎学術出版社、二〇〇五年）所収の「逆転移のなかの憎しみ」に登場する子守歌。

（訳注2）『人間の本性』牛島定信ら 訳、誠信書房、二〇〇四年

8 杯目 *cup8*

ウィニコット学集中講座

カー　新生児はどのように大人になっていくのか、つまり、赤ちゃんはどのようにして成熟していくのかについて、先生のご意見を説明していただくことで始めていただけますでしょうか。それは、学生たちにとって不可欠でしょうし、ベテランの開業医も同様であると思うからです。

ウィニコット　やってみてもよいけれど。でも、言っておきますが、私は理路整然とした思想家なんかじゃありませんよ。

カー　赤ちゃんはどのようにして生まれるのでしょう？　そのときの赤ちゃんの心理状態は、どんなものなのでしょう？

ウィニコット　そうですねぇ、おそらく、なぜ赤ちゃんが生まれるのかという疑問を投げかけることから、始める必要がありますね。

カー　なるほど。

ウィニコット　何年も前のことになるけれど、私は、「思い描いている conceived of」[1]と、そう自分で名づけた段階についてほんの少し言及しました。言い換えると、私たちはみんな、ただ両親の目の輝きとして出発するだけじゃあなくて、両親の心のなかの空想として出発するんです。性交をするずっと前に、両親は頭のなかで、すでに赤ちゃんを産んでいるんですね。つまり、私が言おうとしていることは、赤ちゃんが生まれるずっと前に、発達と人格形成は始まっている、ということなんだと思います。

カー　赤ちゃんの誕生に先立って、お母さんとお父さんの心のなかに無意識の願望が生じる。先生はそれについての考えを明確に述べようとなさっているのだと思います。

ウィニコット　赤ちゃんを愛しているために、子どもを生む両親がいるし、憎むべきだれかがほしいために、そうする両親もいる。そして、胎児は、それらの意識的な、もしくは無意識的な願望を充足してくれるのです。だから、多くの点で、私たちのパーソナリティは、卵子が受精するずっと前に形成されることだけは確かなんです。

カー　言い換えますと、最初の無意識の親の空想は、子どもの最終的な精神状態に決定的な力をふるうことがあるということでしょうか？

ウィニコット　まったくそのとおりです。子どもは、両親が本当に赤ちゃんを欲しがっていたのか、あるいは、そうじゃあなかったのか、直観的にわかっているもんなんです。でも、初期の親の空想は、唯一の決定因ではないでしょう。

カー　とおっしゃいますと？

ウィニコット　出産の時が近づいて、母親の体験が、出産前後の経験ですね、それが、子どもにさらなる影響を与えるでしょう。多くの母親たちが、非常にねたみ深い助産師のせいで、とても苦しんだことはおわかりですよね。そして、多くの助産師たちは、少なくとも私の時代ですが、母親たちを子ども扱いし、恥をかかせたもんです。病院のベッドで受け身的で無力な状態にしておきながら、母親たちがきちんと授乳しなかったと非難することでね。こういった類いの嘆かわしい相互の影響は、母親を悲しませ、虐げられていると感じさせることがあるのです。そして、それは赤ちゃんに影響を与えるでしょう。

カー　現代の助産師さんたちは、一九三〇年代や一九四〇年代に働いていた助産師さんたちより、はるかに心理学をよく理解している、と私は思っています。

ウィニコット　ああ、それを知って、とてもうれしいですよ！

カー　それで、話を続けますと、…赤ちゃんの精神状態は、母親の精神状態にまったく依存することになります、まさに最初から。

ウィニコット　このことは、わりと単純で、わかりきっていることのように思われるかもしれません。でも、私の時代、ほとんどの人たちは、たとえいたとしても、このあまりに純然たる事実を認めなかった、と言うことができます。

カー　先生は、このわかりきったことのために闘わなければなりませんでした。

ウィニコット　そう、わかりきったことのために闘わねばならなかった。おわかりでしょうが、母親は、自分が重要な世話役としてうまく機能することができるか、あるいは、あまりうまく機能することができないか、そのどちらかの精神状態にいます。もし母親が健康であれば、赤ちゃんには健康になれる可能性があるし、もし母親が病気であれば…。

カー　妊娠前の preconceptual、前乳児期のこの期間は、両親の無意識の空想によって形づくられ、次に、出産前後の体験によって形づくられますが、これらすべてに、赤ちゃんの最終的な人格発達において担うべき非常に大きな役割があるのですね。

ウィニコット　そうです。赤ちゃんは、大人たちによってつくられる初期の社会的環境の恩義をおおいに受けているんです、生まれるずっと前からね！

カー　それでは、実際の出産そのものについてはいかがでしょう？　出産というまさにその身体的なできごとが心的外傷となりうるとした、オットー・ランク博士のような初期の精神分析の著者たちの意見に、先生は賛成なさいますか？

ウィニコット　私の書庫にはランクの本がありましたよね。かつて、私はそれを患者さんに貸し出したこともありました。彼の研究はとても興味深いと思いますね。でも、精神分析の仲間うちではそのことについて十分に話しませんが。おわかりでしょうが、出産は、お母さんと赤ちゃんの両方にとって、非常な外傷となりえます。出産は、非常に早く起こることだってありますから。

カー　ですが、お母さんには、準備をする時間が多少ありますよね、…心理的な準備をする時間が。

ウィニコット　赤ちゃんの誕生の準備をするために、生物として母親に九か月間という時間が与えられたことを神様に感謝しましょう。そのおかげで、お母さんは心のなかで赤ちゃんを迎える時間がもてますから。でも、赤ちゃんには同じ特権がない。なにしろ、分娩が始まると、母親はしばしば痛みを体験するかもしれないが、でも、六時間や一〇時間、あるいは一五時間で、これらの痛みだっておさまる。そして、その見返りとしてかわいらしい赤ちゃんがいることをお母さんは知っています。

カー　それでは、胎児のほうは？

ウィニコット　胎児には、分娩が終わるといったような保証がない。私がよく思ったのは、胎児は、出産が始まるにつれて、わりと穏やかで安定した子宮内の生活から、突然押しやられるわけだから、耐えられない不安を体験するだろうということです。まるで長くて暗いトンネルのなかを下へ下へと押しやられるようなもんですから、この過程もいつかは終わるという安心もなくね。だから、出産は赤ちゃんにとって、とてもぞっとさせるものだと思います。

カー　なるほど、それは非常にもっともなことです。近ごろでは、私たちは子宮内生活に関するより多くの知識をもっています。それは、先生がご存命中には利用することなどできなかった知識です。

ウィニコット　なんてすばらしい。教えてください。

カー　えーっとですね、近年、より安全でより洗練された超音波検査という方法によって、産科医たちは子宮内部を正確に見ることができるようになり、さらには、胎児が、光や音、音楽や運動などにどのように反応するのかを正確に観察することができるようになったんです。そして、胎児は、単に羊水のなかで浮遊しているのではなく、むしろ、外部の刺激に対して強く反応することが知られています。とくに、妊娠四か月から九か月のあいだですね。ですから、もしお母さんが不安な気持ちになったら、さまざまな方法でこの気持ちを胎児に伝えるのです。その結果、胎児はしばしば苦しむようになります。

ウィニコット　それは、私がいつも疑っていたことがまちがいではなかったことをはっきりさせてくれます。実際に、私はすでに、自分自身の仕事からこのことを知っていました、ところが、私には確証を与えてくれる科学的なデータがなかった。でも、私は、退行した患者さんと集中的な精神分析作業から、直観的に知っていましたよ、なぜなら、ほら、寝椅子に退行した患者さんが横たわっているとして、それは子宮内の環境に似ているからね。そして、分析家が、不意に足を組んだり、組んだ足をもとに戻したり、咳をしたりすると、患者に支障をきたすけれど、このことは、突然のショックが子宮内の胎児に悪影響を与えるのと、だいぶ似ていますね。

カー　なるほど、それはもっともなことです、ウィニコット先生。

ウィニコット　だから、ほら、このように信じられないくらい敏感な新生児がいて、信じられないくらい敏感になった母親がいるんです。そして、母親と赤ちゃんは、一つの関係を持つようになるけれど、そこでは、起こるすべてのことが影響を及ぼしてくるんです。特に、新生児に対してね。それに、赤ちゃんは用心深い。これについては、まちがえないでくださいね。

カー　もちろんですとも。

ウィニコット　何が起こるはずなのか、赤ちゃんには正確にわかっているし、もしそういったできごとが実際に起これば、喜びを体験します。でも、もしそのなにかが起こらなかったら、赤ちゃんは痛みも体験する。つまり、食事が与えられれば、赤ちゃんはそれを知っているし、もし食事が与えられなければ、赤ちゃんはそれもまちがいなく知っているんです！

カー　分娩後に、お母さんと、この非常に敏感で非常に用心深い赤ちゃんとのあいだで、起こることについてもっと話していただけますか。

ウィニコット　あなたが、父親のことよりもむしろ母親と赤ちゃんのことをたずねていることに、私は気づいていますよ。それに、それはおそらく正しいでしょう。言うまでもなく、母親のようにふるまう父親もなかにはいます。

カー　最近では、そういった父親は「一次的なケアテイカーの父親 primary caretaker fathers」と呼ばれています。

ウィニコット　それはいい言い方だと思います。でも、ほとんどの場合、私たちは母親について話しています。少なくとも、私の時代では事実でした。で、ここにこうしてお母さんがいる。そして、お母さんには一連のやらなければならない課題がある。生きのびて健康に育っていくのに必要な身体的な栄養分を赤ちゃんに与えるためだけでなく、心理的な養分も与えるためにです。それは、心を発達させていくのに…

つまり、精神的に健康になるために必要なんです。

カー　先生が課題について話されるときは…、

ウィニコット　私が課題について話すときは、機械的で、一種のトルビー・キングのような方法で予定が組まれた課題のことを意図していません。私たちは少し前にトルビー・キングについて話しましたし、あなたは彼の厳格さについての私の考えを知っています。おそらく「課題」は必ずしも正しい単語ではないでしょう。私はむしろ、開始時間や終了時間などない一連の仕事、それも心理的な仕事のことを言っているんです。それらは平凡な育児の仕事だし、ずっと続きます。

カー　先生は、特に、母親の機能もしくは課題、あるいは仕事を三つ特定されたと、私は思っています。

ウィニコット　私たちは、たしかに、母親であることにまつわる三つの課題について話すことができるでしょう。

カー　それでは、先生は、これらの主な母親の課題をどのように定義なさいますか？

ウィニコット　まっさきに、お母さんは赤ちゃんを「抱く（抱える）」、これをしないといけません。もちろん、これはわかりきったことなので、述べるまでもありませんが、それでも、断固として言う必要があるんです。そしてここで、私は、「抱く」という単語を二つの異なる意味で用いようと思います、つまり、身体的な意味と心理的な意味の二つですね。もっとも決定的なことは、お母さんは赤ちゃんを両方の腕で抱かなければならないということです。

カー　身体的にでしょうか？

ウィニコット　そうです、身体的にです。言い換えると、母親は、赤ちゃんが包まれて、くるまれて、外界から保護されていると感じるような抱える環境を赤ちゃんに提供しなければならないんです。赤ちゃんはしがみついていなければならないけれど、でもそれは、締めつけるようなやり方とか、ましてや窒息させるようなやり方とかじゃあなくて、赤ちゃんが安全で幸せになるようなありふれたやり方で抱くんです。そして、お母さんは、赤ちゃんを「ロッカバイ・ベイビー」(2)のようなやり方で、地面に落っことしてはいけない。生まれたばかりの息子や娘を離さずに、高い位置で抱いていなければいけないんです。これらはすべて、抱えることのすばらしい一面を意味しています。

カー　ところで、先生は、身体的に抱えることとは対照的に、心理的に抱えることについてもおっしゃいました。

ウィニコット　ええ、抱えることは、二つの段階で起こります。一つめは、身体的に抱えることです。これは、さきほど言いましたね。そして、二つめが、心理的に抱えることです。いわば「心で抱えること」だと言ってもよいでしょう。幼い子どもたちを心理的に抱えるんです、男の子や女の子のことを思いめぐらすことによって、まさに抱えることによって…

カー　心で。

ウィニコット　ええ、そのとおりです。それは、まず第一に実際に子どもがいたとして、この子には飲み物や毛布、ベビーベッド、おっぱい、あるいはあなたが持っているものが必要になるかもしれないと、ふと思い起こすことと同じくらい単純なことなのかもしれませんね。赤ちゃんを忘れてしまうということは、心で赤ちゃんを抱えなかったということなんです。そんなのは狂気の沙汰ですよ！

カー　そうしますと、お母さんは、左と右の両腕で抱える、つまり身体的に抱える達人に、そして、思いやりと追憶と注意深さで抱える、つまり心理的に抱える達人にならなければなりませんね。

ウィニコット　そのとおりです。そして、もしお母さんにこれが十分できたら、それに、ほとんどの健康なお母さんたちは、まったく自然に反射的に、これができているのを知ることは、大きな天の恵みですよね、そうしたら、赤ちゃんには、本当に、健全に育っていく可能性が十分にあるし、精神的に健康でいられる可能性もある。でも、もしお母さんにこれができなかったら、なぜなら、お母さんがこれまでこうやって抱かれたことがなかったからか、あるいは、なんらかの理由で赤ちゃんが嫌いだからか…、または、お母さん自身が心的外傷の状態にいるために、赤ちゃんの世話をする心の余裕がないからか…、いずれにせよ、赤ちゃんは最初の精神的な苦痛で苦しみ始めるでしょう。

カー　ですが、先生のご経験から、ほとんどの母親には、当然のことのように乳児の精神保健と子どもの精神保健の土台を作る能力があるということがわかって、とてもすばらしいです。

ウィニコット　ええ、それが私が一〇〇%ダーウィン愛好家である点なんです。学校でダーウィンを読んでいれば、人間の進化について勉強する必要なんてないということを知ったんだと思います。人間の進化は、単に当然のこととして展開していきます。同様に、抱えることを勉強したり、練習したりする必要なんてありません。健康なお母さんであれば、そうするもんなんです。なぜなら、お母さんには、深いところで感じて、赤ちゃんに必要なものがわかるからです。そして、お母さんにはそれができるんですよね、ほとんど自動的に。

カー　先生は、このように身体的に「抱っこする」と心理的に「抱えること」の組合せに加えて、母親には他に二つの課題があるとおっしゃいました。

ウィニコット　たしかに、お母さんは赤ちゃんの「ハンドリング handling[3]」だって示すことができるにちがいありません。でも、それは「抱えること」こととまったく同じではない。私たちは次のように言えるのではないかと思うんです。つまり、赤ちゃんを抱えることで、お母さんは赤ちゃんの安全を守り、両腕からも心からも、赤ちゃんが落っこちないようにします。私たちは抱えることを、子どもを身体的および心理的に優しく支えることである、とみなすことができましたね。

カー　それで、ハンドリングとは？

ウィニコット　ハンドリングに関して、お母さんが実際にどのように子どもにふれるのかを、よりくわしい方法で考えなければなりません。お母さんは乱暴なやり方で赤ちゃんを取り扱うでしょうか？　なめらかなやり方で？　誘惑的なやり方で？　お母さんは、赤ちゃんが慰められていると感じるように、あるいは、もしかしたらいらいらさせられていると感じるように、皮膚をなでますか？　これらすべてが、おわかりでしょうが、ハンドリングなんですよ。それは、母親と赤ちゃんのあいだで起こる、本質的な時々刻々の相互作用なんです。

カー　ハンドリングの本質は、関係性に色合いをつけるのでしょうか？

ウィニコット　まったくそのとおりです。さらに、同じように赤ちゃんを取り扱う母親は二人といません。でも、健康なお母さんであればみんな、とても上手に赤ちゃんをハンドリングします。

カー　それで、三つめの課題ですが？

ウィニコット　それは、私たちが「対象を示すこと object-presenting」(4)と呼んでいるものですね。基本的に、これは、赤ちゃんに外の世界をふれさせる母親の試みであると定義されるでしょう。赤ちゃんを一日中、自分の胸にくっつけたままにしておく母親なんてありえないし、それだと、共生精神病や、あるいは感応精神病で包まれるようなもんです。結局、お母さんは赤ちゃんと外の世界を共有し、赤ちゃんに外の世界を案内することを始めなければならない。赤ちゃんに周囲の対象を指し示さなければならないし、赤ちゃんを自分以外の対象に慣らさないといけません。

カー　父親は、そうした対象のなかに含まれているのでしょうか？

ウィニコット　おそらくね。私たちは実際に、それについてそういうふうに考えることができた。でも、公園の芝生や、外の青い空、窓台の仔猫も、そのなかに含めなければなりません。思いやりのあるお母さんは、こういった物をひとつひとつ順番に、赤ちゃんに教えるでしょう。「ほら、ローヴァーですよ…あのこは、私たちのかわいい仔犬なのよ」っていうふうにね。なにしろ、赤ちゃんには、現実と接触しなければならないという大切な仕事があるからね。そして、お母さんは、赤ちゃんがこれをなし遂げるのを手伝います。お母さんがそうやれば、赤ちゃんは精神的に健康になれます。

カー　おそらく、抱えることとやハンドリングすることができ、対象を示すことのできる母親は、赤ちゃんのために、とても安全で、快適で、また同時に、非常に刺激的な世界を創造するのでしょう。

ウィニコット　そうですとも！　そして、そういった構成要素がみんな調和して作用するとき、同時に、私たちは、こわれにくい母親‐乳児状態というものが存在することがわかるし、しかも、健康、本物の精神的な健康が存在することがわかるんです。

カー　さらに、先生が、このような健康的な母親のことを「普通の献身的な母親」とみなされるようになったということを、私は知っています。先生のラジオ・プロデューサーだったイサ・ベンジーは、一九四〇年代のことですが、その言い方をかなり気に入っていた、と私は思っています。

ウィニコット　ベンジーさん、ええ、彼女はＢＢＣのとても熟練したラジオ・プロデューサーだった。そして、私の仕事を本当に理解してくれた。実によくわかっていました。それで、会議中に、私がたまたま「普通の献身的な母親」という言い方をしたとき、おわかりでしょうが、たまたま口をついて出たんです。彼女がそれに飛びついた。そして、叫んだ。「普通の献身的な母親」についてすべて、まるまるラジオ・

シリーズにしなければなりませんよ、ってね。そして、私たちはやりました。それから、それはとても人気のあるパンフレットになって、それでみんなに知られるようになった、とても独特のかたちでね。

カー　先生は、いくらかお名前が知られるようになりました。

ウィニコット　ええ、なすべきことはやったのではないでしょうか、…少しだけどね。

カー　先生は、母親が理解できる言いまわしを見つけられたのです。

ウィニコット　ええ、そうですとも。私はお母さんたちに、いわゆる専門家と同じくらい赤ちゃんの世話のしかたについて知っているんだ、と感じてもらいたかったんです。実際のところ、私は本当に、健康な母親であれば、赤ちゃんについて専門家よりもずっと多くのことを知っていると認めたかったですね。そして、ベンジーさんのおかげで、私はこういうふうにお母さんたちと話すことができた、ラジオでね。

カー　そして、先生はファンレターを受け取られた、と私は思っています。

ウィニコット　お母さんたちから、手紙がどっさり届きましたよ。それには、赤ちゃんが泣き叫んでいるあいだ、お母さんは本当は赤ちゃんを抱いて慰めたかった。でも、医者からはそうしないように言われた、ということが書かれていました。医者は、泣き叫ぶ赤ちゃんを慰めることで、母親は赤ちゃんを甘やかしてだめにしているのかもしれない、と思ったんですね。

カー　先生が世話をするお母さんを養護なさったことは、多くの若い親たちにとって、まさに天の賜物であるとわかったにちがいありません。

ウィニコット　えーっとですね、お母さんたちは自分自身の直感を信頼したかった。でも、専門家がしばしばそれを思いとどまらせた。だから、その結果、とても不幸な両親と赤ちゃんがおおぜいいることになった。

カー　そうしますと、普通の献身的な母親は、安全と刺激の両方を提供してくれるわけですね。

ウィニコット　ええ、そのとおりです。

カー　ですが、一九五六年に、先生はもっぱら、「原初の母性的没頭」の現象についての論文を執筆されてもいらっしゃいます。「普通の献身的な母親」と、「原初の母性的没頭」を示す母親とは、どのように異なるのでしょうか？

ウィニコット　ここで、新造語主義者ウィニコットの登場です！　許してくださいね。本質的に、ODM：Ordinary Devoted MotherとPMP：Primary Maternal Preoccupation、私はときどきこういうふうに頭文字を使ったんですが、基本的には、これらは同じものです。普通の献身的な母親というのは、赤ちゃんの人生のうち、最初の数週間と数か月間のあいだ、赤ちゃんに対してとても熱心に没頭し、赤ちゃんに専念する母親のことです。その結果、赤ちゃんは母親の唯一の目的になります。お母さんは、こう言っていいのなら、共感するようになり、赤ちゃんのいる所に行こうとする。そして、自分自身がそういうふうに満ち足りている母親であるという主体性を獲得する。そして、赤ちゃんは、これを感じる、保護され愛されているというふうに、いろいろ感じるわけです。だから、献身的な母親になるには、なによりもまず、没頭している母親にならないといけません。

カー　現代において、先生を批判する人たちのなかには、母親を理想化している、あるいは、親であることの、あたたかくて、べたつくように甘く、愛情をそそぐ側面のみを強調しているとして、先生のことを非難してきた人たちもいます。精神的に障害のある親や、虐げられた親、憎しみに満ちた親についてはどうでしょうか？

ウィニコット　「逆転移のなかの憎しみ」に関する私の小論については、すでに話し合ってきましたね。

なので、普通の献身的な母親にも、憎しみが中に含まれていると私が言っても、あなたはほとんど驚かないでしょう。赤ちゃんはとてもやっかいなので、普通の献身的な母親は、自分が赤ちゃんを憎んでいるのを認めないといけない。でも、赤ちゃんを父親や乳母、あるいはおばあちゃんに引き渡すことによって、ふだんから専念していて、最初から没頭している健康なお母さんは、自分の憎しみに対処することができます。あるいは、昼寝をさせるために、赤ちゃんをベビーベッドに寝かせてもいい。そうすると、お母さん自身だって、昼寝をすることができます。それはそれとして、母親は、憤慨や侵害に対処しながら、没頭しつづけます。それとは対照的に、健康でない母親は、私の時代には、たくさん見たけれど、えーっと、子どもを傷つけるかもしれません、しばしば自分のことを支えてくれる人なんてだれもいない、という理由でね。

カー　先生は著作のなかで、「侵襲 impingement」という用語をよく使用されました。これは、環境のなかのだれかが、もしくは、なにかが、赤ちゃんの世界に潜在している平和と喜びに対して悪影響を与えるやり方について、とても説得力のある記述をしたものであると、私は思っています。

ウィニコット　健康でない母親は、ふだんはふつうに献身しようとします。没頭しようとする。でも、それを完全にはうまくマネージメントすることができないんです。そういった母親は、悲鳴をあげ、叫び、赤ちゃんを無視します。そして、これらの苦悩の瞬間はすべて、侵襲と等しい。私はこういった瞬間を環境の失敗とも言った。そして、このようなことがふんだんに起こると、赤ちゃんは精神病に攻撃されやすくなる。狂気に対してもともともっている赤ちゃんの潜在能力は、悪化しますよ。

カー　私たちはまだ、「原初的苦痛」について話していませんでした。

ウィニコット　それは太古の昔からの演劇のように聞こえませんか?「原初的苦痛」で主演したシビル・

ソーンダイク婦人！　ああ、私はとてもそれを気に入っています。

カー　なるほど、ギリシア悲劇のようななにかがありますね、先生が説明なさった乳児の心のなかにある恐怖の深さにまつわるような。

ウィニコット　たしかに。でも、もっと率直にあなたの質問に答えさせてくださいね。普通の献身的な母親が、専念し没頭しなければならない理由とは何か。そして、子どもを抱え、ハンドリングしなければならない理由とは何か。それは、子どもが、深くて、原始的な、太古の恐怖を体験するための潜在的能力をもって生まれてくるからなんです。子どもは聞いてきますよね。「ぼくはここで何をやっているの？　だれがぼくを「高い高い」してくれるの？　あたしは一つの部品のままなの？　あたしは浮かんだままなの、それとも、ずーっと落っこちたままの？」……おや、まいりました、私はかなりまずい言い方をしちゃいましたね。なぜなら、おわかりでしょうが、子どもには「私」という概念はありませんからね。赤ちゃんは単に、ばらばらになる恐怖を感じるだけです。そして、お母さんは、赤ちゃんが一つにまとまるのを手伝います。こういうふうに言えば、原始的苦痛を表現するには、よりふさわしいでしょう。

カー　そうなりますと、先生は、幼児期早期において精神病的な不安がはたす役割について、クライン女史に同意されるのでしょうか？

ウィニコット　えーっとですね、メラニーの意見に同意するということではなくて、むしろ、パディントン・グリーンの私のクリニックで、こういった原初的苦痛を見たし、退行した状態にいる統合失調症の人たちと作業するなかで、こういったものを見ましたね。あの患者さんたちの夢が、必要な証拠を全部、私に提供してくれました。患者さんたちは、ばらばらになっていく自分自身を感じたと、みんなそう証言したんです。まったく文字どおりに、ばらばらになっていくんですね。それは恐怖だった。それはともかく、メラニーはこれを知っていた。私もね。だから、そういう意味では、私たちは意見が一致していましたね。

カー　著作のなかで、先生は、ばらばらになっていくのではないかという赤ちゃんの恐怖や、永遠に落ちていくのではないかという恐怖についての話をされましたし、それだけでなく、希望をなくし、いまにも死んでしまうのではないかという恐怖についての話もされました。

ウィニコット　ええ、それらはまちがいなく原初的苦痛です。

カー　そうしますと、ウィニコット的発達心理学では、乳児期は、潜在的な恐怖体験でありながらも、健康な親の健全なる世話によって矯正することができる体験なのですね。

ウィニコット　そうです。まったくそのとおりです。健康な親、お父さんも同じですから、省かないでおきましょう、健康な親は多くの狂気を取り除くことができる。

カー　先生はハリー・カルナックのことを覚えていらっしゃいますでしょう。カルナック・ブックスの創始者だったと思います。

ウィニコット　おお、親愛なるハリー・カルナック。彼はまだ生きていますか？

カー　二〇一四年の春に亡くなりました、九〇歳をかなり超えていました。

ウィニコット　そんなに長生きしたとは、なんとすばらしい。あなたは、私が実は、カルナック・ブックスに対して責任がある人間だということを知っていますか？　私はグロスター通りに面したハリーの店によく入ったものですよ。そして、彼に私の著作を置いてもらえないか、と遠慮もせずに頼んだと思います。それから、心理学にはまさに未来がある、その当時は新興の学問分野だったからね、さらに、心理学に関する書籍を専門に扱うことで、あなたはかなり大変珍しいことをすることになりますよ、と言ったのを憶えているような。それで、彼はそうした。心理学の書籍を、心理学の本だけを売り始めたんです。それをやった世界で最初の人物ですね！

カー　ええっと、その後、グロスター通りにあったハリーの店は閉店しましたが、しかし、カルナック・ブックスは、北ロンドンのフィンチリー通りに新しいお店をかまえて、いまなお繁盛しています。そして、書籍を売るだけでなく、出版もしているんですよ。実のところ、すでにコールズさんが私たちのためにタイプを打ち始めた筆記録ですが、先生に満足していただけるならば、カルナック・ブックスはこのインタビューの文書を出版する予定なんです！

ウィニコット　おお、それはとてもおもしろい。そうですね、それがみなさんにとって興味深いとあなたが思うのであれば、この対談を発表するのは、私としてもとてもうれしいですよ。

カー　ほんの少し前にハリー・カルナックのことが思い浮かんだのは、健康な親は乳児の狂気を「取り除く」でしょう、と先生がおっしゃったときなのです。

ウィニコット　ほう。

カー　えーっとですね、文字どおり二〇年前、私は、先生について書いた伝記のことでハリーにインタビューしたんです。

ウィニコット　あなたの書いた本をぜひ読んでみたいもんです。

カー　先生に一冊さしあげますよ。ですが、先生はすでにその内容をほとんどご存知ではないかと思います！

ウィニコット　たとえそうだとしても、読んでみたいですね。

カー　ところで、ハリーは私に、先生がかつて乳児の心を一枚の「吸い取り紙」と説明された、と話してくれたのですが、もし先生のおっしゃることを正確に理解したとするならば、乳児の心はあらゆるものを吸収するということなのですね。
ウィニコット　その小さな言葉に気づくとは、なんてすばらしい。私は自分の著作でその言葉は使っていないと思いますよ。
カー　私もそう思います。
ウィニコット　でも、私は自分自身に賛成しますね。乳児の心は穴だらけなんですね、なんでもわかってしまう。なんでもかぎつけます。そして、そうです、めちゃくちゃな状態を吸い取ってくれる親を必要とします。そのとおりなんです。お母さんのことを、乳児の心のための吸い取り紙と表現してもよいかもしれない。私はその考えを支持しますね。ええ、そうですとも。
カー　私たちは、発達心理学に関する先生の多くの本の複雑さや豊かさを、いくつかの簡潔な表現に簡略化し始めてしまったと、私は理解しています。先生が不服でなければよいのですが。
ウィニコット　だいじょうぶですよ。私たちは簡素でなければなりません。簡潔でなければね。あなたの言うように、心理学を学ぶ学生たちが私の本を全部読むだなんて期待できません、そんなすぐにはね。彼らは、自分たちのペースでそれぞれの目指すところへ行かねばならないし、それには時間がかかります。つまりですね、結局のところ、私は自分のすべての本を書くのに数十年を費やしたわけですから、学生たちだってそれを読むのに少なくともしばらくはかかるはずなんです。いや、あなたは、私がより段階的な方法で自分の発達心理学を体系化するのを手伝ってくれているように思いますよ。そして、私は段階的にものを考える人間ではないので、このことは私にとってとてもよいことなんです。
カー　そうしますと、ウィニコットの世界では、人生の最初期の数週間と数か月間は、赤ちゃんや世話をする人とのあいだの交流の質によって、特徴づけられるかもしれません。赤ちゃんは潜在的な恐怖の状態で生まれてきます。そして、崩壊を恐れ、永遠に落ちることを恐れ、想像もできない不安に満ちています。そこで、母親でも父親でもかまいませんが、親側の献身や原初の没頭などをつうじて、親は赤ちゃんに安心感をより与えてくれる吸い取り紙になります。そうすると、私たちは健康になります。

ウィニコット　なにしろ、赤ちゃんには、健康になるためにお母さんが必要だし、お母さんも赤ちゃんを必要とする。そして、赤ちゃんをかわいがり、赤ちゃんを必要とするお母さんは、赤ちゃんを安心させます。この二つは、この点で切り離すことができない。そしてこの理由から、私は昔、会議を計画して、赤ちゃんというものは実は存在しない、と発表したと思います。

カー　はい、それは幾度となく引用される、ウィニコット流のうたい文句になりました。「一人の赤ちゃんというものはない。」

ウィニコット　とても単純です、本当に。もし、この時点で、この初期の時点において、お母さんから赤ちゃんを取り上げてしまったら、そこには死んだ赤ちゃんがいますね。赤ちゃんはお母さんなしでは生きのびることなどできませんから。お母さんなしで赤ちゃんのことを考えるなんて、本当にできないんです。いっしょにいてこそ、二人は重要な統一体になるんです。

カー　ここまでで、私たちは、先生が強調なさった重要なことについて、つまり、乳児期の「依存」、「絶対的依存」についてまだ話していません。

ウィニコット　おそらく、その考えに言及することによって、発達心理学のこのささやかな講義を開始するべきでしたね。ある意味では、人間の成長と発達に対する私の接近方法はすべて、依存という対処能力に関する問題であったと定義することができるでしょう。

カー　説明していただけますか？

ウィニコット　はじめて赤ちゃんが姿を現わしたとき、援助なしではなにもすることができません。赤ちゃんは、自分のために夕食の準備をすることはできないし、おむつを換えることもできない。本当に全面的に完全に、大人の、たいていは母親ですが、その世話に依存しています。この意味で、赤ちゃんは「絶対的依存」の状態のなかで生きています。

カー　先生は著書のなかで、これを「二重依存」とも述べておられますし、別のところでは、「究極の依存」と述べておられると思います。

ウィニコット　絶対的依存、二重依存、究極の依存、それらはまったく同じです。赤ちゃんは依存を克服することができません。なぜなら、赤ちゃんには移動するための運動能力がないし、あるいは、大人のように、考えるための認知能力がないからですね。赤ちゃんの無力さといったら、甚だしい。だから、ODM、つまり、普通の献身的な母親は、赤ちゃんの絶対的な二重の依存を重んじなければならないし、援助しないといけません。食べ物を持ってきたり、毛布とかほほえみとか、あるいは自分が持っているものを持ってきたりすることでね。

カー　そして、お母さんが赤ちゃんの欲求を満たしとき、絶対的依存は恐ろしくなりません。

ウィニコット　そのとおりです。絶対的依存は、私が「相対的依存」と考えるようになった状態へと少しずつかたちを変えていきます。赤ちゃんはまだ依存しているけれど、単に相対的なまでです。それから、私たちは、それぞれがライフサイクルを進んでいきながら、非常に長いあいだ「相対的依存」の状態のなかで過ごします。なぜなら、自分で自分の世話をすることが上手にできるようになるからですね。フォークが持てるようになったり、靴ひもが結べるようになったり、服が着られるようになったり、ますます絶対的依存から、ますます相対的依存へと変わっていきます。わかりますか？

カー　はい。

ウィニコット　さらに、相対的依存はますます洗練されていきます。だから、五歳のときは、食べ物をテーブルに置くのに、お母さんやお父さんに頼る必要があるけれども、二五歳にもなると、あまり依存しなくなる。そして、私たちはお金をかせいで、自分で食べ物を買うことができる。発達はすべて、依存の現象との関係として組み立てられるんです。そして、もし、もっとも初期の乳時期の絶対的依存が満たされるならば、赤ちゃんは成長することができて、あまり依存しなくてもよくなります。

カー　それはそうと、私たちのだれもが、自立へと到達するのでしょうか?

ウィニコット　ちがいます。そして、そうあるべきではない。だれも、完全には自立していないはずです。私たちはみんな、自分以外の人々を必要とするし、生活のすべてにわたって自分以外の人々が必要なんです。でも、たしかに、私たちは「自立に向かって」進むことができる。だから、私はいつも、この発展の最終段階を「自立」ではなく、むしろ「自立へと向かう」段階と表現してはどうか、と主張したんです。これは、私たちが見ているものを表現するには、より率直な方法のように思いますね。

カー　さまざまな点で、依存が、発達に関するウィニコット理論の体系のなかで、もっとも重要な本質であるとみなされるでしょう、と申し上げたとしたら、それは正しいでしょうか?

ウィニコット　ええ、それは達成の指標だし、診断用の指標です。私たちは、乳児が絶対的依存から相対的依存へ発達したかどうかについて知る必要があります。同じように、大人が相対的依存から自立に向かって成長したかどうかについてもです。

カー　私は、それが非常に役に立つと思います。先生もご存知のように、フロイトは、新生児が口唇期から肛門期、男根期などへと発達する性心理的に連結した発達段階の考えを持っていました。そして、クラインは、妄想－分裂ポジションの関係性から、抑うつポジションの関係性への移行についておおまかに述べたことは言うまでもありません。

ウィニコット　それと、エリクソンとマーラーを忘れてはなりませんね。

カー　そうですね。エリック・エリクソンとマーガレット・マーラーは二人とも、発達に関して明確な直線的モデルを描いています。

ウィニコット　私はエリクソンの仕事に多くの時間を割いた、いや、エリクソンの仕事に多くの時間を割いていると言うべきでしょう。なぜなら、いまでもそれを高く評価しているからです。私の英国の同僚たちが、彼の著作を本当にまったく受け入れなかったことは恥ですよ。

カー　最初に、絶対的依存に始まり、その後、相対的依存が続き、最後に、先生が「自立に向かって」と呼ばれるものが来るというふうに、ウィニコット的発達段階を考えてしまうと、あまりにも理路整然としすぎでしょうか？

ウィニコット　まったくそんなことはありませんよ。それはまさに、私があなたに言おうとしていたことです。

カー　次に、移行現象と関連した考えに加えて、移行対象に関する先生のとても有名な考えについてはいかがでしょう？　それらは全体として、どのように理論に適合するのでしょうか？

ウィニコット　あなたはアーサー・ミラーを知っていますか？　私はかつて、そのアメリカ人劇作家が書いた本を偶然発見したんですけどね。この特別な本は、もっとも子どもの本ですけれど、『ジェインのもうふ』って言います。そして、ミラーは、たしか、自分の娘のために、全部毛布についての本ですが、この本を書いたはずです、まったく文字どおりに。

カー　移行対象についてはいかがでしょう?

ウィニコット　移行対象でしたね、そうだった、そうだった。えーっと、アーサー・ミラーは偉大な脚本家で作家です。そして、精神分析についてたくさん知っていたにちがいないと思います。結局、彼はマリリン・モンローと結婚したんですね。さらに、彼女は精神分析の患者だった、最初は、マリアンヌ・クリスの、それから、ラルフ・グリーンソンのね。二人とも私の同僚でした。私はマリアンヌ・クリスを知っていた。彼女はフロイトととても親しかった。たしかに、ナチスからの難民として、マリアンヌと夫のエルンストは、およそ一九三八年頃にロンドンにやって来ました。それから、二人はアメリカに渡った。私は国際精神分析議会でラルフ・グリーンソンを知りました。とても創造力のある、好感の持てる人物でしたね。とにかく、ミラーはマリリンを介して、この二人に接しました。でも、ミラーがこれまでに、私の論文を直接読んだかどうかは、私にもわかりません。

カー　彼が、『ジェインのもうふ』という本を書いたからでしょうか?

ウィニコット　そのとおりです。おわかりでしょうが、早くから、私には、パディントン・グリーンでの乳児たちとの取り組みをつうじてわかるようになったことがあった。つまり、初期の、人生の初期の段階、最初の数日間、数週間ですね、その段階では、赤ちゃんは、身体的に生き残るために、そして心理的に生き残るためにも、母親にしがみつく必要があることをね。でもそれから、乳児は、残りの世界があることにも気がつき始めて、わずかな個別の空間を求め始める時がやって来ます。ときどき、お母さんが赤ちゃんにその世界を触れさせるでしょう。でも、ときには、赤ちゃんが自分自身で残りの世界を発見することもあるでしょう。そして、最初に赤ちゃんは、たぶん、毛布の一部や、ベッドのシーツのかどを吸い始めるでしょう。クックというふうにのどを鳴らす音や、心地よい小さな音を出し始めることだってするかもしれない。こういった細々としたことすべてが、「私ではない not-me」と私が考えるなにかを表現しているんです。これらは、実際に、私が移行現象と呼ぶようになったことです、まったく文字どおりにね。その現象にはいろいろな種類があって、どれも、小さな赤ちゃんがお母さんの胸から自分自身の独立へ向けて、移行するのを助けてくれます。

カー　なるほど、おっしゃることはよくわかります。ですが、昔は、精神分析家や発達心理学者はだれも、このようなことはまったく勉強しなかったように、私には思えるのです。母親の乳房から外の世界へのこうした移行…、そうですね、それはとても基礎的なことです。

ウィニコット　同感です。それはまさしく関係性の基盤なんですよ。

カー　そうしますと、移行現象は、乳児が母親や父親以外の別のなにかと関わるのを助けてくれるわけですね。

ウィニコット　ええ、これらの現象、そこでなにかが起こる潜在的な空間を提供してくれます。

カー　それでは、移行対象のほうはどうなのでしょう、移行現象とはまた性質が異なるのでしょうか？

ウィニコット　えーっとですね、移行対象は、とても特別な種類の移行体験なんです。それは物ですよね、実際の。それを赤ちゃんは自分で見つけるんです。子どもの毛布かもしれないし、同時に、熊のぬいぐるみかもしれない、あるいは、やわらかいおもちゃかもしれない。たいてい、こういった物は子どもを落ちつかせるのに役立ちます。子どもの不安を鎮めてくれる機能を果たしてくれます、寝かしつけるときなんかにね。そして、お母さんは、ほかならぬこの物が特別なんだということを知っています。これが、「ジェインのもうふ」なんです。

カー　なるほど。

ウィニコット　さらに、毛布や人形、ぬいぐるみなど、なんでもかまいませんが、こういった対象はすべて、赤ちゃんが、お母さんのおっぱいから、なんであれそれじゃあないもの…、つまり、外の世界へ移行するのに役立つんです。そこで、私は毛布を典型的な移行対象とみなすようになった。それはしばしば、おっぱいみたいに柔らかくて、かわいらしいものだけれど、それは赤ちゃんのものなんです。お母さんのじゃあなくてね。もちろん、お母さんやお母さんのおっぱいの要素があるかもしれませんが。まさに、移行対象は、母親の乳房が基礎になっているんです。

カー　そうですね、どうぞ続けてください。

ウィニコット　なかには、熊のぬいぐるみに母乳がちょっとあると喜ぶ赤ちゃんもいることは、知っているでしょう？　そうやって赤ちゃんは、移行対象を自分のものにするんです。しかも、それはお母さんの一部分なんです、お母さんの一部分でないといけない、わかりますか？　さらに、そういった物は、信頼できる移行対象でなければいけない。つまり、変えてはいけないんです。もし子どもが熊のぬいぐるみを選んだなら、その子は同じぬいぐるみをいつも抱き続けることができなければならない。母親は、そのぬいぐるみをおふろに入れて、その毛をだいなしにしたり、そのにおいを変えたりしてはいけないんです。その子だけ、これを使っていいし…、さらに、場合によっては、手足なんかを切断したっていいんです。

カー　そうしますと、移行対象は、乳児が絶対的依存から相対的依存へと移行するのに役立つわけですね？

ウィニコット　そうです。

カー　さらに、先生が『子どもと家族とまわりの世界』（本書巻末参照）という本の題名で指摘なさったように、子どもは、家族にとけこむ方法を見つけなければならないだけでなく、同様に、家族の外側の世界とも関わり合わなければなりません。

ウィニコット　そうです、そこなんです。なので、移行対象は、この過程において私たちの助けとなってくれるんです。また、それは、乳児にあたたかさを与えてくれるし、たくさんの機能を果たしてくれます。でも、とりわけ、移行対象は、発達の次の区分に向かって移行を容易にしてくれると思います。そして、これは全部、生後およそ四か月から一二か月のあいだのどこかで起こる。でも、それについて、必ずそうであると規定してはいけない。

カー　そして、移行対象は、幼い子どもによって用いられ、それも、創造的な方法で用いられ、成長と発達が促進されます。実際、私が先生の著作を十分に理解しているならば、乳児と移行対象との関わり合いは、まさしく遊びの基礎になります。

ウィニコット　遊びは重要です。そして、シーツのかどや、赤ちゃんの口から発せられる音などで遊ぶという体験から、遊びは発展していきます。こういった遊びは、赤ちゃんの成長とともに、ますます洗練されて、次に、他の子どもたちと共有された遊びになり、それから、他の大人たちと共有された遊びになります。たとえば、劇場で上演される芝居が、遊びの一つの表現ですね。ここでは、人は、遊ぶために、他の大人たちと遊ぶ、まったく文字どおりにね。

カー　そうしますと、文化的な体験、共有された文化的体験は、乳児期の体験に出来するということですね。

ウィニコット　ええ、私は、そういったことは全部、乳児が対象を使うことに由来すると考えています。赤ちゃんがどの対象を使うかは、それほど重要ではない。赤ちゃんが対象を使うということが、より重要なんです。

カー　私はそれが非常に役に立つと思います。さらに、先生が「潜在空間」と呼ばれるものも、このように使う…。

ウィニコット　潜在空間、えーっと、それは、乳児が環境を信頼できるようになったときに、作り出される空間です。乳児が、環境は全滅するようなことはない、と信じることができたとき、遊び始めるようになる。だから、遊びは潜在空間で起こるんです。

カー　ありがとうございます。それは、本当にもっともなことです。

ウィニコット　なにしろ、潜在空間はすべてを、こうやって私が組み立てたごちゃまぜの理論を全部、整合してまとめてくれるんですから。こういうふうに、潜在空間について話すと、それが首尾一貫してくるということがよくわかりますよ。潜在空間は実際に一つの全体なんです。ものすごい安心感がある。あなたは、私がそれについて話したときからかなりの年月が過ぎたということを知っていますね。でも、それはいまなお意味をなしている。私は自分の書いたものをいくからまだ憶えていて、とても安心しました！

カー　私は、先生の説明は非常にわかりやすくて、奥深いと思います。

ウィニコット　それで、さきほどの私の著作とは？

カー　人々は、しばしば先生の著作を、非常に明快ではあるけれども、ときとして、かなり不可解で、謎めいていて、はっきりしないと思っています。

ウィニコット　なんとまあ、興味深い。

カー　私が思うに、先生の『遊ぶことと現実』(5)という本は…、

ウィニコット　その本は、私が死ぬ直前に書いた…、いや、私が死ぬ直前には完成していたと言うべきでしょう。なぜなら、私は、実際、一九五〇年代にその一部を執筆していたんですから！

カー　はい、『遊ぶことと現実』は、先生が移行性の概念と遊びの概念を細大もらさずに説明された本ですが、とりわけ、えーっと、多くの学生たちや、そして教養のある専門家たちも、この本はかなり挑戦的な本だと思っています。

ウィニコット　おお、すばらしい。私は、その本が挑戦的であることがうれしい。たしかに、私は挑戦した。お茶をもう少しどうですか？

カー　いえ、いえ、けっこうです。

ウィニコット　私たちがほどよい母親によって保護されて成長するとき、分離することが難しくなってきます。つまり、もし母親がよい母親か、あるいは、ほどよい母親だとしたら、なぜ、私たちは離れなければならないのか？　でも、離れなければならない、分離しなければなりません。結局、私たちは、お母さんにとってあまりにも大きくなってしまう。だから、幼い女の子や男の子は、自立に向かう方法を見つける必要があるんです。したがって、現実にある具体的な物体、つまりこういった移行対象ですね、それにしがみつくことが、分化の過程をいっしょになって助けてくれるんです。しかも、それは、両方向に作用する過程であるかもしれない。

カー　お母さんが助けることができますね。

ウィニコット　母親はまさしく援助の手をさしのべることができます。たとえば、お母さんの声について考えてみると、たとえばですよ、子どもはどうやってお母さんの声の音にしがみつけるのかがわかります、たとえお母さんが隣りの部屋から大声で叫んでいるとしてもね。子どもは、お母さんがそこにいることがわかっていることで、また同時に、そこにはいないことがわかっていることで、そこから安らぎを得ます。ところが、声だって、おっぱいからの分離という移行を助けてくれます。わかりますか？

カー　はい、よくわかります。先生は、どのように幼い子どもがより個性を与えられた人間になるのかを、正確に、本当に入念に考え、注意深く観察してこられました。

ウィニコット　個性化は、ここではうってつけの用語ですね。ユング派の人たちは個性化という用語を使用していると思うけれど、私が必ずしも同じ方法で個性化という用語を使用しているかどうか、まったく確信があるというわけではないですね。概念を正確に定義することがこれまであまり得意ではなかったもんだから。でも、これはユング派の人たちが言おうとしていることだと思いますよ。私が、ユング派の分析家に英国精神分析協会で講演をしてもらうよう依頼した最初の人物だったということは知っていましたか？

カー　フォーダム博士のことでしょうか？

ウィニコット　そう、マイケル・フォーダムです。とても信頼できる、実にすばらしい人物でした。彼は児童精神科医として、私と共通する経歴をもっていました。そして、私たちは、戦争中、第二次世界大戦中に、親しい同僚になった。私は講演をしてもらうために彼を連れて来た。でも、残念ながら、私の同僚たちはユング派の理論を高く評価したとは思っていません。人は、新しい考えや、新たに強調されることをとても怖がることがある。でも、そう、私がフォーダムを連れて来ました。

カー　なぜ、そんなにも多くの精神分析家たちが、同僚たちの新しい考えを受け入れるのに苦心するのでしょうか？

ウィニコット　いやあ、とても単純なことですよ。私たちがやるように、一日中、セッションで過ごして、私が診察室の「白熱状態 white heat」とみなしているもののなかで、あれだけの混沌に対処しなければならない。だから、夜、会議のために集まったときには、私たちは先入観と偏見を補強したがるんです。私たちには新しいもののための多くの時間や空間が本当にないんです。それはあまりにおそろしいほどだと思いますよ。

カー　なるほど、ごもっともです。ですが、あれほど偏見をもたずに心を開いているよう訓練を受けた人々が、あんなにも排他的にもなりうるとは、悲しいことです。

ウィニコット　ええ、私も悲しい。

カー　ところで、私たちが乳児の発達の軌跡の話に戻るとしたらですが……。

ウィニコット　あっ、そうでしたね……。

カー　献身と没頭の状態のなかで、母親がどのように赤ちゃんを抱えるのか、そして次に、この抱えることのおかげで、赤ちゃんがどのように絶対的依存から自立へと成長していけるのかについてのご自身の考えを、先生はいまや、非常に明確に、非常に簡潔にまとめ上げられた、と私は思います。

ウィニコット　ええ、ついにそこまでたどり着きましたよ。

カー　そして、もし母親がそのような環境を提供するならば、私たちは、その母親を、自分の子どもに「抱える環境」と「発達促進環境」を与えた「ほどよい母親」であるとみなします。

ウィニコット　そのとおりです。これはこれは、私は数多くの表現を発明したんですね。さらによければ、もう一つ表現があるんですが……。

カー　ぜひ。

ウィニコット　「存在することの連続性」です。これはとても重要な考えです。

カー　はい。

ウィニコット　もし、お母さんがほどよい母親ならば、そして、環境もほどよい環境ならば、これらはみんな、進行中の成長と発達に寄与するでしょう。さらに、最初に乳児が、次に子どもが、それから若者がみんな、なんとか成人期に達することができるという事実に寄与するでしょう。私は、これを「存在することの連続性」とみなしています。そして、母親の世話によって、子どもは存在し続けてもよいと信じるようになります。

カー　生き残っているという感覚を提供してくれると……。

ウィニコット　生き残っているという感覚。そうです。対象は生き残らねばならない。

カー　ここの部分の話を終える前に……。

ウィニコット　それじゃあ、お茶をもう一杯、おかわりしないとですね、それか、なにか軽食をとらないと。そう思いませんか?

カー　ええ、そうですね。私はただ、発達促進環境のなかで、ほどよい母親といっしょに成長するという幸運な体験をした子どもに、健康がどのように現われるのかをうかがいたかったのです。

ウィニコット　えーっとですね、私は、そのような人は精神的に健康になるだろうと、これまでずっと考えてきました。でも、精神的に健康だからといって、それは「正気である」ということを意味しているのではないんです。正気は正気でよろしい、でも同時に、それはかなり限定的な概念です。私が知っているもっとも退屈で不自由な人たちの何人かは、正気です。もし正気なだけであるならば、私たちは実に貧しい。

カー　先生は、著書のなかで、まさにこの考えを述べていらっしゃいます。

ウィニコット　きっとそうだと思います。

カー　そして、この考え、すなわち、正気が必ずしも健康の最終的な基準であるとはかぎらないだろうという考えは、非常に多くの人々の心をつかみました。

ウィニコット　そうです、正気は重要です。でも、それがすべてではない。健康な人は、一人でいられる能力や、他人を気づかう能力、そして、遊べる能力をもつことによって、自分自身が健康であることを示します。

カー　これらの概念のひとつひとつは、それだけで、一本の論文や一冊の本に書き上げる価値があります。そして、ありがたいことに、先生はすでに、私たちのために書かれました。ですが、それを手短に…。

ウィニコット　手短に言えば、私たちは、一人でいるということを、恐ろしい精神医学的な状態とみなし、たいていは孤立や抑うつと結びつけますね。でも、子どもが上手に育ててくれるお母さんを内在化したら、その子は、孤独なふりをすることができるし、それでいて、今までどおりお母さんのそばにいることだってできます。そして、そういう体験の類いを成人期にいっしょに持って行く…、母親のいるところで、一人でいるという体験をね。

カー　なんてすばらしい表現でしょう…、だれかほかの人がいるところで、一人でいること。

ウィニコット　えーっと、そのような状況では、一人でいるということは、孤独であるとはかぎらない。むしろそれは、個人の創造性にとってだいじな機会であるかもしれないんです。私が夜更けまで起きていて、絵を描いているとき、自分がやっているいることみたいに、ほら、私は一人でいる、でも、よい内的資源でいっぱいだ、みたいにね。

カー　多くの著者たちが、一人でいることについて、そして、母親がいるところで一人でいることについての先生の非常に感動的な観察を引用してきました。ですが、先生はさらに、この考えを広げられたと思います。隠れることができる、単に一人でいるだけでなく、実際に隠れるのですが、そのことの重要性についての観察されることで。

ウィニコット　おお、そうでした。それは、とても重要ですね、発達的にも臨床的にも、分析において。あなたは、「隠れることは楽しいけれども、見つからないことは悲惨である」という私の考えに、言及するにちがいないと思いますよ。

カー　まったくそのとおりです。

ウィニコット　それは、私にとってとても欠かせない考えですね。なにしろ、子どもは、自分にはお母さんから隠れる権利があると感じる必要がありますからね。分離をけっして許さない母親、子どもが遊ぶ潜在的な空間を許さない母親は、えーっと…、そういう母親は、侵入的な母親ですね。でも、同じ理由で、子どもを見捨てる母親は、子どもを失ったんです。人は、子どもに隠れさせなければなりません、でも、どこで子どもを見つけられるのかについてもわかっていなければならない。でも、子どもがしばらくのあいだ隠れる必要があるのなら、その子が自分の姿を消せるようにしたあとで、その子を見つけてもよいだけなんです。

カー　先生が述べられたことは、「交流しない incommunicado」という、正気のためには、冒瀆されずに、他者の侵入から保護されたままでなければならないとする、心の一部分に関する先生の非常に重要な考えを十分に思い出させてくれます。

ウィニコット　おお、私も、「交流しない」ことについて書いたのを憶えていますよ。私たちはみんな、自分の心のなかのなにかを秘密にすることができると感じる必要があるかもしれないという考えですが、私はこれがけっこう気に入っているんです。実際、私たちはそれぞれ、自分の心のなかを秘密にする権利をもつべきであるということは、重要であると思います。子どもに悪い影響を与えて、子どもの心のなかにあるものはすべて知る必要があると考える母親は、残酷です。

カー　そして、分析家も同様に、悪影響を与えるおそれがあります。

ウィニコット　ええ。実際、患者が準備ができる前から、すべての考えや空想を知る必要があると言ってきかない分析家も、残酷ですね。もし、患者の心のなかに入り込むべきだと主張するならば、えー…、それは、侵入的で、悪影響を与える分析家の特徴ですね。

カー　何年も前、学生だったころですが、私は、先生の「交流しない」という考えの悪口を言った非常に高齢の精神分析家の訓練セミナーに参加しました。この人は、先生のことをかなりばかげた人だと思っていました。私は言いたくないのですが、まるで、先生が精神分析についてまったくなにも知らないかのような口ぶりでした。その人は、自分の患者が秘密を守ったり、心のなかに「交流しない」部分をもったりすることを認める分析家は、だれだろうが、あまりよい仕事をしてこなかった、とよく言っていました。

ウィニコット　そのことについて話してくれてありがとう。私は、この男性をとても気の毒に思うし、彼の患者さんはなおさらです。もちろん、秘密は精神分析にとって危険なこともあります。でも、求められていないやり方で秘密に立ち入ることは、分析が崩壊する原因になるおそれがある。

カー　そうしますと、健康で一人でいられる能力は、先生にとってきわめて重要なように思われます。

ウィニコット　まったくそのとおりです。きわめて重要です、まさしく。

カー　さらに、先生は、一人でいられる能力を健康なパーソナリティが獲得したものの一つであると考えておられます。さて、それでは、思いやりの能力について、よろしかったら、どうぞお話しください。

ウィニコット　えーっとですね、それもまた、ほどよい母親に由来するんですよね。思いやりの能力を獲得したということは、その人は、ナルシシズムを、ナルシシズムの病理的な型を克服したことを意味します。そして、他人の気持ちがわかり、他人のことを案じることができるようになったことを意味します。

いろいろな点で、私たちが文明社会を生きていくためには、他人のことに関心をもたなければならないし、他の人たちが自分たちのことを気にかけてくれていることを知っていなければならない。犯罪者には、おわかりでしょうが、思いやるということができない。犯罪者には思いやりの能力がないんです、あなたや私のようにはね。なぜなら、超自我が障害されているか、あるいは貧困だからです。さらに、それは、速やかに、私たちに遊びの能力をもたらしてくれます。

カー　先生がお亡くなりになってから、ウィニコットと遊びについての本が全部出版されました。

ウィニコット　それはとても重要な概念です。あまりにも重要なので、要約することなんてできないほどです。それは精神保健にとって欠かすことができません。さらに、遊びといっても、私は単に、トランプ遊びをしたり、あるいはサッカーの試合をしたりすることを言っているのではありません。遊びは多くのかたちをとって現われます。会話を楽しむ遊びや、考える遊び、…本当に、どんな遊びだってありえるんです。それは、私たちの幼いころの楽しみをいくつか復活させてくれるにちがいないし、でも、仕事であってはならない。それは、愛情と仕事のあいだにあって、とても離れた領域になければならない、そう思いますね。遊びって、定義するのがとても難しいし、それに、臨終の床で、私が書いた最後の本『遊ぶことと現実』の校正刷りを、あとは受け取るだけだったというのは偶然であるはずがないんです。このめちゃくちゃなものを終わらせるのに、あれだけの長い時間を必要とした。たとえ、それが私のとてもとても短い本のうちの一冊だとしてもね。でも、私は遊びで終えることができて、うれしいですね、…人間にとってとても重要な遊びでもって。

カー　『遊ぶことと現実』は、国際的にも精神分析の古典になりました。

ウィニコット　すでに述べたように、易しい本ではないと思いますが、まあ、そうするつもりもなかったんですがね。とても含蓄がある本ではないでしょうか。

カー　はい、易しくはないですね。その本には、微妙で理解しにくいところや深遠な事柄が多く含まれています。ですが、遊びについての考えが、非常に綿密な方法で、非常に大胆な方法で、…だれも以前にはなし遂げなかった方法で、まさに強調されています。ジョン・ボウルビィ博士の姪にあたるジュリエット・ホプキンス博士が、かつて私にこう言ったことがあります。フロイトは、精神保健の重要な構成要素として愛情と仕事を強調したことで記憶されるだろうし、ウィニコットは、遊びの果たす役割を強調したことで記憶されるだろう、と自分は思っていると。

ウィニコット　私はとても愛着をもって彼女のことを憶えていますよ。彼女は、自分が担当している一人の子どもの患者さんのことで、事例検討するために私のところへやって来ました。タヴィストック・クリニックの若くて元気な学生で、児童精神療法家になるための訓練を受けていました。

カー　はい、彼女は、乳幼児と児童の精神保健に対するウィニコットの取り組み方法に関する本のために、自分が経験したことについて一章を書いたのですが、それを私は、先生に敬意を表して編集しました。

ウィニコット　もし、みなさんが出版のために、私とのスーパーヴィジョンを詳しく書くことを知っていたならば、私はもっと注意を怠らないようにしようと努力したことでしょう！

カー　ウィニコット先生、先生には少し休憩が必要ではないかと思うのですが。複雑な理論的問題について、私は先生をこのように質問攻めにして、負担をかけてしまったのではないかと心配なのです。

ウィニコット　それじゃあ、コールズさんを呼びましょうか？

［コールズさんが、タイプで打たれたインタビューの紙を持って、再び部屋に入ってくる。］

コールズ　お茶をもう少しいかがでしょうか、ウィニコット先生？
ウィニコット　いや、もうお茶はこれで十分ですよ、コールズさん。でも、こちらの紳士と、私も、サンドイッチをいただきたいと思ってるんですが、あなたはいかがでしょうか？
カー　どうもありがとうございます。
コールズ　スモーク・サーモンをご用意することができますよ、ウィニコット博士。先生はいつもスモーク・サーモンがお好きでしたものね。
ウィニコット　ええ、すばらしい。私たちはここでやるべき仕事がまだたくさん残っているんです。でも、それは、のどが渇いて、おなかがすく仕事なんですよ、コールズさん。お茶の代わりに、シェリー酒をいただくことにしようかな？
カー　えーっと、先生がどうしてもと言われるのでしたら…。
コールズ　わかりましたわ。スモーク・サーモンのサンドイッチに、シェリー酒を少々ですね。
ウィニコット　それは、変な組み合わせかな？　そう思うけれど、でも、私はそれが好きなんですよね。なにしろ、私が年輩の出版社の人とよく打ち合わせをしたときには、彼は私にスモーク・サーモンを出してくれたものでしたから。それで、えーっと、…そのおかげで、私たちはよりいい仕事ができたんだと思いますよ。
コールズ　そして、ここに、先生のインタビューについての紙がもう数枚ございます、カーボン紙を二枚使ってタイプを打ちましたわ。
ウィニコット　すばらしい。あとで見ておきます。

コールズ　わかりましたわ、ウィニコット先生。

［コールズさんは、部屋から出て行く。］

カー　この遊びに関する話題全般をつうじて、ずっと思ってきたことなのですが、どのように遊んだらよいのかについて、先生はすばらしい発想をなさいますが、そこに非常に豊かな源があるのだと思います。

ウィニコット　私たちはほかのだれかの遊びをまねすることはできません。それは遊びではない。自分たち自身でそれを見つけなければならないんです。

カー　ああ、私が先生の著作から確実に拾い集めたものは、それだけのことだったのか。私がお伝えしたいことというのは…。

ウィニコット　それは、私が遊び方を知っているということですか？

カー　はい。

ウィニコット　実は、知っているんですよ。私はおばかさんになることができる。子どもにもなれる。でも、働き方も知っている。でも、遊びもする。

カー　先生の伝記を研究しているあいだ、私がインタビューした人たちの多くが、遊びの典型的な名人でいらっしゃる先生のすばらしい話をしてくれたのです。

ウィニコット　どんなことを聞いたんですか？

カー　えーっとですね、私は、先生が名付け親だった娘さんのことをけっして忘れません。エリザベス・スワン博士です。かつてのエリザベス・イードですね。彼女が私にこう言ったのです。先生が病院で一日働いた後、夜になって、ピルグリムズ・レインの家にしばしば戻られては、よくウォルト・ディズニーに出てくるキャラクターの「ドナルド・ダック」のまねをなさり、さらには、アヒルのようにガーガーと鳴かれたものなのですよ、と！　思うに、先生が同じ「ドナルド」という名前だからでしょう。

ウィニコット　ええ、エリザベスと妹のメアリーは、私の家で多くの時間を過ごしました。私が憶えているには、二人は、よく私のことをドナルド・ダックおじさんか、あるいは似たようななにかで呼んだもんです。もうずっと前のことです。でも、そう、それがプレイフルということです。私たちはいっしょになって遊ぶことができた、その女の子たちと私。二人は健康な女の子だった。だから、遊べたんです。子どもは、遊ぶことができるならば、私たちは、その子は本質的に健康な人だとみなすことができる、といつも思っていました。遊ぶことができない子どもは、病気の子どもですね。

カー　先生を中傷する人たちのなかには、先生のことをばかばかしいといって、相手にしない人もいるでしょう、…アヒルのようにガーガー言っているいい大人なんて。先生は、遊びとばかばかしいことをどう区別なさるのでしょうか？

ウィニコット　その質問は好きですね。私たちはばかばかしいことについて十分に考えませんよね？　ばかばかしさは、ばかばかしくてかまわない。でも、遊びは、ばかばかしいことでありません。とても真剣なんです。そして、ドナルド・ダックおじさんのふりをするとき、私はとても真剣になっています。これについてはもうちょっと考えなければなりませんね。それは、とても興味深い領域ですから。

［コールズさんが、食べ物と飲み物を持って、面談室に入ってくる。］

ウィニコット　コールズさん、私たちはプレイフルであることについて考えようとしているんです。きみは、私がいつなんどきプレイフルだったのか、憶えていますか？

コールズ　先生はよくプレイフルになられていましたよ、ウィニコット先生。

ウィニコット　おお、スモーク・サーモンのサンドイッチ、ありがとう。とてもおいしそうです。ところで、教えてくれませんか、コールズさん、きみには思い出がいくつかあるはずです、私が遊んでいるときの特定の思い出がいくつか。

コールズ　ウィニコット先生、先生は、私の車にまつわる歌をお書きになったときのことを憶えておいでですか？　マイ・フェア・レディーの曲のひとつに合わせて？

ウィニコット　ああ、そうだった、そうでしたね、コールズさん。私はよく言葉と節をでっちあげたもんです、あまり詩とはいえないものや、とっさの迷言、イメージまでもでっちあげましたね。そうなんです、これらはすばらしい芸術作品なんかじゃあありません。遊びなんですから。無意識が、非難を恐れず、また修正される必要もなく、ひょっこり顔をのぞかせることのできる瞬間なんです。私は、それが遊びの重要な部分であると思います。

カー　なるほど。

コールズ　ウィニコット先生、ほかになにかございますか？

ウィニコット　いや、コールズさん、ただ、きみもサンドイッチを食べなさい。

コールズ　私はあとでいただきますわ、ウィニコット先生。

［コールズさんは、再び立ち去る。］

ウィニコット　このスモーク・サーモンはおいしい。死んだ者にさえ、食欲はあるんだね。
カー　それを知って、とても励みになります！

（訳注1）conceived ofという言葉が使われている、このconcieveは「思う」という意味と同時に、「子を宿す」という意味がある。

（訳注2）「逆転移のなかの憎しみ」で登場した子守歌。

（訳注3）身体的に「あやすこと」「触れ合うこと」、そして心理的に「取り扱うこと」「対応すること」を意味している。ここではそのままカタカナにした。

（訳注4）「目の前に母親が存在し続けること」、そして、「対象として自己を提示すること」の双方を意味している。

（訳注5）『遊ぶことと現実』橋本・大矢 訳、岩崎学術出版社、改訳版二〇一五年）

9 杯目 *cup9*
診察室のなかでの白熱状態

ウィニコット　でも、ほら、私の話はとりとめがないですからね。それでも、私たちは多くのことを扱ってきたと思いますよ。これは、あなたが私に望んだことでしょうか？　私はぜひともお役に立ちたいので、実際にそうしているんですけどね。

カー　すべておおいに役に立っております。ありがとうございます。学生たちが、たえず広がり続けるウィニコット語録のやぶのなかを案内する地図として、これまでの会話が役立つかもしれないと思います。

ウィニコット　ああ、いいですね。でも、ほら、テープがもうわずかしか残っていないでしょう。きちんとそれを使いましょう。あなたは、人々がほかになにを知りたいと思いますか？

カー　えーっとですね、私は今、あつかましくも、心理療法や精神分析を行なう上での技法について先生の理論をうかがおうなどとは思っておりません。思うに、それについて話をすると、短いおしゃべりでは要約することができないくらい非常に深い領域に、私たちは進んでいくことになるでしょう。しかし、おそらく…。

ウィニコット　それについて、全般的な考えをいくつか説明してほしいと？

カー　そうです、そうしていただけると、非常にありがたいです。

ウィニコット　よろこんで。

カー　先生は前に、臨床上の体験を「白熱状態 white heat」を生み出す能力をもつことであるとおっしゃいました。おそらく、心理療法家と患者は、双方ともに、非常に不安になり、引き込まれ、非常に親密になって、そして、とても当惑してしまうおそれがあるでしょう……。

ウィニコット　ええ、そうです、そのとおりです。それが、私たちのやっていることなんです。私たちは、多くの強力な情緒的反応を解き放つことのできる空間を作り出します。ですから、この理由で、技法というものが必要になってくるんです。フロイトはこれを知っていた。私たちには、抱える環境や構造、道路地図を提供してくれる技法が必要なんです。

カー　はい、私たちはみんな、先生がお描きになった地図について多くを学び、おおいに恩恵をこうむってきました。

ウィニコット　それじゃあ、技法について考えてみましょう。まず言っておかなければならないことは、特に、私はすでに死んだ人間であるということもあるけれど、分析家やセラピストは死んではならないということです。私は、本当にまじめに言っていて、ふざけていないことは、おわかりいただけるでしょう。しゃれを言っているのではありません。遊んでいません。本気で言っているんです。もし私たちが、頭がすっきりしていて、眠らずに起きていて、生き続けているならば、つまり、死んでいないならば、私たちは、患者さんに対してとても大事ななにかをすでに行なったことになるんですよ。私の患者さんの何人かは、私に先立たれてしまったが、それと患者さんの救いにはならない。そして、そのせいで、私はとても苦しみました。

カー　そうしますと、患者さんの多くは、愛情が崩れてしまったことや、見捨てられたことのつらさ、死別、誤った適応を体験することになるのですね……。
ウィニコット　そうです、多くの患者さんは、毎日、小さな死や、大きな死さえ体験してきた。だから、私たちは、死にはしないと自分自身に約束しなければならないんです。そして、死なないことによって、……つまりですね、……分析家は生き残っているというまさにその行為それ自体が、治癒的になるんです。だから、第一に、私たちは死んではならないんです。
カー　患者さんが心理療法家に先立たれてしまう危険性を減らすには、心理療法家はいつ仕事をやめるべきでしょうか？
ウィニコット　私が七二歳くらいだったとき、そうだ、七二歳のころにまちがいない、精神分析協会からすてきな若い分析家が、私に会いにやってきたんですが、知っていますか？　彼女は、候補生を審査する訓練委員会のメンバーだったかもしれないと思いますよ。それに、私が訓練生になりそうな人を分析するための空席を提供できるかどうか聞いてきたんだが、それはまったく正しいことがわかるでしょう。えー、彼女と、他の委員会のメンバーは、この時点で、もしかすると非常に長期にわたるかもしれない分析を新たに開始するには、私があまりに高齢であると考えたんです。特に、私はちょっと前に、ニューヨークで深刻な心臓発作を起こしたからね。だからもちろん、彼女は正しかった。委員会のメンバーは正しかった。私が一〇年にわたる分析になるかもしれないものを始められると考えたのは、全能感からでした。だから、私たちは訓練生のために別の準備をした。
カー　私は、先生に会いに行った女性からその話を聞きました。イザベル・メンジーズ・リスです。先生がお亡くなりになってから、彼女はオックスフォードでなかなかのすぐれた精神分析家と作家になりました。

ウィニコット　イザベル・メンジーズですか、憶えていますよ。私が彼女を知ったとき、彼女はまだ結婚していなかったと思うが。それより、私の言いたいことは、…私たちは、自分自身の死を心にとどめておかなければならないということなんです。ですから、分析家はいつ仕事をやめるべきかというあなたの質問に答えるとなると、私にはその答えがわからないと認めなければならない。たしかに、多くの臨床家たちは七〇歳代や八〇歳代になっても仕事をしています。でもおそらく、その年齢になって、別の新たな分析を始めるべきではないでしょう。

カー　私は、スーパーヴィジョンとコンサルテーションを行なうためや、時間に制限を設けた心理療法を行なうために、そして、数年前に始まった長期の仕事を完了させるために、七〇歳代や八〇歳代の人たちを採用している高齢の同僚を何人か知っています。それは、妥当な方法のように思われますか？

ウィニコット　おお、非常にもっともな方法ですよ。私たちは死ぬ前に、引退しようと努めなければならない。しかも、ああ、私はどうにもすることができなかった。私にはまだ、治療中の人が数人いました、多くはなかったけどね。そして、本当に長年続いている患者さんはたった一人しかいなかったように思うけれど、でもそれは、私の死をなんとか乗り越えられる人だったように思います。

カー　そうしますと、臨床家は、ほかになにかするべきことがありますでしょうか、もしくは、どういうふうに診察室にいるべきでしょうか？

ウィニコット　えーっと、死なないこと、眠り込んでしまわないことの重要性など、そういったことは全部、どこかで書いたんじゃあないかと思いますよ。このことは、私の考えとつながってきますね、それは信頼性が担う重要な役割に関するものです。なによりもまず、人は信頼できなければならない。なにしろ、信頼性は、私が「侵襲」と呼んだものの影響を減らしてくれるからね。

カー　私の記憶が正しければ、先生はかつて、心理療法のまさにその本質を依存に応じる信頼性と定義されました。

ウィニコット　それこそが核心ですね、依存に応じる信頼性。

カー　さらに、このように、先生は、乳児期を体験している新生児と、心理療法を受けているクライアントや患者との重要な類似点を実に明白にされた、と私は思います。

ウィニコット　ああ、それはじっくりと考え抜いたものです。ほら、赤ちゃんは、最初、二重に依存しているでしょう。でも同じく、患者やアナライザンドもそうなんです。「クライアント」という語は、実は、私の時代には使われていなかった。でも、何を意味しているのかはわかりますよ。いずれにしても、これらの人たち、こうした私たちの患者さんたちは、とても依存しています。私たちがいないと、機能することができないと思っている。夢やファンタジーや不安によって苦しめられていると思っている。そして、たしかに赤ん坊ではないけれど、少なくとも実際の年齢の意味においてはね、患者さんたちはまさに赤ん坊のような不安を抱いていて、それで私たちに依存するんです。だから、私たちが信頼できるケアをとおして、その必要を満たさなければならないのは、正当な理由があってのことなんです。

カー　先生がおっしゃっていることは、一つの側面から見れば、むしろ当然なのかもしれませんが、でも、本当に基礎的でもあります。

ウィニコット　患者は生き残るために酸素を必要とする、と医者が言ってしまったら、それははずかしいことです。だれでもそんなことは知っている。でも、それはまったくの真実です。だから、私たちは基本から始める必要があるんです。死なずにいて、そして、信頼できること。それが、どう言おうが、すぐれた臨床の仕事だけじゃあなく、よい母親業や父親業の基礎になるんです。

カー　そうしますと、先生の「原初の母性的没頭」という発達に関する考えから推定しますと、心理療法家や精神分析家が、患者さんに「原初の分析的没頭」をする必要があるということに、先生は同意されますか？

ウィニコット　全面的に同意しますよ。新しい患者さんとともに、私たちは心からその過程に本当に専念します。目の前にいる患者さんのことを考え、記録を見直し、家族歴を憶えるなど、そういったことをするのに多くの時間を費やします。母親が赤ん坊の世話をするやり方で患者さんの診察をする。長い時間仕事をした後で、私たちは、同じようにその患者さんのことを考える必要はありません。患者さんは私たちからさらに独立していき、二重に依存はしなくなる。そして、おそらく、私たちの助けをかりずに自分の夢を分析することができるでしょう。でも、新しい患者さんはたいていそれができない。だから、私たちの不断の没頭が必要なんです。原初の分析的没頭、…私は、その言い回しがけっこう気に入りました。

カー　ええっとですね、それは、もともとは先生の言葉ですよ、ウィニコット先生。

ウィニコット　そうでした、そうでした。スモーク・サーモンのサンドイッチをもう一つ食べてください。私ももう一ついただきますから。

カー　そうしますと、おそらく死にはしない、眠りこんでしまわない、あるいは、信頼できなくはないだろう臨床家に患者さんが出会ったとしたら、次はどうしたらいいのでしょう？

ウィニコット　そうですね～、次は、設定が必要になります。とても信頼できて、依存できる設定がね。精神分析はセント・ジェームズ・パークではできませんよ。もっとも、私たちはみんな、夏の暑い日には外で仕事をしたい気持ちにずっとなってきましたけどね！　精神分析は、静かな個人の診察室で行なわれなければならないし、専門家らしいやり方で行なわれなければならない。仕事をするのに、天候がどうであろうと、私はいつも背広を着ていたことを、あなたは知っていますね。上着を脱いで、あるいは、ネクタイをせずに患者さんに会うことはけっしてなかった。

カー　私もまったく同じ服装をします。

ウィニコット　えーっとね、私の時代では、どんな専門職であっても、カジュアルなかっこうをするなんて考えられなかった。精神保健の専門家であろうが、店の経営者であろうがね。でも、ビートルズから、そうだね、…すべてが変わった。そして、世の中はずっと形式ばらないところとなった。でも、開業している臨床家としての私たちは、簡単にうちとけてよいはずがありません。それは、私たちが堅苦しくしないといけないということではない。私たちは親密な対話者なんだから、堅苦しいはずがない。それでもなお、私たちは専門家なんです。形式ばらないといけないし、親密でないといけない、同時にね。それは、とても特別な芸術のかたちなんだと思います。

カー　それでは、背広とネクタイは別として、それ以外の専門的な設定の特徴は何でしょう？

ウィニコット　そうですね〜、私は寝椅子を使うのが好きです。いつもというわけじゃあないが、おわかりのように、…でも、よく使いますね。そして、寝椅子は、私たちにとてもすばらしいなにかを与えてくれると思いますよ。フロイトさえわからなかったなにかを。寝椅子があると、患者さんは横になれるし、休めるし、見られずにしゃべることができる。もちろん、私たちにもそういったものをすべて与えてくれる。私たちはそれを知っている。でも、寝椅子はお母さんの体でもあるんです。で、寝椅子の頭の枕、えーっと、それは乳首ですよね。寝椅子でおっぱいを与えているという象徴的な体験をすることで、私たちはとても原初的な満足を与えます。それは、私がもっとも退行した患者さんたちの何人かから学んだものです。

カー　さらに、このように適切な設定ですと、伝統的な心理療法や精神分析を行なうことができます。

ウィニコット　ほとんどの場合、それはまちがいありません。私は伝統的な訓練を受けたからね。私の分析家だったストレイチーさんとリヴィエール夫人の二人とも、フロイトの患者だった。だから、私の技法は、まさにとても伝統的なフロイト風なんです、私の心は、まさに伝統的なフロイトなんです。私の同僚たちのなかには、それを信じない人もいるかもしれないけれど。でも、本当のことです。

カー　おお、私は先生がそうであられると思っています。私は、先生の元患者さんだったおおぜいの人たちと話しました。そして、相当数の人たちの話を聞いて、先生が伝統的な精神分析を実践なさったことを確信したのです。ある女性が私に話してくれました、先生はいつも時間どおりにドアを開けて、寝椅子の上で自由連想をさせてくださったと。そして、ときどき自分が持ち出す素材について解釈をしてくださったと。彼女は、それはそれは伝統的な精神分析家としての先生の姿を描いてくれたのです。

ウィニコット　私はそうなんです、というよりは、そうでした。でも、それは、健康な人が、神経症の患者さんのためにすることです。神経症の患者さんは、週に一回の、あるいは週に五回であっても五〇分のセッションという伝統的な精神分析のきまりに耐えることができます。でも、もっと具合の悪い患者さんは、それがうまくできません。完全に伝統的な枠組みでは気が狂ってしまうし、そうなるおそれがあります。

カー　先生のもっとも熱烈な批判者たちが、先生の技法について、すなわち、より退行した患者さんたちの治療について、たいへんな論議をよび起していると感じてきたまさにその話題に、今、さしかかったように思います。より心理的に傷つきやすい人たちとの作業において、先生がどんな修正をなさったのか、お話していただけますか？

ウィニコット　それは実際に、患者さんたちが必要としたものから生じました。患者さんたちが望んだものや、必要としたもの。とても長い時間をかけて。そしてここで、ほら、私が病院の医者で、何千もの症例と取り組んできたことを思い出さなければなりません。必要なのは、寝椅子と転移解釈だけだなどと、精神分析の同僚たちが私に話すのは、それはそれでけっこうなんだけれども。私には、一度数週間食べることを拒否して、危うく死にそうになった患者さんがいたし、幼い子どもとセックスをしたくて、公衆トイレの周辺をうろついていた男性の同性愛の患者さんもいたし、統合失調症になった患者さんや、自殺する、と毎日脅迫してきた患者さんもいました。それ以外にもね。あなたは、私が何を言おうとしているのか、わかりますか？　で、そういった患者さんたちのなかには、フロイト的な構造で対処できる人もいたけれど、多くはそうはいかなかった。ときには、怒りがとても激しくなって、五〇分間、きちんとしていられなかったこともありましたね。

カー　そこで、先生は、患者さんにしっくりいく別の方法を開発されたわけですね。何をなさったのか、お話していただけますか？

ウィニコット　えーっとですね、私はこうした人たちと精神分析的に取り組みました。でも、非情で冷淡なんかじゃあなかったですよ。ひとつ話をしましょう。とても頑強な身体をした患者さんが、女性ですが、いました。実際、あまり言わないほうがいいだろうけど、とても運動選手のようなやり方で肉体を完全に制御できる職業に就いていた、とでも簡単に言っておきましょう。彼女はその身体で、他の人たちにはできないことがやれたんです。とにかく、ある日、セッションのなかばで、寝椅子の上に横たわっているときに、この女性は宙返りをしたんです。彼女は実際に、寝椅子から後方に宙返りしたんです、信じがたいかもしれないけれど、で、私のひざで上に着地したんです。私が彼女の後ろにあったいすに座っていたもんだから。

カー　まったく信じられません。そんなことができるくらい身が軽いのか、あるいは、それを強く望んでいたのかわかりませんが、そんな人物なんて想像もつきません。

ウィニコット　私もでしたよ。でも、それが私の言いたかったことで、多岐にわたる患者さんに会うとき、型に収まらない人たちに出会うもんです。

カー　それで、先生はどうなさったのですか？

ウィニコット　えーっと、私は精神分析家のような役目を果たしましたね。もし彼女が私のひざの上にそのまま座っていたなら、私が勃起してしまうのではないか、と彼女は心配することはわかっていました、たとえあまり官能的な状況でないとしてもね。だから、立ち上がりたいんだけど、と彼女に説明した。そしてそれから、非常にゆっくりと立ち上がった。必然的に、この女性は、私の足から床の上へと、とても静かに滑り落ちました。

カー　ほう。

ウィニコット　それから、私は彼女に起き上がるように頼みました。明らかに彼女が寝椅子に戻らないようだったのでね。そして、彼女は部屋を行ったり来たりし始めたんで、私もそうしました。それから、私は自分の手を彼女の肩に置きました。彼女が少し接触を望んでいると感じたからです。それに、すでに彼女は私のひざから降りていたからね。そういうわけで、自分の手を彼女の肩に置くことで、えー、身体的な結びつきを保つには、よい方法だと感じました。性愛的な結びつきへと変えることなく、そして、みずからの象徴的な身体的接触への願望にひるむという恥を彼女にかかせることなくね。それから、私たちは診察室を行ったり来たりしました。そして、私は彼女に、自由連想をして、宙返りの直前に彼女の心のなかで何が起こっていたか、話してくれるように頼みました。

カー　すばらしい。

ウィニコット　だから、このように、私たちには、症状の意味や行動を理解しようと努力すれば、それができるんです。

カー　それは、あまり頻繁に起こらない類いの状況です。

ウィニコット　えーっとですね、マイケル・バリント、…あなたは、バリントを知っていますね？

カー　個人的に会ったことは一度もありませんが、…でも、はい、彼の行なった仕事はもちろん知っています。それはそれとして、私は、彼の三番めの妻であるイーニッド・バリントと対談することができました。

ウィニコット　親愛なる私の同僚の一人であり、私の患者さんでもあった。

カー　はい、そのことは、非常によく知られるようになりました。

ウィニコット　いずれにせよ、マイケル・バリントには、部屋のなかで側転をした患者さんがいたんです。[1]

カー　私はその話を憶えています。しかし、私は、批判者たちがこう言うのを聞いたことがあります。より独立した心をもつ分析家が、先生やバリント博士のような方々ですが、どうも無意識的に挑発するようなことをやったにちがいない、つまり、先生はそれには「コンテインドされなかった」のだと、そして、そもそも先生がそのような一見変わった行動を誘発したのだと。

ウィニコット　その可能性はあります。少し狂っている分析家が、患者をちょっと狂わせることができるのは確かです。でも、このことが、少しまともに判断できる分析家に起こりうると考えることは、さらに恐ろしいことです。ここで起こっていることが、どうやら患者さんの退行であり、患者さんの安全の感覚であり、それによって、あの女性の患者さんは私たちにみずからの狂気を見せることができるんだと理解しなければならない。とても厳格で、とても健全な分析家は、患者さんを実際に怖がらせます。その結果、その患者さんは「本当の自己」をもつ患者さんではいられなくなります。

カー　先生が、以前すでに分析を受けたことのある、それはそれは多くのアナライザンドを治療されたことを私は知っています。

ウィニコット　私はいつも最後の頼みの綱の分析家でした。特に、一九五〇年代から一九六〇年代にかけてね。みんな、それまでに二回から三回、もしくは四回も分析を受けた後で、私のところへやってきた。分析は失敗に終わった、しばしばね。それも、英国精神分析協会の私の同僚たちとの分析だった。でも、こういった患者さんは、わかってもらえたとか、理解してもらえたとか、そんなふうには感じていなかった。正気であるふりをしなければならなかった。そして、みんな、満足のいく体験をしなかった、たとえ分析家がそう思ったとしてもね。私と作業したときだけ、こうした患者さんは、自分の本当の自己を実際に表現することができた、と感じた。

カー　一人の患者さんと、先生は診察室の敷き物に座って、そして、いっしょにラジオを聞いたのだそうですが、それは本当に事実でしょうか？　それから、先生は患者さんたちにスープをお与えになったとか？　ほとんどの分析家やセラピストならば、そのような考えにすくむことでしょう。

ウィニコット　それはなぜ？　どうしてすくまないといけないんです？　もちろん、私たちの境界は大事だし、専門家としての課題や、典型的な作業のやり方を守らなければならないのは言うまでもないことです。でも、患者さんといっしょにラジオを聞くことを考えただけでしりごみしてしまうような分析家は、おそらく、あまり長いあいだ病院で働いたことのない分析家でしょう。メラニー・クラインは病院では絶対に働かなかった。そして、私たちはそれを憶えていなければならない。必ずね。はとんどの患者さんは、一般の開業医から処方箋をもらって、それで十分用が足ります。そしてそれは、とても整然とした、仕事上の処理です。でも、もし患者さんに銃で撃たれた傷があって、血や内臓が飛び出していたら、単純な処方箋ではまったく十分じゃあありません。医者は他の方法を用いなければならない。たとえば、自分の手で出血をふさがなければならないかもしれない。私が何を言おうとしているのか、わかりますか？

カー　はい、ウィニコット先生。先生は非常に説得力のある議論を展開されておられます。異なる患者さんには、それぞれ異なる必要の段階があるのですね。身体的なものであるにせよ、精神的なものであるにせよ。

ウィニコット　あるいは、その両方ですね。

カー　患者さんは、どこだって、いつだってラジオを聞くことができる。ですが、聴いて、話して、理解するという非常に特別な目的のために、五〇分という時間を使う必要がある、と一部の心理療法家や精神分析家は主張します。

ウィニコット　ええ、まったくそのとおりですね。でも、そういった分析家は、私の特殊な患者さんと出会うことはなかった。この人には、私といっしょにラジオをきいた人ですけど、座って、くつろいで、そして、いっしょにラジオをきくという平凡な体験を提供するために、私が必要だった。この人がけっして発達させることのなかったものです。

カー　そうしますと、フロイトの弟子だったフランツ・アレキサンダー博士が造り出した表現を用いるならば、精神分析は「修正感情体験」ということになるのでしょうか？

ウィニコット　もちろん、そうです。でも、精神分析は母親業と同じではない。でも、さまざまな点で母親業に似ています。

カー　統合失調症の症例や、心理的な脆弱さの他の重症例と関連させて、先生は、さまざまな折に触れて、ご自身を「研究 research」[2]分析家と称されたということを、私は知っています。そのことについて、ぜひ…。

ウィニコット　説明してほしいと？　ええ、もちろんですとも。知ってのとおり、神経症の患者さんについてかなりのことがわかっています。でも、精神病の患者さんについてはそんなにはわかっていない。だから、私たちは探求しなければなりません。どうすればこれらの患者さんを治療することができるのか、どうすれば設定を構造化することができるのか、そういったことを知るために、私たちは臨床実践のなかで初歩の探求をしなければならないんです。なぜなら、実は、私たちは単に知らないだけなんですから。神経症の患者さんの場合と同じ程度の確実性とまではいきませんが。でも、もし研究することができないなら、私たちはけっして知ることはないんです。

カー　そうしますと、技法的な実験、たとえば、長いセッションや、スープを与えたり、ラジオをきいたり、そういったことはすべて、臨床研究の一部としてみなされるということでしょうか？

ウィニコット　私の同僚たちのなかには、精神分析は、一八九五年に始まって、一九三九年のフロイトの死で終わった、と考えている者もいます。寝椅子を使って、自由連想をして、そして、解釈をしてと、私たちが知る必要のあるものはすべてそろっている。でも、医学はヒポクラテスで終わりましたか？　科学は、アイザック・ニュートン卿で終わりましたか？　私はそうは思いません。私たちは、調査をやり続けなければ、研究をやり続けなければならない。ときには、一般的な神経症の患者さんとならば、標準的な分析を行なうことはできるけれど、苦しんでいる人であれば、私たちは探求分析家になって、何が作用し、何が作用しないのかを理解しなければなりません。

カー　はい。分析家としての、それも研究分析家としての先生の評判は、一九七一年に先生がお亡くなりになってから、非常に悪くなっていったように思います。特に、先生の昔の患者さんだったマシュード・カーンに起きたことが理由で。先生とマシュードには、やや通例とは異なる関係がありました。先生は、私たちがそれについて話し合うことができると思われますか？

ウィニコット　マシュードに何が起こったんですか？

カー　えーっとですね、先生がお亡くなりになった後、カーン氏は非常に堕落していきました。一九七〇年代にかなり悪くなっていきましたが、一九八〇年代になると、さらにいっそう悪くなりました。彼はひどいうつ状態でしたし、明白なアルコール依存症で苦しみました。さらには、人前で、女性の友人たちとつかみ合いのけんかをするまでになりましたし、同僚ともやりました。彼は、ある患者と、精神分析協会の訓練生だった配偶者ですが、彼女と関係を持った、とのうわさです。ほかにも、まだまだたくさんあります。彼の患者さんたちは、心不全とみられる状態の彼を発見することがあった。さらには、アナライザンドの一人がセッションのために到着したら、カーン氏が床にひれ伏して、苦痛にもだえているのを発見したのです。なぜならば、彼の妻であるバレリーナのスヴェトラーナ・ベリオソワが、ちょうど彼に暴行を加えていたからです。

ウィニコット　胸が張り裂けそうです、…本当に。

カー　おそらく、あらゆることのなかでもっとも厄介なのは、死の直前に、カーン氏は一冊の本を出版したのですが、それはすぐに悪名高きものになったことです。その本で、彼は反ユダヤに関する非常に下品な意見を、うんざりするほどくり返しそのままぶちまけたのです。

ウィニコット　彼は、治療はなにも受けなかったんですか、どんな援助も？

カー　アンナ・フロイトが彼を助けようとしたことは知っています。それに、一部の友人たちのように、彼のかかりつけの医者も助けようとしました。しかし、だれも悪化をまったく止めることができなかったようです。しかも、容態は致命的な悪性腫瘍によってさらにひどくなっていきました。そして、ついに一九八九年に彼は亡くなりました。もちろん、マシュード・カーンが、しばしば自分の分析家であった先生のことを話したり、しばしば先生のことを書いたり、先生の本を数多く編集したりと、さまざまなことをやったので、だれもがいまだに、カーンといえば先生を連想するのです。さらに、先生がカーンのスーパーヴィジョンを行なったことや、それから彼を分析したことも、みんな知っています。そのうえ、分析のあいだや、そしてまちがいなく分析が終わってからも、先生とカーンが、さまざまな出版の企画に共同してとりかかっていたことを、みんな知っています。言い換えますと、先生と彼には、分析以外の関係がありました。そういうわけで、先生の関係の目的について、明快さが欠けていると主張する人もいるかもしれません。さらには、そういったことがすべてもとになって、先生はカーンを見捨てたのだ、という個人的な噂や、一般の人々の主張が生じたのです。

ウィニコット　なるほど。私はもうこれ以上なにも言えません。なぜなら、マシュード・カーンは私の患者だったからです。でも、すでに話したと思いますが、彼の最初の分析家だったシャープさんが治療半ばで亡くなり、それから数年後、二人めの分析家だったリックマン博士が亡くなります。これも治療の途中だった。その後、私のところへやってきたんです。このように、マシュードは、数年のあいだに、訓練分析家だった二人に先立たれ、このことは彼にとって衝撃的だった。そして、私がマシュードよりも先に死なないことがとても重要だろうと話しました。でも、そうはいかなかった。私たちは仕事を完成させたが、私はまだ死んではいなかった。それから、彼はますますよくなっていくと同時に、とても創造的になっていった。

カー　私は、カーンの未発表の作業帳、彼の日記ですが、光栄にも、それを読むことができました。そして、その日記に書かれたことのなかに、先生と彼が着手した仕事によって、自分は対象喪失の壊滅的な感覚を克服することができた、というのがありました。

ウィニコット　そう思いますよ。

カー　ですが、先生がお亡くなりになった後、カーンは少しずつ悪くなっていきました。そして、カーンの悪化がどれくらい先生の死に帰せられるのかに関して、史伝上と臨床上の二つの憶測の問題がまだ残されているのです。たとえ先生がこの時点で、ずっと前に彼の分析を終えていたとしてもです。彼が、先生に病的に依存するようになったことと、少しも前向きな変化が内在化されなかったことを、まわりは心配しています。

ウィニコット　これが悲劇であることは認めます。そして、もし私が生きていたならば、これを止めようとなにかをしたでしょうし、マシュードも、これを止めようと私のところへやって来たことでしょうね。それはわかっています。でも、彼の晩年の話を聞いて、とても残念でなりません。すばらしい知性のなんという浪費だろうか。そして、彼には本当にすばらしい知性があった。だれよりもよくフロイトを知っていた、たぶんミス・フロイトを除いて。さらに、論文では、あのように創造的なやり方でフロイトを応用した。彼は、それはそれは奥深くて繊細な論文をいくつか書いたんですよ。

カー　ひどく矛盾しています。彼にはそのような輝きがありました、…そして、破壊性が、…さらには、多くの苦悩が、まちがいなく。

ウィニコット　そのとおりです。

カー　そして、カーン氏の行動は、非常に長いあいだ、自分の終生の精神分析の同僚たちをあのような窮地に追いやった。同僚たちは、彼の職業上の倫理に反する行動についての話をずっと耳にしていましたが、英国精神分析協会を代表する疲れを知らない研究者であるということも、みんな知っていました。もしマシュード・カーンの不眠症がなかったならば、英国精神分析協会の管理の基盤が崩壊していた、とパール・キングがかつて私に話したことがあります。なぜならば、カーン氏は、毎晩のように夜遅くまで起きて、山のような事務作業や、図書館や委員会の仕事などをしていたからです。しかし、結局、倫理委員会は、とりわけ、彼が反ユダヤ的な本を出版し、そこでひどく容赦のないやり方で患者さんたちを攻撃したということで、最終的に会員名簿から彼の名を削除しました。さらに、これを申し上げることはつらいのですが、相当な数の古参の精神分析家の人たちは、先生に責任があるとみなして、先生の全文献の価値をことごとく穢す手段として、マシュード・カーンの事件を利用したのです。

ウィニコット　なんてことだ。えーっと、これらの問題を秘密にしておくよりも、話したほうがいいでしょう。私はとてもマシュードが好きだった。私たちは同僚であり友人だった。いっしょになって仕事をした。そして、そうです、彼は私の患者でした。彼はすでに資格を得た精神分析家として私のところへやって来た。なぜなら、それまでに二回分析をすでに受けた後で、彼は、まあ言ってみれば、大学院レベルの分析、つまりさらに進んだ分析を望んでいたからです。そして、いっしょにいい仕事をしました。精神分析がその後の人生の不調に対して自動的に予防接種をしてくれるとみなすのであれば、私たちは全能だと思います。でも、それはありえないし、そうはならない。ただ、不調になるおそれを減らすのには役立ちます、おおいに。でも、人生のすべての特徴を統制することはできない、分析家がどんなにすぐれていてもね。

カー　そして、もちろん、たとえ精神分析のすばらしい体験をしたとしても、人は晩年になっても心的外傷を体験することもありえますし、もしそれが非常に深刻であれば、自我構造を圧倒することもありえます。

ウィニコット　それはまったく正しいと思います。でも、幸いにも、ほとんどの人たちは、深く内在化された方法でよくなっていきます。少なくとも私の経験ではね。

カー　たしかに。私は、先生が、五〇年にわたる医師としての経歴のなかで、約二万人の患者さんたち、ならびに、何万人もの患児の親御さんたちと取り組まれたのを思い出しました。

ウィニコット　五〇年以上ですよ、実際には。

カー　もちろんですとも。さらに、先生とともに取り組んだ患者さんのほとんどが、よくなりました、それも、しばしばとてもよくなって、よい状態を保っていられたのです！　なぜ私がそれを知っているのかと申しますと、先生の元患者さんだった方たちのうち、およそ一〇〇人に会って、ほぼ全員が、先生の臨床能力について、非常にほめちぎって話してくれたからなのです。

ウィニコット　知ってよかったですよ。

カー　さらに、先生が亡くなられた後、奥さんのウィニコット夫人は、患者さんたちから感謝の手紙を何通も受け取りました。それらの手紙では、注目すべき方法で先生のことをほめそやしていましたし、だれもこれまでに自分のことを理解してくれなかったこととか、だれも先生がなさった方法で自分のことを助けてはくれなかったこととかが書かれていました。

ウィニコット　知ることができて、またとても満足していますよ。

カー　そういうわけで、マシュード・カーンの事件のために、一部の人々は非常に慎重になりました。おそらく、先生がお亡くなりになってからというもの、精神分析の分野において、相当な数の人々が、先生とカーンの没落にはなんらかの因果関係があったということや、先生が隠蔽工作に関わったのではないか、もしくは、少なくとも先生は見て見ぬふりをなさったのではないか、と先生を痛烈に非難する論文を書いたということを、先生がお知りになるのは重要かもしれません。倫理基準が、この数十年のあいだに、精神保健に携わる専門職のなかで、いっそう厳しくなりましたし、昨今では、人々がこれらの問題を非常に真剣に扱っていることは事実です。そして、どんなかたちであれ、医療過誤で苦しんだならば、患者さんたちには開業医に苦情を申し立てることのできるとてもわかりやすい手段があります。

ウィニコット　わかります。でも、私には、何が本当にマシュードに起こったのか、完全な説明をすることはできません。一つには、私が知らないからです。もし化学療法がうまくいった患者さんが、一〇年後に癌にかかるならば、私たちはかつての腫瘍学者に責任があるとみなすことができだろうか？　これは、医療倫理に関する質問です。でも、言わせてもらうならば、私はけっして見て見ぬふりをしなかった。マシュードが抱える困難について知っていた。少なくとも、私が生きているあいだに起こった彼の問題についてはね！　そして、それを実行しようと思って、彼に会い続けました。もし分析を受けていなかったならば、彼はたちどころにもっともっと悪くなっていったことでしょう。

カー　そうですねぇ、特定の精神分析家たちは、カーン氏に起こったことについて耳にするようになってからというもの、先生がほかにも古典的な精神分析技法から逸脱させたものや、もしくはそれを発展させたものを再検討し始めました。そしてそのために、多くの人々が神経質になりました、…実際、とても神経質に。

ウィニコット　私は、精神分析の技法からの逸脱や発展が価値の基準になるべきだ、などと言うつもりはまったくありませんよ。

カー　わかります。ところが、一部の極度に脆弱な人々と、先生が、五〇分間ではなく二時間のセッションでしばしば会っていたという事実に、多くの者が飛びつきました。そして、このことを知った特定の同僚たちは心配するようになりました。なぜならば、五〇分という時間が正当化されていたからです。

ウィニコット　でも、もし外科医が心臓の手術に着手し始めたら、五〇分後に中断しないでしょう。「ああ、残念です、スミスさん。でも、時間になったので、明日、次のセッションで縫合しないとですね。」手術が終わったときにだけ、外科医は中断します。私があまりに早くセッションを終えたとき、患者さんがひどく興奮したことがわかりました。でも、私はとても精神を病んだ人たちとだけ、時間を延長してセッションをやりました。さらに、遠い所からやって来る正気の同僚たちとそうすることもあったけどね。

カー　えーっとですね、一九四九年から一九七一年まで先生の手帳を研究していて、先生が本当に、ほとんどの患者さんに伝統的な精神分析の時間を提供されており、ほとんどの場合、一時間ごとにセッションを始められたことを、私は確認することができます。ですが、たくさんの手帳の記録も拝見しましたが、先生か、またはコールズさんが、もっと調子の悪い患者さんたちを診るために、しばしば週末には、二時間をひとかたまりにして予定を立てていらっしゃったことがわかりました。

ウィニコット　そのとおりです、まさにそのとおりですよ。でも、これのせいで、どういうふうに事態が面倒なことになって、誤解をも生じさせてしまうのかがわかりますね。

カー　いつか、だれかが、先生の実際の臨床上の実践に関して注意深く調査をし、それを本に書くことを、私は望んでいます。なぜならば、先生が本当になさったことと、やったのだろうとうわさされたこと、そういったことについて詳細に調査することは、非常に有益でしょうし、私たちみんなが、そこから多くのことを学べると思うからです。

ウィニコット　いい考えです。あなたがそれをおやりに？

カー　えーっと、私はまだ、先生のより詳細な伝記を書くのに取り組んでいるところでして。ご存知のように、私は、一九九六年に行なわれた先生の生誕百年祭の祝賀の一部として出版された先生の短めの伝記を書いたのですが、それよりもずっと長いものがまだ進行中なのです。今度の本でこれらの問題のいくつかを取り上げようと思っています。

ウィニコット　おお、それはいいですね。私は、マシュードの状況に関して、もっと徹底してその文脈を調べる必要があると思います。それはそれとして、彼に会うことができたらいいなあと、彼と話ができたらいいのになあと、そう思いますよ。なぜなら、私たちにはわからないたくさんのことが彼に起こったのではないか、そして、それが彼の最後の一時期を解明してくれるのではないか、と思うからです。

カー　先生がお亡くなりになってすぐに、クリストファー・ボラス博士という名の非常に思慮深い男性が、精神分析家の訓練を受けるためにロンドンにやって来ました。そして、長いあいだ、情熱的な研究者であり、先生の著作に関する研究もしていました。ウィニコット夫人が先生の著作のいくつかを死後出版する、その準備も手伝ったのです。いずれにせよ、ボラス博士は最近、『壊れる前にキャッチせよ：破綻の精神分析 *Catch Them before They Fall*』という題名の本を共著で執筆しました。その本のなかで、ボラス博士は、深い抑うつ状態にある脆弱な患者さんに、集中的で多くの時間をかける治療を、ごくたまにですが、それを提供する方法を解説しました。長い職歴をつむことで、年功権と尊敬が得られるまで彼は待って、それからこれについて執筆したのです。古典的技法から逸脱してしまうのではないか、あるいは、古典的技法を敷衍させせていしまうのではないか、と言うべきでしょう、そういう心配があったからです。

ウィニコット　読んでみたいですね。
カー　さらに、理由がどうであれ、多くの人々にはまだ、典型的なフロイトの範囲を超えて行ってしまうのではないかという不安や心配があると思います。私には自分のしていることがわかっています。私は五〇分間のセッションのなかだけで作業します。そして、これはものすごい安心感を双方に、つまりクライエントと臨床家に与えてくれます。
ウィニコット　そうです、私たちが無意識の暗い海に入るとき、フロイトは私たちに快適さを与えてくれる。指標を与えてくれんです。さもないと、私たちは海上で迷うことでしょう。そして、五〇分という時間のすごいところは、波立っている海のブイとしての効果があるんです。私は元英国海軍の人間として話していますよ、おわかりのようにね！
カー　さらには、先生の技法上の開発、ウィニコット博士、…先生の古典的な技法の拡大、たとえば、「オン・ディマンド」法にせよ、長いセッションにせよ、これらの導入はすべて、開業医のあいだで、懸念と称賛の両方をもたらしています。そのうえ、本物の研究の好奇心も。
ウィニコット　とてもよくわかりますよ。お茶のおかわりは？
カー　ありがとうございます。ですが、もうけっこうです。
ウィニコット　さて、この話し合いも最後のほうまできて、力をつけるためには、きっとスモーク・サーモン・サンドイッチが必要ですね。私たちの紳士的なお茶が、とても率直な会話になりました。
カー　願わくば、先生がその…、
ウィニコット　私がいやだと思っているんじゃあないかと？
カー　そうです。

ウィニコット　いやいや、あなたはこれらの質問をせざるをえなかったんです。明らかに、多くは一九七一年以降に起こった。そして、私はそのすべてを知る必要がある。さらに、現代の読者も同様に、知る必要があります。だから、私のことを心配するかどうかは、みなさんが決めることですよ。フロイト大神殿が存在して、私たちはみんな、そこにきちんと座って、下でなりゆきをじっと見まもっているんだと人は思うかもしれない。でも、私はこう言えます、それは真実ではないと！　これはすべて、私にとってものすごい驚きです。

カー　わかります。こう申し上げれば十分でしょう、ウィニコット博士。マシュード・カーン「事件」、もし私がその言葉を使用してもよいのであればですが、あの事件にもかかわらず、先生の論文は、精神分析電子出版のデータベース上で、あらゆる精神分析家のなかでもっとも高い引用率を誇っておりまして、フロイトの論文よりもずっと高いのです。移行対象に関する先生の論文は、ほかのどの精神分析出版物よりも多く「ヒット」していて、しかも、過去数年間にわたって、ずっとなのです。

ウィニコット　「ヒット」って何ですか？

カー　それはですね、先生がお亡くなりなってから、たいていの人たちは、パソコンで書いています。タイプライターが非常に複雑になったものです……。

ウィニコット　たぶん、コールズさんもパソコンがほしいと思いますよ。

カー　これらのインタビューの原稿とカーボン紙による写しから判断すると、彼女はタイプライターのほうが満足するように思います。

ウィニコット　たぶんそうだろうね。でも、ほら、私は長居して嫌われたくはないんでね。ほかに話す必要があることはありますか、それとも、やめましょうか？

カー　えーっとですね、私たちは、厳密に年代順という方法をとってインタビューを開始して、先生の生活史を描写しようとしてきました。ですが、むしろ、先生の理論のいくつかを検討することに没頭するようになりました。

ウィニコット　どこで話が脱線したのかな？

カー　私は、一九五〇年代に、先生が非常に多くの本や論文を執筆され、発達心理学に関する非常に内容のある理論の基礎を築き始められた、ということに言及しました。

ウィニコット　それから、話がわき道にそれてしまったんだ。いや、おそらくわき道にそれたんじゃあなくて、より深く進んで行ったんだろうね。

カー　それでは、その時代あたりから、正式な伝記めぐりを再開しましょうか？　一九五〇年代です。

ウィニコット　おお、そうですね、そうしましょう。ほかになにか飲み物は？　ああ、いけない、いけない、そうだった、あなたはもういらないんでしたね。私の記憶は、ときどきちょっとおぼろげになることがあるんです。私たちは二人とも、十分にお茶を飲んだようですね。でも、必要ならば、まだたくさんありますよ。

（訳注１）この事例はバリントの基底欠損についての著作の中で登場する。

（訳注２）精神分析は一般に神経症患者に対して行なわれていたが、精神病や重症の患者たちへの精神分析は研究分析あるいは探究分析と呼ばれていた。

10 杯目 *cup10*

精神分析の巨匠

カー　そういうわけで、一九五〇年ごろの先生の私生活に関する話を続けてくださいますか。

ウィニコット　いいですとも。一九五〇年に、私は最初の妻のもとを離れて、クレアと結婚するという、つらい決意をしました。ほら、一九四九年一月に、私は何度かあった心臓発作のうちの最初のものを患った。そして、アリスと私は、この間にますます疎遠になっていきました。彼女には私のめんどうを見るのがとても難しかった。私は常に医者だったし、そして今は、ごらんのとおり、患者になった。さらにやっかいなことに、クレアが私を好きになったし、私も彼女が好きになった。私たちはますますおたがいをよく知るようになった。戦争中、私がオックスフォードで働き、彼女もまた、オックスフォードで働いていた時分です。そこで、私はアリスに、私たちの結婚を終わらせなければならないと話しました。率直に言いましたよ。

カー　なんとつらいことでしょう。

ウィニコット　とてもつらかった。なぜなら、まだアリスを愛していたからです。でも、私は違ったやり方でクレアを愛していた。そして、アリスと離婚した。いや、法律上は、彼女が私と離婚したんだと思い

ます。いずれにせよ、私たちの関係は終わった。それが肝心な点です。ちょうど戦争が終わるまで、私は彼女と連絡をとっていたんだけどね。おわかりのように、私たちはおたがいに手紙を書きました。結婚してから彼女の生活はとても悲しかったと思います、とても孤独な生活。でも、もしアリスのもとに留まっていたなら、私は死んでいただろうと思います。

カー　そして、先生はクレア・ブリットンと結婚され、新しい家に引っ越されました。

ウィニコット　それは財政的にはかなり軽率な決定だった。でも、喜びに換算すると、利益をもたらしたと思いますよ。私はベルグレイヴィアで巨大な家の賃貸借契約をしました。…実際、私たちがいままさに本来の自分を発見できるその家！　それはまさに、精神分析家が生活するような場所なんかではないことはおわかりでしょう。あの時代、精神分析家たちのなかで、ロンドンのこの地域に住んでいたのは私だけだった。でも、私はクレアと新しいスタートを切りたかったんです。だから、女王陛下とバッキンガム宮殿からはそう遠くない、大広場にあるこの壮大な家に落ち着きました。そして、あの家でいっしょにとても幸せな生活を送りました。ところが、一つ所で暮らし、別の場所で働くことに、つまりハムステッドからウエスト・エンドまで毎日通勤することにうんざりするようになったんだと思います。そういうわけで、最初にじゃあなくて、最終的に、私はチェスター・スクエアのこの家に私の診察室を移動した。そしてそこに留まった。クレアと私の結婚生活は美しかった。私たちは、遊んで、踊った。それは、本当にすばらしい体験でした。

カー　お二人ともそうでいらっしゃって、非常にうれしいです。それで、新しい結婚生活の幸福は、先生の仕事になんらかの影響を与えたのでしょうか？

ウィニコット　おお、あらゆる方面にですよ。そのおかげで、私は遊びと創造力と健康の理論家になることができました、単なる狂気と崩壊と惨めさの理論家じゃあなくて。

カー　なんとも深みのある説明ですね。

ウィニコット　ええ、クレアは私のためにそういったことを全部やってくれました、…さらにそれ以上のこともね。

カー　そして、先生は専門家集団のなかでますます意欲的になっていかれました、充実した臨床実践にともなう過酷さを享受されるだけでなく…。

ウィニコット　ええ、私はここで個人開業しました、そう、まさにこの部屋で、実際に。

カー　さらに、先生はパディントン・グリーン小児病院での仕事も続けられました。

ウィニコット　そのとおりです。

カー　しかし、先生はまた、重要な指導者の役割を引き受けられました。

ウィニコット　まったくそのとおりです。私はすでに、英国心理学会の医療部門の議長職を勤めていた。そこで、私たちは、知ってのとおり、水曜日の夜にあのような会合をもちました。そこには、医者もいれば心理学者もいたし、フロイト派の人たちもいればユング派の人たちもいた。みんなが本当に一つの部屋にいっしょにいたんです。結局、医療部門は閉鎖されました、なぜだかはわかりませんが。でも、そこは、まさしく英国の精神保健コミュニティの場所の一つであり、みんなに発言権のある場所だったんです。排他的なクラブであると主張しなかった。精神分析協会は、私は大好きですが、排他的なクラブであり、私たちは外の世界に向けて話をするのがあまり得意ではないな、とよく思いました。英国心理学会の医療部門では、対照的に、だれでもその一員になることが許されましたが、それはとても特別なことでした。

カー　さらに、先生はまた、英国王立医学会にも深くたずさわるようになりました。

ウィニコット　ええ、あれには私もびっくりしました。クレアと結婚し、ベルグレイヴィアに引っ越してまもなく、私はＲＳＭの小児科部門の部長になった。でも、それをやるのは奇妙なことでしたよ。なぜなら、本当に実際に、私の身体小児科学はこの時点までには死んだも同然だったからです。私は小児科医だが、身体の小児科医じゃあない。感染症の子どもたちに薬を処方しなかったし、扁桃腺摘出術をやらなかった。そう、まさしく心理学者の小児科医だった。そして、あらゆる心身症の患者さんや、あらゆる神経衰弱の患者さんなど、そういった人たちを治療した。でも、私は、根っからの、そして素性からしても、小児科医だった。それでも、一部の人たちは、私を部長として迎えることはよい考えだと思ったんでしょう。

カー　先生は、まさにその先端技術の小児科学の問題に関する会合の議長を務められました。

ウィニコット　ええ、そして、それを高く評価し、尊重したけれども、私は必ずしも理解していなかった。でも、英国の小児科学が、精神分析家をそのように目につきやすい地位に置いたことは、とても重要なことであるとわかったと思います。そのおかげで、小児科医たちは心理学をよりまじめに受け止めるようになった。たとえ、私が、小児科学の医学的側面に関する最新の知識にまったく精通していなくてもね。

カー　そして、先生は、英国王立医学会で、小児科学の議論にいくつかの重要な心理的な話題を取り入れられました。

ウィニコット　ジョン・ボウルビィとジミー・ロバートソン、それと彼の妻のジョイスのために、彼らが作った入院中の子どもたちの映画を上映することができるように、私は手配しました。よろこばしいことでしたよ。…私はそうした、知ってのとおりね。

カー　なんとも画期的な映画〔A Two Year old goes to hospital という題名の映画〕でした！

ウィニコット　あなたも見ましたか。

カー　はい、半世紀以上が経った今でも、教える際にまだその映画を使っているのです！

ウィニコット　それを聞いてうれしいですよ。なにしろ私の時代では、大部分の病院は、両親が面会に来るのを禁じていました。グリーンはもちろん違いましたよ、そこでの私たちはとても心理的だった。だから、両親の面会を許したんです。でも、一九二〇年代、一九三〇年代と、ほとんどの病院では、…そう、かなり厳しかった。そして、子どもたちは苦しみました。両親は追い返され、子どもたちに会うことは許されなかった。そして、ボウルビィの同僚だったロバートソン夫妻、夫のジミー・ロバートソンが社会福祉やそういった分野の訓練を受けたかどうかはよくわかりませんが、えーっと、二人はカメラを持って、両親が入院中の子どもたちにさよならを言うまさにその瞬間を撮影したんです、…そして、…何が起こったのかはおわかりですね。子どもたちは泣き叫びました。深く親とのふれあいを失って、とても苦しみました。それは深刻な落ち込みです。子どもは、とても深刻な抑うつ状態に陥るおそれがあるのは知っているでしょう。そして、ロバートソン夫妻はこれを映画に収めた。さらに、英国王立医学会で上映することによって、えー、…その証拠には反論の余地などなかった。そして、まさにその瞬間から、英国の小児科診療は変わり始めた。医者たちは両親により多くの面会時間をもたせ、面会を奨励するようにさえなったんです！

カー　先生はそれに関わることができて、非常に誇りに思っていらっしゃるにちがいありません。

ウィニコット　とても誇らしいですよ。忘れちゃあいけないのが、ボウルビィと私は、一九三九年にその報告書に共同で署名したんです、エマニュエル・ミラーもいっしょにね。それは、子どもたちを疎開させることの精神的な危険性について人々に警告しています。私たちは、離ればなれになることは魂を破壊するおそれがあることを知っていた、でも、ほかのだれもそれを本当に理解しなかった。だから、ロバートソン夫妻がその映画を製作するずっと前から、ボウルビィと私はすでにこれの正しさを理解していました。でも、映画によって、その一部始終を人の目に見えるかたちにした、もっと見やすいものにしたんです、多くの人たちにとって、それを見るのはつらかったでしょうが。

カー　そういうわけで、先生は、英国心理学会と、英国王立医学会で、このような要職に就かれたわけですね。さらに、先生はまた、英国精神分析協会の会長を二期務められましたね？

ウィニコット　ええ、一九五六年から一九五九年にかけてです。ジョンと、ジョン・ボウルビィといっしょにね、その期間、彼はしばらくのあいだ私の会長代理でした。それから、一九六五年から一九六八年にかけて、もう一回。とても幸せな時期でしたよ。でも、ジョイスがいなかったなら、私はできなかったでしょう。コールズさんなしではね。とくに、手紙を書くことを含めて、ほとんどの仕事をやってもらいました！　さらに、彼女は私のためにすべての手紙に返事をタイプで美しく打って書いてくれました。こうして、私はあらゆる人たちと接触を保つことができたんです。ほら、分析家が死んだとき、会長は遺族に手紙を書かなければならないし、死亡記事などそういったものもすべて、あるいはもっとたくさん書かなければならないでしょう。事務の仕事もたくさんあったし、会議の司会もしないとだった。そして、私は管理があまり得意ではなかった。でも、どうにか、ちゃんとうまくいきましたよ。

カー　先生は、会長として二期務められたあいだに、何かを達成されましたか？

ウィニコット　おお、言いにくいですが、私がすこぶる光栄に思ったことといえば、フロイト像を青銅色にしたということです。ほら、オスカー・ネーモンのフロイトの像ですよ。それはずっと、彼の工房のなかにあった。でも、私があらゆる分析家から資金を調達させて、それで青銅色にすることができたんです。

知れわたっているように、とても値の張る工程だった。そして、なんとかそれに台座をつけてもらうことができました。さらに、北ロンドンのスイス・コテージにある図書館のそばで、除幕式を盛大に行ないました。私はそれをとても光栄に思っています。なにしろ、私たちはついに、フロイトの足元に本当に座ることができたんですからね。これだけが純粋なフロイトに対する私の深い愛情を証明してくれることを願っていますよ。

カー　像はまだ北ロンドンに堂々と立っていますが、近年、ベルサイズ・パークにあるタヴィストック・センターの外に新しく移されました。

ウィニコット　なるほど、まだ現役で楽しめるうちは。

カー　まったくそのとおりです。

ウィニコット　そう、一九五〇年代と一九六〇年代。人生を手短かには話せないくらい、非常にたくさんのことが起こりました。おおぜいの患者さんに、たくさんの本や論文、会議に続く会議、同僚と過ごした多くの晩、クレアと過ごした多くの晩。

カー　先生は、一九五〇年代から一九六〇年代のあいだ、実に多くのことを書かれた著者でした。

ウィニコット　ええ。なにしろ、私はいつも無数の本と論文を書きたかったからね。でも、思っていたほどあまりたくさんは書けなかった、そうしたかったんですけどね。あるとき、私は新年の決意をしたんです。自分はもっと書くことに専念しなければならないと約束した。そして、書きまくった。でも、望んでいたほどたくさんは書けませんでしたが。

カー　ですが、先生は存命中に、小児科学の教科書を一冊に、パンフレットを二冊、一般の人たちのために、ラジオ放送の内容やその他の記事をまとめた三巻本、二巻からなる高水準の精神分析に関する専門的な論文、精神保健の専門家たちのための小論文集を一冊、そして、数えきれないほどの章や小論文、記事、書評などを出版なさいましたし、さらにはもう二冊、一九七一年に先生が亡くなられた直後に出版されました。

ウィニコット　えっ、なんともまあ、驚きました！

カー　そしてさらに、先生が亡くなられた後、一九七〇年代や一九八〇年代、そして一九九〇年代をつうじて、それはもう数多くの本が出版されました。

ウィニコット　コールズさんが大量にタイプを打ったんですね？

カー　ですが、先生には言わねばならないことがまだたくさんありました。

ウィニコット　言わなければならないことがもっとあったし、いまでもそうです。だから、こうやって、あなたと話をする機会をもてて、とても楽しいですよ。人は死んだからといって、話すのをやめたことにはならないからね。

カー　スコットランドの女王メアリーの処刑に関する当時の一六世紀の報告書によると、彼女が斬首刑に処された後、彼女の唇がまるまる一五分間ぶるぶる震え続けたということです。

ウィニコット　ええ、とてもおもしろいですね！　残念ながら、私にはそれについて解剖学的および生理学的に説明することができませんが、死者にはまだ話す必要があるということを知っていますよ。

カー　そして、柔らかい声にもかかわらず、ラジオ放送では、先生は非常に大きな声で話されました。先生は、活字をとおしてだけでなく、職業生活のほとんどをラジオに出演し続けられることによって、ご自身の研究や考えをうまく伝えることができました。

ウィニコット　私たちはすでに、ラジオの仕事についてちょっと話をしましたよね、わかっています。でも、あなたは、私がテレビに出演した最初の心理学者の一人だったということを知っていましたか？　おそらく、それをやったそれ、こそ最初の英国人の精神分析家でしょう！　それについてはわかりませんが、私がそうだったんだろうと思いますよ！

カー　恐くはなかったのでしょうか？

ウィニコット　いろいろなことで、かなりびびりましたよ。でも、それ以外では、だいぶありのままでいられました。それ以前は、ほとんどまったくといっていいほど、やりませんでしたから。

カー　そうしますと、その点においても、先生はかなりの先駆者でいらっしゃるわけですね。

ウィニコット　一部の同僚たちは私のことを怪訝そうに見ていました。でも、そのころまでには、私は年配者になっていたから、みんな、私のことを大目に見てくれたんでしょう。そして、私は年をとっていた。みんなは年輩者をうらやましいとは思わないでしょう、なぜなら、もうすぐ死ぬんだから。

カー　ですが、先生がテレビに出演されることによって、先生の同僚の方たちのあいだでどんな不安がひき起こされたのか、まわりはあれこれ考えます。精神分析は、非常に長いあいだ、そのように軽視され、ほんのひと握りの人たちによって訓練されてきた分野でした。同僚の方たちは、心理的な問題の堂々たる代弁者であろうとされる先生の努力に感謝したのだろう、とみんな思ったことでしょう。

ウィニコット　ええ、私は実際に、おそらく同僚たちのだれよりも、とてもたくさんのことをやりました。たとえば、精神分析をグロスター・プレイスから持ち出し、後にはニュー・キャヴェンディッシュ通りから連れ出して、人々の家と心に持ち込んだ。そのことを私は誇りに思っています。同僚たちに関しては、私は、広報活動にまつわる彼らの不安の根源がなんなのかまったく知りません。それが、原初の羨望や、貪欲でありたいという願望と関係がないかぎり、…ほら、精神分析家たちが精神分析を独り占めにしておきたい欲求ですよ、すべてのお菓子をひそかにため込む、まるまる太った幼い子どもたちのようですね！

カー　先生は英国で最初の本物のメディア心理学者でした。したがって、心理学的な考えを伝える偉大なる代表者だったのです。

ウィニコット　偽って謙遜すると、今の私たちの会話が滞ってしまいます。でも、あなたは正しい。私は先駆者だった。そして、それをうれしく思っています。それについてもっと話をすると、他の人たちはうらやましかったんだと思うし、私が精神分析の質を落としたんだという非難のなかに自分たちの羨望を覆い隠したんだと思います。

カー　そうですね、私たちは、それが真実でないことを知っていると思います。結局のところ、だれの仕事が時の試練を生き延びたのでしょうか？

ウィニコット　私がこの死後のインタビューに同意した最初の精神分析家ですか？

カー　はい、そうです、ウィニコット先生。

ウィニコット　すると、もっと保守的で、内向的な人たちを何人かなんとか復活させることができなかったんですね？　あなたは私と面談したいと頼みました。そして、私はそれをむしろうれしく思っています。

カー　そういうわけで、ここにこうして先生はおられるわけです。患者さんと作業をされ、主要な全国組織の長を務められ、そして、ラジオ放送をなさった先生が。

ウィニコット　そして、教えました。私が教育者であったことを忘れないでいただきたい。私は、あなたが知っている教師たちのなかで、もっとも情熱的でしたよ。学生たちといっしょに学ぶのが好きでした。

カー　さらに、先生は非常に多くの場所で教えられました。

ウィニコット　ええ、五〇年代と六〇年代全体をつうじて、私には引き受けた常勤の仕事が二つあった。一つは、ロンドン大学の一部だった教育研究所で学生たちに子どもの発達について教えました。一九三〇年代にスーザン・アイザックスが協力してほしいと私に依頼したときから、ずっとやっていました。それから、ＬＳＥでも教えました。当時はそういう名称だったし、いまでもそうだと思うけれど。そこもロンドン大学の一部ですね。クレアもそこで教えていました。彼女は、長いあいだ、社会福祉の訓練の先頭に立っていた。教育研究所とＬＳＥは両方とも、毎週規則的に、発達と技法に関する自分の理論を磨く機会を私に与えてくれました。

カー　先生は、精神分析を学ぶ学生たち以上に、子どもの発達と社会福祉を学ぶ学生たちの教育を多くなさったのですね。

ウィニコット　ええ、それはたしかに事実です。私は精神分析協会で教えるよりも、しばしば教育研究所とＬＳＥで教えました。知ってのとおり、私は英国精神分析協会の会長であるにもかかわらず、教師としてはほんの少ししか教える機会がなかった。実際とてもまずいことですが。教えを広げすぎるぐらいだったけどいつも最高の人たちに対してというわけではなかった。長年のうちで、私はたぶん一つか二つ講義をしたかもしれないが、もうそれ以上は…。

カー　それは驚くべきことかもしれません、とりわけ先生は精神分析家として非常によく知られていますので。先生が将来の精神分析家たちのために多くの教育をしただろう、とみんな思ったことでしょう。

ウィニコット　ほんのちょっとです、実際にはね。しかも、けっして継続的なやり方ではなく。でも、私には数多くのスーパーヴァイジーがいて、そのために、私にはそれなりの影響力があった。そして、分析家はみんな、私の放送を聞いて、私の論文を読んだ。いや、そう思いたいですね。でもまあ、とにかく、私の言葉は、確実に広まった。

カー　もし先生が、古典的な一週間に五回の精神分析にだけ専念したならば、英国精神分析協会の先生の同僚の方たちは、教育カリキュラムにおいて、もっと多く、もっと熱心に、先生のことを「利用した」のではないかと思われますか？

ウィニコット　おお、多くの人たちが私に同僚たちと同じようになってもらいたかった、ということに疑問の余地はありません。ほら、一人の訓練用の患者さんを治療して、別の訓練用の患者さんがそれに続いて、またさらに別の患者さんがそれに続くというふうにね。多分一年おきくらいに科学会議で一回か二回、講演をしたでしょうか。たしかに、私が歩き回って、ラジオで話をして、助産師さんたちに講義をして、短時間の診察を行なったという事実に、彼らは憤慨しました。私の「オン・ディマンド」の仕事は、アンナ・フロイトと彼女の児童分析家のグループのあいだで若干の不信感をひき起こしたのは確かですね。

カー　なぜならば、先生はときどき、ロンドンの郊外に住んでいて、一週間に五回の精神分析には容易に通えない、たとえば「ピグル」のような子どもたちの相談にのられたからですね。

ウィニコット　週に五回通うことのできない、通う必要のない子どもたちのね。知ってのとおり、なかには、この考えをけしからんと思った人もいて、私の仕事は真の分析の基準を実際に満たしていないと主張しました。

カー　先生の同僚の方たちの何人かは、一九四〇年代から一九五〇年代にかけて、一九六〇年代になっても、いかに「まじめくさっ」ていて、どれくらい厳格だったのかが際立っているようです。まるで正統派のユダヤ人街に住んでいるようです。

ウィニコット　それは、状況を説明するのにもっともな言い方ですね。

カー　「オン・ディマンド」法は、それが必要かもしれない子どもに対して一つの精神的な作業を提供してくれますが、それについての考えは、歴史的に見ると、衝撃的であるとはほとんど言えないようです。フロイトも結局は、自分が確実に実践した「断片的な分析」（ときには「砕けた分析」と解釈される）についての話をしました。

ウィニコット　その表現は憶えていますよ、「断片的な分析」。

カー　もちろん、標準である全体的な分析と対比して、継続的な分析のことを言っているのですが。

ウィニコット　ええ、アーネスト・ジョーンズと私は、ときどき「断片的な分析」について話をしましたね。もしフロイトが週に六回よりも少ないセッションを提供することができたならば、おそらく私もそうしたかもしれません。ときに、部分は全体の合計よりも大きいことがある、そう思いませんか？

カー　先生は、ご自身の仕事を発展させ、それを実践しているあいだ、ウィニコット夫人やコールズさんから多大なる支援を得られたことは、言うまでもありません。

ウィニコット　ええ、まあ言ってみれば、私の二人の妻ということになりますね。クレアは私の身も心もめんどうをみてくれたし、ジョイスは私の仕事の管理をしてくれました。ジョイスは私の身体にも気を配ったと言うと思いますよ。たしかに、私が病気になって、しかもクレアが内務省の仕事で外出しなければならなかったとき、彼女は私のために料理を作ってくれました。だから、私は、この二人のとても忠実で、とてもすばらしい女性からめんどうをみてもらえて、幸運ですよ。本当にとても幸運です。

カー　ですが、一九六八年になって、先生の健康は著しく損なわれました。

ウィニコット　死にそうでした。実際に、私は死んだんだと思います。いや、死んじゃったかと思いました。そう、私は重症だった。

カー　先生はニューヨークに行かれていました。

ウィニコット　そのとおりです。私はニューヨーク精神分析協会から招待された。そこは、アメリカでもっとも古い精神分析のグループです。さらに、ニューヨークにあったウィリアム・アランソン・ホワイトのグループのように、ほかのところからも申し込みがあった。彼らも分析家だが、ずっと現代的です。いずれにしても、クレアと私は、一九六八年の一一月上旬にニューヨークへ飛んだ。そして、二人ともあのアジア型のインフルエンザにかかって重症でした。それはかなりの悪性のインフルエンザで、私が医学生だった一九一八年のときのものと似ていました。二人とも死ぬことだってありうることがわかっていました。

カー　けれども、先生は辛抱されてがんばられた。そして、ニューヨーク精神分析協会にご自分の論文を提出されましたね？

ウィニコット　おお、そうです。それは壮大なできごとだった。男性は全員、ディナージャケットを着なければならなかったんだけど、ちょっとその場にそぐわないなと思いました。当時ベトナムで戦って死んでいくアメリカの若者たちのようだった。共感というものをとても失っているようでした。現状に気づいていない、自分のなかにある戦士のような部分に気づいていませんでした。だから、彼らの対応はとても冷たかった。まるで紳士のクラブにいるかのようにふるまったが、とても非紳士的な対応でした。

カー　ですが、英国の精神分析協会の会長を二度務めた人物として、彼らは先生を招待しました。先生がお話するのを聞きたかったのです。そして、先生は国際会議で彼らの多くと知り合いになられ、彼らのことがお好きでした。そして、彼らは先生のことが好きでした。

ウィニコット　どうかなあ、あの晩、三つのできごとが起こったんです、……一九六八年一一月一二日。

あの日のことを憶えていますよ、おわかりでしょうが。まずはじめに、私の講演がとてもまずかった、ちょっとあいまいで、そわそわしていたんだと思います。なぜなら、体調がすぐれなかったからです。本当に具合が悪かったんです。それから、思うに、彼らの多くが私のことを知っていて、私を好きだったんだろうけど、かなり多くの人たちには、私が英国のクライン派の人物のように思われた。そして、彼らはクライン派を憎むべき相手だと教えられてきた、アンナ・フロイト派と対立していたからね。そして、もちろん、アンナ・フロイト派はニューヨークで大基盤を築いていました。

カー　それで、三つめの要因とは？

ウィニコット　それはね、私が「対象の利用」と呼んだものに関する、とても新しい論文を提出したことですね。論争を呼んだ論文のうち別のものだと思いますよ、私には議論の余地などないけれど。

カー　先生は、欲求などを満足させて精神的に生き残るために、患者さんは対象として分析家を利用することが許される必要がある、と提案されました。

ウィニコット　それは要旨ですね。患者さんは分析家を利用します。患者さんは感情を放出し、さらに自分の内的世界のことなどをめぐってとても深遠なものを伝えてきます。でも、私の話はあまりにも複雑で、とても不可解に聞こえたんだと思います。そして、彼らはまったく理解しなかった。いや、おそらく、理解はしたんだろうけれど、気に入らなかったんでしょう。結局、もしあなたが、ディナージャケット（または、アメリカではみんな「タキシード」と言っていましたが）を着た分析家だとしたならば、分析家を利用したいと思っている、あるいは、怒りで分析家をバラバラにしてやりたいとさえ、…分析家に物を投げつけたりとかね、そんなことを思っている退行した患者さんの手を握ったり、いっしょに床に座ったりすることなどできなくなるでしょう。

カー　患者さんが混乱する可能性を感じます。

ウィニコット　当時のアメリカの精神分析には、伝統的な精神医学、伝統的な医学に対する巨大な忠誠があったのを思い出さなければなりません。ほとんどの分析家は医学博士号を持たなければならなかった。一方の英国では、実情はこうではなかったんです。私の経験では、アメリカ人は、医師であり分析家であるというみずからの身分におおいに誇りをもっていた。だから、必然的に、私から「利用される」人々と言われて、彼らが喜んだとは思えません。

カー　それで、先生を攻撃したのだと？

ウィニコット　拍手をしてくれましたが、おざなりでした。それから、そう、理論的なコメントをいくつかしてくれた。でも、それは基本的には批判でした。その後、私は、聴衆のなかにいた一人の若い心理学者の方を向いて、アメリカ人がなぜベトナムに行ったのか、いまやっとわかった、とささやきました。

カー　先生は爆撃されたと感じられたのですね。

ウィニコット　そうです。そして、私はホテルの自分の部屋に戻った。それから、まもなく、私は重い心臓発作に襲われ、死にかけた。

カー　なんと恐ろしい、ぞっとする体験でしょう。しかも、チェスター・スクエアからとても遠く離れていたのですもの。

ウィニコット　クレアと私は、六週間かそこら、ニューヨークに滞在しなければなりませんでした。ほとんど破産寸前になりましたね。理由は、アメリカの医療費のせいです。おわかりのように、国民健康保険制度がなかった。まじめな話、私はほとんどすべてを失いました。それだけお金がかかったんです。

カー　先生はきっと、ニューヨーク精神分析協会に請求書を送りつけてやりたいと思われたにちがいありません。

ウィニコット　その考えは浮かびましたよ。協会のメンバーのなかには、見舞いに来てくれた人もいました。保守派の人たちでしたが、彼らは、長年、私を知っていた。とても親切な人たち。とても親愛なる人たち。それ以外の人たちは手紙をくれました。なかには、病院のベッドのなかで読めるようにと、本を持ってきてくれた人もいた。でも、だいたいにおいて、かなりひどかったですよ。

カー　それで、先生は非常に衰弱した状態でロンドンに帰ってこられたわけですね。

ウィニコット　ええ、そして、私はかなり長いあいだ、仕事を再開することができませんでした。少しずつ活動し始めていった。でも、最大限の力を取り戻すのに数か月間かかりました。それから、明らかな理由で、私はとても慎重でなければならなかった。でも、少しずつ患者さんの治療や執筆活動、教育を再開しました。いつもよりも遅いペースで取り組んで、仕事もやや少なめに、でもほんのちょっとですが、引き受けました。結局のところ、一九六九年と一九七〇年はとても忙しい年でした。一九七〇年一〇月のフロイト像の除幕式によって報われたんです。私には、そのためにまだ生きていなければならないことがわかっていました。でも、その式典では、とても具合が悪かった。スイス・コテージの屋外での式典、それはそれは寒い日に行なわれた。そして、私は死ぬかもしれないと思いました。

カー　ですが、先生は、さらにもう三か月半を生きられました。

ウィニコット　ええ、私は一九七一年一月に死にました。一月の二五日だったと思います。私は、もっとも順調なときでさえ、日付を憶えるのが苦手でして。でもそのときは、私はカレンダーのことをまったく考えていませんでした。

カー　ウィニコット夫人が、コールズさんのような親しい人たちに、先生がお亡くなりになったのは、一月二五日月曜日の朝四時ごろだった、と話したのです。

ウィニコット　クレアなら知っているでしょう。彼女が私の遺体を発見したんでしょうか？

カー　はい、彼女はぐっすり寝ていましたが、どうやら、夜の中に目が覚めたときに、先生を見つけられたようです。

ウィニコット　彼女が私を見つけなければならなかったとは、気の毒です。でも、彼女は強い女性です。そして、それが起こるにちがいないことはわかっていました。彼女は利口です。だから、私の死は驚くにあたらなかったことでしょう。私たちは、迫りくる私の死について話しました、‥たくさんね。それでも、気の毒です。なにしろ、私たちにはすばらしい愛情があったから。とてもすばらしい愛情が。

カー　先生のお葬式は、北ロンドンのゴルダーズ・グリーンにある火葬場において、しめやかに行なわれました。ご家族やご友人や同僚の方々、そして患者さんたちがおおぜい参列しました。みなさん、世界に対する先生のすばらしい貢献について話しました。私は、先生が天国からそれを楽しまれただろうと思います。

ウィニコット　あなたも出席したんですか？

カー　いいえ、当時の私はまだ子どもでしたから。

ウィニコット　それはごもっともです。

カー　それはともかくとして、私は何人もの参列した人たちと話をしました。そして、みなさん全員が、一人のたいへんすぐれた男性に対して、本当に最高の賛辞を述べていました。

ウィニコット　話を聞いて、とてもうれしいです。そして、数時間、生き返ることができるこの機会をもてて、なんてすばらしいんでしょう。教えてください、私の葬式ではすてきな音楽が流れましたか？

カー　はい、コンサート・ピアニストがピアノを演奏しました。特別なグランドピアノがそのために火葬場に持ち込まれました。
ウィニコット　私たちは、私の音楽の面についてあまり話をしてきませんでしたね。
カー　いくつかの点で、私は常に音楽を先生の人生のなかでもっとも重要な側面の一つであるとみなしてきました。それどころか、音楽を先生の仕事の一つであるとみなしてきたのです。
ウィニコット　そのとおりですが、でも、それについては、また別の機会に話すことであるかもしれません。ひょっとしたら、また私を招待してくださいますか？
カー　それはもう、大歓迎ですよ。
ウィニコット　私の音楽について、あなたが知っていることとは何でしょう？
カー　私が存じ上げているのは、先生が大きな施設でピアノを演奏されたということと、ピアノの練習の成果を他の人たちといっしょになって、たとえば、セミナーでよく演奏されるなどして、楽しまれたということなどです。
ウィニコット　すべて本当のことですよ。
カー　さらに、私は、先生が音楽家のように話されるということも知っています。先生には音楽のような声の抑揚があります。先生の話し方には、句切りがあって、休みつつ、リズミカルで、そして味わいがあります。先生は、力の強さや弱さを変えながら、話されるのです。
ウィニコット　私はこれまでずっと、自分の声の音楽的才能には、患者さんにとって癒しの特性があると思っていました。ちょうど、お母さんの声が赤ちゃんにとって潜在的に癒しの対象になるのと同じように ね。赤ちゃんは、お母さんがそこにいること、お母さんは生きていて、注意を怠っていないということを、声で知るんです。私は患者さんとそういうふうに自分の声を使いました。

カー　そればかりでなく、個人的な遊びや、個人的な喜びのためにも。

ウィニコット　なによりもまず、そうでしょうね。

カー　ギルバートとサリヴァンについて教えていただけますか。

ウィニコット　ギルバートとサリヴァンが大好きなのを、あなたは知っていますね。

カー　マリオン・ミルナーが最初に、私にその方面への先生の興味に注意するように言ってくれたのです。

ウィニコット　たしかに、みなさんはわかっていませんが、でも、ギルバートとリリヴァンはあの時代のビートルズでした。二人はとても人気があった。あの〜、これでも控えめに言っています。あの二人は、上品さの、文化の、悪意の、賢さの、そう、あらゆるものの権化だった、本当に。

カー　今日では、ギルバートとサリヴァンは、人々のなかに多くの不信感を呼び起しています。多くの人たちが、二人を「昔風気取りだ」とか、「人をこばかにしている」とか、子どもじみてばかばかしいとさえ思っています。たしかに、多くの人たちは二人を時代遅れだとみています。

ウィニコット　なんとばかばかしい。彼らは辛辣で社交的な批評家ですよ。二人にはすばらしい冷静で客観的な目があります。私は、彼らがとてもすぐれた分析家になったかもしれないと思いますよ。二人とも最高に知的でした。

カー　おそらく、次の会話で私たちは、もっとGとSについて考えることができますよ。

ウィニコット　おお、いいですね。ギルバートとサリヴァンを理解せずして、ウィニコットを本当に理解することなどできないと思うので、それを楽しみにしていますよ。

カー　ほかになにか、最終的な意見や考えはございますか、ウィニコット先生?

ウィニコット　えーっとですね、私は、奉仕に尽くすウェスリー主義メソジスト派の伝統のなかで自分の人生を開始しました。その考え方のおかげで、私はウィニコット家の完全な一員になることができた。私たちはみんな、利用される対象になったんです。それが、私たちが自分の家族で、そして一般のキリスト教の家族でやったことです。言うまでもないけれど、私たちは、そのことについてまったくそういうふうには考えなかった。でも、本当に利用される対象でした。

カー　そして、そのおかげで、先生は医師と精神分析家になることができたのでしょうか？

ウィニコット　おかげではありません。そのことが、私に医師と精神分析家になれという主張だったのです。それで、私はそうした。

カー　そして、先生は、半世紀を、実際には、半世紀以上になりますが、患者さんの世話につぎ込まれました。

ウィニコット　ええっと、私は一度、ある患者さんに言ったのを憶えています。この患者さんは、人生において数多くの悲劇を体験してきた人でした。そして、私は言った。「あなたの人生がそんなにも困難でなければならなかったのは気の毒です」と、あるいは、そのような趣旨の発言をした。すべての痛みを取り去ることはできません。でも、それが事実なのだと認めることはできた。彼女は、私が苦しみや痛みを取り去ってくれるとは期待していませんでした。それはそこにあった。そして、彼女はそれを知っていた。でも、彼女は泣いた、そう思います。そして、深いところで感じて、痛みが本当に存在することを私が確認したことに、いたく感動したんです。

カー　近ごろでは、私たちは、承認を与えたり、妥当性を検証したり、クライエントの体験の証拠を探したりする精神療法家の在り方について、よく話していると思います。

ウィニコット　そのとおりで、私はこの女性の体験を確認したのです。私も彼女に触れたと感じました。私の場合、治療の仕事で用いるこつとは、二人の人間が、部屋のなかで、だれもいないところで会うというものです。すると、心を動かされるように触れられるんです。同じような触れ方はありません。分析家は患者のとは異なる体験をするでしょう。でも、心が触れるなにかが起こらなければならない。だから、私はそれが起こるいちばんよい方法を研究しようとしました。そう、一部の人たちがそのような苦しい生活をしなければならなかったのは残念です。

カー　そして、先生は、人々を助け、その人たちの苦しみに満ちた旅に同行するために、非常に多くのことをなさった。

ウィニコット　私たちはここで感傷的になろうとはしていないと思います。隠し立てをしないでいるんだと思います。私たちは力を尽くして、痛みを和らげられるように、あるいは少なくとも、人々がその痛みとともに孤独でいないように努めます。それが、患者さんに対する仕事の本質なんです。そして、成功するなら、つまり、痛みが取り除かれるならば、私たちには遊んだり喜んだりできる機会がもてるんです。

カー　部外者にとって、私たちの仕事はとても単純に見えます。小さな部屋のなかで座って、話をして、談笑して、相手の話を聞いて、首をたてにふっている二人の人間。しかし、それは、本質的には、意味を求め、理解を求め、喜びを求め、そして痛みの除去を求めて探索していくことに基づいた出会いなのです。

ウィニコット　そうです。まったくそのとおりです。

カー　訓練期間中に、私は、光栄にも、すばらしい人物のスーパーヴィジョンを受けたことがあります。非常に特別な人物で、バーナード・バーネット博士と呼ばれていました。

ウィニコット　おお、そうでしたか。

カー　バーネット博士は、先生がお亡くなりになったときは、非常に若い心理学者でした。その後、彼は精神分析家の訓練を受けました。彼は、一九六〇年代初頭に、ある会議で先生が意見を述べられるのを聞きました。そして、とても熱心に先生のことを話しました。

ウィニコット　残念ながら、私は長くは生きられなかったんで、彼のことをもっとよく知ることはできなかった。

カー　バーネット博士にはきれいな言い回しがあります。彼は心理的な治療を「集中治療」の非常に特別なかたちと表現しています。

ウィニコット　おお、実にいい言いまわしですね、気に入りました。私の考え方にちょうどぴったり合います。でも、彼はそれをさらにうまく表現しましたよ、「集中治療」。そう、それは、原初の母性的没頭です、…原初の分析的没頭ですね、あなたの言い方を用いるなら。それは、患者さんに専念している分析家やセラピストのことです。それは、本質的に集中治療です。そして、毎日毎日、毎年毎年、患者さんといっしょに座るとき、私たちは集中治療を行ないます。患者さんたちを治せるかどうかにかかわらず、私たちは集中して治療します。すばらしいです。

カー　ちょっとコールズさんの姿が見えませんね。

ウィニコット　まだタイプを打つのに忙しいんでしょう。彼女は私のためにがんばって仕事をしてくれますからね。

カー　どうぞ、今日、彼女の驚異的な仕事に感謝を申し上げてください。そして、彼女が長年にわたってタイプを打ってくれたことや編集を手伝ってくれたこと、また、先生の健康を管理してくれたことに対して。

ウィニコット　ジョイス・コールズがいなかったなら、ドナルド・ウィニコットは存在していませんよ。
カー　それから、先生にはどのように感謝の気持ちをお伝えすればよろしいでしょう？
ウィニコット　いやいや、お礼を言いたいのはこっちですよ。またお会いしませんか。
カー　私もそれを望みます。くり返し、ありがとうございました、ウィニコット先生。
ウィニコット　これらのテープは、一冊の本になると思っていいのかな？
カー　それに賛成していただけますか？
ウィニコット　死んでいるにもかかわらず、私は、また本を一冊出版するという体験を楽しめますね。その本は何と呼びましょうか？
カー　『ウィニコットとの対話 *Tea with Winnicott*』がいいと考えております。
ウィニコット　とても気に入りました。でももう、私は戻らねばなりません、診なければならない患者さんがいるんでね。
カー　患者さんですか？
ウィニコット　ああ、そうですよ。あの世でも、精神分析家や心理療法家にはまだまだやるべき仕事がたくさんあるんです。
カー　そうしますと、選択肢のなかに、完全に引退するということはまったく入っていないのですね。
ウィニコット　まったくそのとおりです。さて、私は、あなたと懐かしいチェスター・スクエアから去らなければなりません、握手をして、笑ってね。死んでもなお生きているなんて、なんて満足なんでしょう！

残念ながら、私には、実物のドナルド・ウィニコット博士に会う機会がまったくありませんでした。しかしながら、彼の人生と仕事を三〇年以上にわたって詳細に研究することができるという、すばらしい恩恵をこうむりました。その結果、私は彼の著作と教えから徹底的に学ぶことができたのです。

一九九六年に、私はウィニコットの一番最初の伝記を発表しましが、それは、家族や友人、同僚、元患者さんとのインタビューはもとより、彼の全著作と私的な書簡の研究に基づいています。その伝記本はかなり短かく、長さにして二〇〇ページに満たないのですが、それを完成させてからというもの、私は自分の調査研究をより広範囲にわたって発展させました。たとえば、出版された寄稿論文をすべて、くり返し読んだだけでなく、ウィニコットの元の手書きの注釈を含む原稿とタイプ原稿のなかで、数多くの現存する草案も読みました。そのうえ、親切にもウィニコット・トラストから許可をいただき、彼の非常に広範囲にわたる、文字どおり何万ページのプリントからなる手紙を研究することができて、たいへん光栄でした。実際に、ウィニコットの未発表の手紙の山（それらは、英国および米国にある古文書の保管場所にしまわれていた）をすべて通読し、しかも一回だけでなく二回、ときには三回も読んだという強迫的な人間は、私をのぞいてほかにはいないかもしれません。さきほどの一九九六年の伝記を準備するにあたり、私は個人的にウィニコットを知っていたおよそ二〇〇人の人たちにインタビューしました。その後、出版してからも、さらに七〇〇人以上にインタビューしました。

この労を惜しまずに得た学識のどれをとっても、直接ウィニコットを知った体験の代わりになることはできませんが、私は、彼の人生と仕事の両方を、十分豊かに、そして願いとしては正確に把握することができたものと確信しています。たしかに、まったく未発表の手紙（その一部はロンドンやニューヨークで保管されており、別のものは世界中に点在する他の保管場所や個人的なコレクションのなかにしまわれていた）を研究しながら、ウィニコット個人の話し方がもつリズムやテンポ、および言い回しについて言及することで、彼の音楽的才能の何かを吸収したのだと思いたいのです。このインタビューにおいてウィニコットを生き返らせるために、私は彼の世界に何十年ものあいだ没頭しました。

この再構成に含まれる対話の多くは、私がくり返しウィニコットの個人的な未発表の手紙で発見した実際の一節・一句や言い回しが、その出所です。それ以外の一節・一句は、私がインタビューした素材から得られたものです。私がインタビューを行なった人たちのうち、どれくらいの人が数年前にウィニコットと交わした会話を正確に引合いに出すことができたのか、その数はかなり驚異的に感じました。そのような口述による歴史資料を考慮する場合に、時間の経過とともに記憶がいくらか改変され、物語化・神話化されている可能性を考慮に入れなければならないことは言うまでもありません。しかし、たとえそうであっても、ウィニコットが同僚や患者さんに非常に大きな影響を及ぼしたことは明らかです。そして、これらの人たちの大多数が、ウィニコットとのとりわけ忘れられないたくさんの会話に容易に近づくことができました。なぜならば、それは何十年もその人たち心の内に残っていたからです。インタビューをした人たちが声を大にして言うこともまったくまれではありませんでした。「私は、あのときドナルドが私に言った正確な言葉をけっして忘れません。彼はこう言ったんです……。」

そのうえ、私には、ジョイス・コールズさんと実際に知り合いになる喜びがありました。一九九〇年代の初頭に、私は意を決して、コールズさんの所在を突きとめることにしました。彼女に関する情報提供者の多くが話していたからです、彼女が長年の雇い主についての欠くことのできない情報源であると。しかし、ウィニコットと親しかった同僚たちのほとんどは、彼女はすでに亡くなっていると思っていました。四半世紀以上ものあいだ、だれも彼女と連絡をとっていなかったからです。ところが、すでに亡くなっているといううわさにもかかわらず、私はコールズさんの死亡記事を見つけることができませんでした。ですから、彼女はまだ生きているかもしれないという望みを抱いたのです。

折よく、かつてドナルド・ウィニコットやアンナ・フロイトといっしょに仕事をした、たいへん高齢の精神分析家であるイルミ・エルカンさんが、数年前、まったくの偶然のできごとによって、自分とコールズさんの散歩を楽しむ休日が同じだったことがわかった、と私に話してくれました。エルカンさんはコールズさんのかなり昔の住所を知っているかもしれないと思って、寛大にも、ぼろぼろになった手書きのアドレス帳を捜し出して、コールズさんの電話番号を本当に見つけたのです。エルカンさんは、約二〇年間、その番号には電話をかけていないとおっしゃって、もう使われていないかもしれない、と私に忠告してくれました。懲りずに、私は電話をかけました。すると、電話から弱々しい声が聞こえてきたのです。ジョイス・コールズさんの自宅かどうかたずねたとき、電話の相手の高齢の女性は自己紹介されました。それはまさに、私が捜し求めていた女性でした。どうやら、彼女は最近、たいへんな交通事故に遭われたようで、死にかけたとのことでした。そして、彼女はまさにその日、退院して、西ロンドンのアパートに戻ってきたばかりだったのです！　もし私が一週前に、もしくは一か月前に電話をかけたならば、だれも電話には出なかったことでしょう。コールズさんは一人暮らしをしており、留守番電話もなかったからです。そしてもし、だれも電話に出なかったならば、私は、彼女はすでに亡くなっているとみなしてしまったことでしょう、多くの人たちが私にそう思わせようとしたように。

衰弱していたにもかかわらず、コールズさんは私の訪問を受け入れてくれました。もちろん、彼女の回復期のじゃまをしたくはなかったので、私はそのような面会はいくらでも延期することを申し出ました。しかし、彼女は、私のもっとも早く都合がつくときに来るように、と主張しました。まさにその週末、日曜日の朝に、私は彼女に会いに行きました。そして、少しのあいだ会話をしたら、あとはいとまを告げるつもりでした。実際には、コールズさんは、ウィニコットと過ごした時間について、細大もらさず、そしてとても愛想よく話してくれたので、私は結局、丸一日そこで過ごしたのです。その後、私は長時間にわたる訪問を何度もくり返しました。そのあいだ、ジョイスは、自分とウィニコットとの関係（それは一九四八年九月から一九七一年一月まで続いた）や、自分とクレア・ウィニコットとの関係（それはクレアが一九八四年に亡くなるまで続いた）に関する多くの未発表の物語と逸話とで私を楽しませてくれました。

友好関係が進展していくなかで、コールズさんは、ウィニコットが彼女に与えた手描きのクリスマス・カード（そのうちの一枚は、私の一九九六年のウィニコット伝の表紙を飾っている）の全コレクションは言うまでもなく、手紙や、論文、はがき、臨床の記録、症例報告書の索引カード、思い出の品、およびその他の資料といった、ウィニコットの豊富で珍しい品々を徐々に私に託していきました。今日まで、ほかのいかなる学者もウィニコットの資料のこの宝庫に近づきませんでした。そして、私がジョイスから、そして彼女の論文のコレクションから学んだことの多くは、本書『ウィニコットとの対話』の内容と文体の両方を特徴づけるのに役立ちました。ジョイスは、ウィニコットの原文にどんなに没頭しても、けっして達成することが望めなかった方法で、彼を甦らせたのです。

私がコールズさんの晩年に楽しんだ彼女とのあたたかな関係を考えると、登場人物の一人として彼女をこの死後のインタビューにぜひとも登場してもらうことにしたのです。ウィニコットの人生において彼女の担った、もの静かで、慎み深く、それでいて活力に満ちた役割は、彼女のすばらしい性格の賜物です。コールズさんによる変わることのない庇護と援助（たとえば、何度も何度もウィニコットの小論文や本をすべてタイプで打ち、事実上あらゆる電話に出て、すべての患者さんの治療費の請求書を準備するなど）がなかったならば、ウィニコットは、発達心理学において十分な成果をあげるのを可能にした、あの特有の促進環境を享受することなどできなかったでしょう。

もちろん、私とウィニコットとの「お茶（の中味）」は、私自身が再構成したのです。しかし、この男性の人生の研究（願わくば、彼の真髄についても研究が行なえていたらいいのですが）につぎ込んだ数千時間から得られたものです。

それでは、なぜ、私はウィニコットを死後のお茶に招待したのでしょうか？　特に二つの理由から、そうしたのだと思っています。一つめは、ウィニコットの人生や仕事のさまざまな側面に関する本を三冊執筆したり、編集したりしてきて、私は、長年にわたって、ウィニコットに関する短い「学生のための入門書」を作らないか、といろいろな出版社から多くの誘いを受けたからです。これまで私はそうすることを控えてきました。一つには、何人もの同僚たちがすでにそういうことをやっていたからです。

したがって、「ドナルド・ウィニコットは、一八九六年、プリマスに生まれました。彼は子どもを扱うのがとても上手でした。」といった類いの、さらにべつの小さな本を作ることは、単調で退屈かもしれないと思いました。ウィニコット的な精神において、私は、もっとプレイフルで、もっと独創的な手法でウィニコットを甦らせる創造的な方法を見つけることを切に望みました。本物のドナルド・ウィニコットは劇場が大好きでした、そして、一生をつうじてしばしば演劇やミュージカル、オペレッタ、そしてコンサートを見に出かけました。基本的には演劇の脚本の形式でインタビューを組み立てていくことによって、芝居がかかっていることに対するウィニコットの愛情をいくらかとらえられていたらいいと思います。私はまた、学生たちは退屈でつまらない入門書よりも、もっと「くだけた」入門書のほうをありがたく思うのではないかと考えました。たいていのウィニコットの入門書は、彼の仕事を優先させ、ウィニコットという人間を無視しています。さらに、残念なことに、当時の情況が説明されておらず、ウィニコットの経歴もないがしろにされているために、学生たちはウィニコットの全体像をさらに得にくくなっているのです。ウィニコットは、非常に多くの本や研究論文、小冊子、章、小論文、雑誌の記事、書評、死亡記事、短い便り、そして手紙を書いたので、彼が貢献してきたことや経験したことの全体と取り組むには、相当に長い時間が必要です。したがって、このささやかなお茶が、学生たちがウィニコットの研究によろこんで入れる地点を見つけるのに役に立ってほしいと思います。

しかし、駆け出しの精神保健の専門家がドナルド・ウィニコットの複雑さをうまく切り抜けるのに役に立つ手段としてのみ、私はこの本に着手したのではありません。二つめの理由があって、この本を書きました。一九九六年の『D・W・ウィニコット：伝記から知る肖像』の出版以来、私は、ウィニコットのさらに広範囲にわたる伝記を著わすことに備えて、研究に力を入れてきました。発表された著作や、未発表の手紙、および未発表の古い資料や口述による歴史インタビューの資料といった巨大なコレクションに精通するには、多くの統合化と組織化が要求されることは、想像にかたくありません。そして、『ウィニコットとの対話』を執筆することによって、私は満足のいく方法で、ウィニコットを、すなわち、その人物と仕事の両方を生き返らせることができたかどうかを知ろうと思い、挑戦しました。したがって、私がこのインタビューの原稿を書いたのは、ある程度までは、伝記の格子を作り、さらに、ウィニコットの「声」をうまく見つけられたかどうかを知る試みからなのです。このウィニコット物語にみられる未発表の貴重な情報は、目下準備中である最終的な伝記のなかに出てくることが期待される未発表の資料の一パーセントにも満たないのです。さらに、自分自身の考えをまとめるにあたり、この架空のインタビューを利用することは役に立ちました。そのことに対して、読者のみなさんに感謝の気持ちを表明しなければなりません。そして、このインタビューを読むことで、これから出版される書物を読んでいくみなさんの努力は実を結び続けるだろうと信じています。

私は、主として同僚たちのためだけにではなく（精神保健の専門家の仲間たちのなかには、この本が有益であるとわかる者もいるかもしれないが）、むしろ学生たちのために『ウィニコットとの対話』を書きました。初心者が、フロイトやユング、クライン、ウィニコット、ボウルビィ、ビオン、マーラー、エリクソン、ラカン、ミッチェル、その他おおぜいの人たちの名のもとに、自分自身が泳いでいるのがわかるように、今日では、精神分析に取り組むことはそのような目に見えない危険をはらむ領域となっていることがわかります。古典的精神分析にせよ、あるいは対人関係精神分析や、関係精神分析、愛着に基づく精神分析や、現代の精神分析、そして神経精神分析などにおいて、ますます増大する精神分析理論の洪水は、しばしば混乱をまねき、最終的には、見分けがつかなくなります。学生たちは理論の泥沼のなかでしばしばもがします。なぜならば、彼らはより親近感のもてる方法で、このような私たちの分野の創始者たちに取り組むことができないからです。

願わくば、『ウィニコットとの対話』が、十分に明瞭なドナルド・ウィニコットの姿を、それ自体で役に立ち、また、さらなる研究のきっかけになってくれるかもしれない姿を描くにあたり、訓練生たちの助けとなる小さなオアシスを提供することができればよいと思います。ウィニコットと彼の世界に関する、よりプレイフルで、演劇的な場での入門書に進んで取り組もうとされた読者のみなさんに感謝します。

評伝（ABC順）

歴史的なことがらに興味をもつ読者のみなさん方のために、『ウィニコットとの対話』でのインタビューの一部や「終わりに」のなかで言及した人物全員の、簡潔な説明を書いておきました。

カール・アブラハム KARL ABRAHAM（一八七七〜一九二五）：

ジークムント・フロイト教授のもっとも親しい弟子の一人。カール・アブラハム博士は、ドイツで精神分析運動を創始した。彼が、感動的な臨床上の論文と理論（それらは、とりわけ精神性的発達の段階と下位段階の詳細な説明である）に対して多彩な貢献をしたことは、多くの同時代の精神科の開業医への励ましの源であり続けた。アブラハムがわずか四八歳で早死にしたために、ウィニコットは彼に一度も会うことはなかった。だが、ウィニコットはアブラハム家のさまざまな人々を知っていたであろう。最終的に、その人たちはロンドンに移住したからである。さらに、ウィニコットは、アブラハムの元患者の一人であったメラニー・クライン女史から、スーパーヴィジョンをとおしてアブラハムの考えの多くを取り入れたのだった。

メアリー・アダムズ MARY ADAMS（一九二四年生まれ）：

ウィニコットの古くからの親友であったハロルド・スタンレイ・イードの娘。メアリー・イード（後のメアリー・アダムズ）は、少女時代、ドナルド・

ウィニコットやアリス・ウィニコットと多くの時を過ごした。彼女は、北ロンドンのハムステッドにあったウィニコットの家にしばしば滞在した（ウィニコットの家は、イードの家から歩いてすぐの所にあった。）結局、イード家は、モロッコのタンジェに引っ越した。ウィニコット夫妻は、そこへ彼らを訪ねに行った。メアリー・イードと彼女の姉であるエリザベス・イードは、ウィニコットの名義上の娘になった。

フランツ・アレクサンダー FRANZ ALEXANDER（一八九一～一九六四）：

ハンガリーはブダペストの生まれ。フランツ・アレクサンダーは、精神分析訓練協会を正式に卒業した最初の人物であった。そして、彼は、すぐにジークムント・フロイトの弟子となり、おおいに尊敬された。精神分析家のあいだで「ルネッサンス的教養人」であったアレクサンダーは、多くの分野で非常に重要な貢献をした。性格学や、心身医学、精神分析的犯罪学、および精神医学と精神分析の歴史など、ほかにもたくさんの研究を発表した。熟練した科学者であったアレクサンダーは、一九三〇年代、ロックフェラー財団からかなりの資金を受け取り、さまざまな病気（例えば、気管支喘息や消化性潰瘍など）の心身の無意識的な原因を研究した。ウィニコットとアレクサンダーは面識があったのかどうか、については定かではない。だが、彼らが同じ国際精神分析会議に参加していた可能性はある。たしかに、アレクサンダーによる「修正感情体験」という精神分析的状況の定式化は、さまざまな点でウィニコット自身が理論化した見方と一致している。

クリストファー・アンドルーズ CHRISTOPHER ANDREWES（一八九六～一九八八）：

フレデリック・アンドルーズ（後のフレデリック・アンドルーズ卿）の息子で、ロンドンの聖バーソロミュー病院の有名な病理学者。クリストファー・アンドルーズは、父親のあとを継ぎ、彼もまたバーツの人間になった。彼は、ウィニコットと同時代に生きた人であった。二人は、『聖バーソロミュー病院ジャーナル』の仕事でいっしょだった。また、二人は、患者たちにギルバートとサリヴァンの歌をうたった。アンドルーズは、ウィニコットの終生の友となった。彼は、インフルエンザの原因を研究するなど、ウイルス学者として非常にすぐれた経歴を持ち続けた。そしてついに、医療と健康管理に尽力したとしてナイトの爵位を授与されたのだった。

アンソニー・アームストロング＝ジョーンズ
ANTHONY ARMSTRONG-JONES（一九三〇年生まれ）：

ロバート・アームストロング＝ジョーンズ卿の孫で、ロンドンの聖バーソロミュー病院の「心の病気」の分野において、ウィニコットの最初の教師であった。アンソニー・アームストロング＝ジョーンズは、イギリス国王ジョージ六世の娘であるマーガレット王女妃殿下と結婚し、有名な写真家になった。義理の姉であるエリザベス二世女王陛下によって、貴族の爵位を授与され、彼は、一九六一年、スノードン伯爵閣下の称号が認められた。スノードン卿とウィニコット博士とのあいだに接触があったのかどうかは定かではない。

ロバート・アームストロング＝ジョーンズ
ROBERT ARMSTRONG-JONES（一八五七～一九四三）：

ロバート・ジョーンズ（肩書きなし）は、質素なウェールズ家に生まれた。ロバート・アームストロング＝ジョーンズは、一九世紀後半から二〇世紀初頭にかけて、もっとも有名な英国の精神科医の一人であった。一八九二年に、エセックス州のウッドフォード・ブリッジで、クライバリ精神病院の初代院長になった。その間に、そこで、アームストロング＝ジョーンズは、患者たちの治療活動としてガーデニングとトルコ風蒸し風呂を奨励した。彼は、王立医学‐心理学協会の会長としても尽力するようになった。彼は、精神医学の分野で貢献したとして、ナイトの爵位を授与された。そのうえ、ルーナシーの大法官の巡察官にもなった。精神分析の断固たる批判者であったロバート・アームストロング＝ジョーンズ卿は、その後、ロンドンの聖バーソロミューの病院医科大学の精神医学講座の講師も務め、ウィニコットに精神医学の基礎を教えた。

イーニッド・バリント ENID BALINT（一九〇三〜一九九四）：

旧名イーニッド・フローラ・アルブ。彼女は、後に、言語学者のロバート・アイヒホルツと結婚し、仕事上イーニッド・アイヒホルツ夫人として知られるようになった。一九四八年に、彼女は、家庭相談事務所を設立するのを手伝ったが、それは、最終的に、タヴィストック医学心理学研究所の一部である結婚問題研究所になった。その後、それは、カップル問題のためのタヴィストック・センターになったが、今日までずっと、英国におけるカップル精神分析とカップル精神療法の中核的研究機関である。イーニッド・アイヒホルツは、ジョン・リックマン博士に、そして彼が早くして亡くなってからは、ウィニコットに精神分析を受けた。そして最終的に、みずからの努力によって精神分析家の資格を得た。彼女とウィニコットは、あたたかくて友好的な関係を発展させ、その関係は何年ものあいだ続いた。一九五三年に、彼女は、同僚であった精神分析家のマイケル・バリント博士と結婚し、二人はともに、精神分析的な考えを医療の現場に取り入れるのに助力するなど、非常に創造的な仕事をした。

マイケル・バリント MICHAEL BALINT（一八九六〜一九七〇）：

ハンガリーのブダペストの生まれ。旧名ミハエル・バーグズマン。マイケル・バリント（後に、こう名乗るようになった）博士は、英国に移住する前に、ジークムント・フロイトの弟子であったハンス・ザックス博士とシャーンドル・フェレンツィ博士から精神分析の訓練を受けた。この思いやりのある精神分析開業医は、この分野に対して多くの創造的な貢献をしたことで有名である。バリントが専門にしたのは、退行した患者たちとともに作業することや、心理学的な思考を医療行為に応用することであった。彼は三回結婚したのだが、彼の妻全員が精神分析を行なったのである！　彼の三番めの妻であるイーニッド・フローラ・アルブ・アイヒホルツ・バリント夫人は、ウィニコットの精神分析療法を受けた。マイケル・バリントは、三〇年以上にわたり、大学でのウィニコットとの関係をおおいに楽しんだ。そして、彼らは、相手の臨床上の貢献をおたがいに高く評価しあったのだった。

バーナード・バーネット BERNARD BARNETT（一九三三年生まれ）：

英国の児童心理学者。のちに、バーナード・バーネット博士は、精神分析家の訓練を受けた。そして、児童相談訓練センターで数年間働いた後、ロンドンのタヴィストック・クリニックに所属し、精神分析協会の訓練分析家になった。評判のよい先生であり、作家であり、そして臨床上のスーパーヴァイザーでもあったバーネット博士は、専門職に従事した最初の数年のあいだにウィニコットを知ったのだが、彼はまた、ウィニコットの行なった仕事の研究をさらに進めることを専門とする全国組織であるスクィグル財団の理事を務めた。

ビートルズ THE BEATLES ― ジョージ・ハリソン GEORGE HARRISON（一九四三～二〇〇一）、ジョン・レノン JOHN LENNON（一九四〇～一九八〇）、ポール・マッカートニー PAUL McCARTNEY（一九四二年生まれ）、およびリンゴ・スター RINGO STARR（一九四〇年生まれ）：

エンターテイメント史上、もっとも人々を惹きつけてやまない四人組。ビートルズは、一九六〇年代を代表するロック・グループであり、世界中の音楽に革命を起こした。当時、ウィニコットはだいぶ年をとっていたが、永遠にお茶目な彼は、ビートルズの音楽を崇拝した。ウィニコットには、ジョン・レノンとポール・マッカートニーによって書かれた、響きわたる曲を受け入れるだけの開かれた心があったのだ。ウィニコットの同僚の一人は、実際に、ウィニコットを精神分析においてビートルズに匹敵する人物であると言ったのだが、それは当時としては、最高の賛辞だったのである!

イサ・ベンジー ISA BENZIE(一九〇二~一九八八):

みずからの職歴の大部分を英国放送協会で働くことに費やした有名なラジオ・プロデューサー。イサ・ベンジー(結婚後の名前であるロイストン・モトリーとしても知られている)は、一九四〇年代、およびそれ以降も、ウィニコットの先駆的なラジオ放送の多くを依頼した。ウィニコットもベンジーを信用した。それというのも、ふつうのやり方で乳幼児の世話に専念する母親たちについてのウィニコットのさりげないコメントが、ラジオでの重要な会話の基礎になるかもしれない、とベンジーが認めたからである。したがって、彼女は、「普通の献身的な母親」という表現を社会に広めるのに一役買ったということで、まさしく称賛に値する。

スヴェトラーナ・ベリオソワ SVETLANA BERIOSOVA(一九三二~一九九八):

リトアニア人の生まれのダンサー。ロンドンのロイヤル・バレエ団のプリマ・バレリーナになったスヴェトラーナ・ベリオソワは、ウィニコットの患者であったマシュード・カーンと結婚し、事実上、第二次世界大戦後の時代の主要な精神分析家たちを全員知ることとなった。ベリオソワとウィニコットとはいかなる関係であったのか、それに関する情報の出所はさまざまである。彼女は、ウィニコットから分析を受けたのではないか、とほのめかす者もいれば、夫婦間の諸問題やアルコール依存症で彼女を助けるべく、精神医学上の相談にのるためにだけウィニコットは彼女に会ったのだ、と主張する者もいる。ただ、ウィニコットと彼の後妻であるクレア・ウィニコットは、たびたびマシュード・カーンとスヴェトラーナ・ベリオソワとつきあったことは、たしかである。さらに、ウィニコットはまた、コヴェント・ガーデンにあるロイヤル・オペラハウスで、彼女の踊りが見られるという恩恵に浴した。

ウィルフレッド・ビオン WILFRED BION（一八九七～一九七九）：

英国の植民地であったインドで生活していた両親のもとに生まれた。ウィルフレッド・ビオンは、第一次世界大戦中、戦車の指揮官を勤めて、その勇敢さで殊勲章を受けた。復員と同時に、ビオンはオックスフォード大学で歴史学を研究し、ロンドン大学のユニヴァーシティ・カレッジ・ロンドンに入学した。そこで、彼は医学の研究に乗り出すのである。長年、ロンドンのタヴィストック・クリニックで働いた後、精神分析の訓練に入り、メラニー・クラインの忠実な弟子になった。集団行動の研究に貢献したことと、集団分析の理論を発展させるために助力したことで、ウィルフレッド・ビオン博士は、もっとも記憶されるであろう。同様に、彼はまた、精神病の患者に対する活動で有名であり、とりわけ初期の精神的不安とメカニズムが、思考過程をしばしば攻撃するという考え方とそのやり方の理論でよく知られてもいる。ウィニコットとビオンの学問上の関係は、悪くはなかったが、その特徴といえば、ある程度の相互の疑い深さと、おそらくは競争心であろう。彼らの未発表の手紙を読むと、その冷淡さに若干の戦慄を覚えるであろう。

クリストファー・ボラス CHRISTOPHER BOLLAS（一九四四年生まれ）：

アメリカの文学者。クリストファー・ボラス博士は、英国に渡り、一九七〇年代に精神分析家の訓練を受けた。それ以降、ボラスは、精神分析の独立学派のなかでもっとも創造的な代弁者の一人となる。

そして、性格学や守秘義務、および「オン・ディマンド」法といった多様な問題に関する多くの著作で世界的な称賛を得た。臨床上の貢献に加えて、ボラスは、演劇やフィクションの作品も多く書いたが、それらは、みごとで魅力的である。ウィニコットの仕事の情熱的な熱心な支持者であったボラスは、長年、ウィニコット出版委員会の委員を務め、数冊のウィニコットに関する文献を出版するための準備を手伝った。

ベルタ・ボーンシュタイン BERTA BORNSTEIN（一八九九〜一九七一）：

障がい児の研究を行なったポーランドの生まれの女性。ベルタ・ボーンシュタインは、ドイツはベルリンで、児童精神分析家の訓練を受け、アンナ・フロイトの親しい同僚になった。その時代のヨーロッパ大陸にいる多くのユダヤ人精神分析家と同様に、ボーンシュタインは、ナチスが横行するヨーロッパから逃れて、ニューヨークに移住した。結局、彼女は、ニューヨーク精神分析協会の、医学的な訓練を受けていない特別会員の一人になり、いささか厳しい先生やスーパーヴァイザーであるとの評判を高めた。彼女とウィニコットがじかに接触したのは、ごくわずかでしかなかったが、国際精神分析会議で彼を知っていたのであろう。ウィニコットは、「児童分析」（のちに、「潜伏期の児童分析」と表題が改められた）に関する論文で、簡単にではあるが、ボーンシュタインの研究を引用している。

ジェフリー・ボーン GEOFFREY BOURNE（一八九三〜一九七〇）：

ロンドンの聖バーソロミュー病院にいたウィニコットと同時代の人。ジェフリー・ボーン博士は、英国のもっとも有名な心臓病専門医の一人であった。彼は、小児の心臓病に対する強い先駆的な関心を抱きつづけて、最終的には小児心臓病学として知られるようになる分野を発展させるのに助力した。一九四〇年代に、ボーンとウィニコットは、同じ建物のなかに個人の診察室を持っていた。そして、ウィニコットが、一九四九年に重度の心筋梗塞を患ったときに、ボーンのタイムリーな処置によって、ウィニコットの生命が救われた可能性が十分にある。

アンソニー・ボウルビィ ANTHONY BOWLBY（一八五五〜一九二九）：

二〇世紀でもっとも秀でた外科医の一人であるアンソニー・ボウルビィ卿は、ロンドンの聖バーソロミュー病院で長年教えていた。彼の教え子たちのなかには、ウィニコットも含まれる。アンソニー・ボウルビィ卿は、心的外傷の外科的処置の実践に対して重要な貢献をしたが、それは、ボーア戦争中や、さらには第一次世界大戦中の彼の経験に基づいていた。その上、彼は、二人の国王、エドワード七世とジョージ五世の王室において、外科医として尽力した。彼の息子であるジョン・ボウルビィは、父親のあとを継いで、医療の仕事に従事した。

ジョン・ボウルビィ JOHN BOWLBY（一九〇七〜一九九〇）：

ジョン・ボウルビィ博士は、人間心理学において、もっとも影響力のある思想家および研究者の一人であることは疑いない。彼は、「愛着理論」として知られようになったことがらを深く解明したことで、もっともよく知られている。ジョアン・リヴィエールの精神分析を受けたボウルビィは、同僚らが内的世界を重視したのに対し、乳児期から幼児期にかけて、実際の分離と喪失が、後の生活における抑うつの発達と精神障害の他の形態の発達にどのように関与するのか、そのあり方について体系的に調査した。ウィニコットとはうちとけた親友ではなかったとはいえ、この二人はおたがいに深い関係を持った。そして、二人の考えや思いつきのなかに、多くの類似点を見つけることができる。

コンスタンティン・ブランクーシ CONSTANTIN BRÂNCUŞI（一八七六～一九五七）：

ルーマニアの生まれ。コンスタンティン・ブランクーシは、二〇世紀でもっとも大きな影響を及ぼした彫刻家の一人であり、現代主義アプローチの先駆者であった。学生時代からのウィニコットの親友であったハロルド・スタンレイ・イードは、美術鑑定家や館長になったが、英国でのブランクーシの仕事を擁護したのであった。ウィニコットとブランクーシとは、おそらく一度も会ったことはなかったであろうが、ウィニコットは、イードと友人関係にあったことや、イードの魅力的な文学仲間や演劇仲間とつきあったことから、芸術への現代的アプローチについて多くを学んだことであろう。そういったつきあいをもったことによって、ウィニコットの行なった数多くの仕事の特徴をなす新鮮味や挑戦が高められたのではないだろうかと思われる。

マジョーリー・ブリーリー MARJORIE BRIERLEY（一八九三～一九八四）：

精神分析協会のウィニコットの学友の一人であったマジョーリー・ブリーリー博士は、一九三〇年代から一九四〇年代にかけて、英国の精神分析において重要な人物であった。彼女は、女性らしさの発達に関する重要な評論を含む、一連のテーマに関する学術論文を執筆したことや、精神分析技法の有力な調査に関して、エドワード・グローヴァー博士と共同研究したことで記憶されるであろう。精神の独立で知られているブリーリーは、第二次世界大戦中の英国精神分析協会をほとんど分裂させた、いわゆる「大論争」の際に、多くの重要な貢献をしたのだった。

ジェイムズ・ブリットン JAMES BRITTON（一九〇八～一九九四）：

クレア・ブリットン（後のクレア・ウィニコット夫人）の弟である、ジェイムズ・ブリットンは、教育学の分野の研究者として有名になった。彼は長年、ロンドン大学教育研究所で教え、最終的に、ゴールドスミス教授になった。ウィニコットは、「ジミー」・ブリットンとのあたたかい個人的な関係をもった。そして、ウィニコットは以前、自分の母親のことを書いた「木」という表題のとても内密な詩を、彼に贈ったのだった。

ヘクター・キャメロン HECTOR CAMERON（一八七八～一九五八）：

小児医学の有名な医師であったヘクター・キャメロン博士は、神経障害に苦しむ若者の治療で名声をあげた。長年、ロンドンのガイ病院に拠点を置いていたキャメロンは、子どもたちの神経症を理解するにあたり、精神分析の利用に異議を唱えた。子どもたちとその家族の心理的な苦悩の治療法において、その領域でのキャメロンとウィニコットの目標は、非常に異なるものになっていった。

ウィンストン・チャーチル WINSTON CHURCHILL（一八七四～一九六五）：

ウィンストン・チャーチルは、二〇世紀でもっとも有名な英国の政治家ゆえ、彼の伝記を記載する必要はほとんどない。だが、ウィンストン・チャーチルは、ときおり、ウィニコットの著作において中心的な地位を占める。とくに、「研究の成果をなおざりにしたことの代価」（のちに、「精神分析の研究をなおざりにした代価」として再版された）という評論のなかで引用されている内容は、短いながらも重要である。かつてウィニコットとチャーチルは会ったことがあるという証拠はない。

エリック・クライン ERIC CLYNE（一九一四～一九八七）：

メラニー・クラインの息子。最終的に、彼は姓のつづりを英国式にしたのだった。メラニー・クラインは、精神分析治療を受けさせるために、息子のエリックをウィニコットのところへ行かせ、彼女自身がその症例のスーパーヴィジョンを行なうことを望んだ。しかし、ウィニコットはこの侵入的な要求を拒否した。エリック・クラインはウィニコットにずっと感謝しつづけ、二人はしばらくのあいだ、友好関係を維持した。精神分析運動に参加したことにくわえて、エリック・クラインは、ナチス・ドイツの強制収容所であったベルゲン＝ベルセンの解放者の一人として、歴史の中で重要な地位を占めている。

ジョイス・コールズ JOYCE COLES（一九一四～一九九七）：

ジョイス・バード、のちのジョイス・コールズは、一九四八年からウィニコットが亡くなる一九七一年まで彼の秘書として働いた。その後、彼女は、ウィニコットの未亡人となったクレア・ウィニコットの管理業務をいろいろと手伝った。とりわけ、ウィニコットの多数の論文を出版するための準備に手を貸した。コールズは、成人期の多く時間をウィニコットと彼の遺産につぎこみ、忠実で慎重な臨床秘書としての役目を果たした。ウィニコットが一九七一年に死んだあと、クレア・ウィニコットは、残された数多くの手紙や症例の記録に出てくるウィニコットの患者たちの名前を黒く塗りつぶすことを、コールズに託したのだが、それは、これらの書類がいつの日か徹底的な学術調査の対象になるのではないか、と推測してのことだった（そしてそれは、実際にそのとおりになった）。

トマス・クランマー THOMAS CRANMER（一四八九～一五五六）：

まちがいなく、英国の歴史においてもっとも有力な聖職者の一人であったトマス・クランマーは、一六世紀の初期、ケンブリッジ大学のジーザス・カレッジに通っていた。ウィニコットも、その約四〇〇年後にそこに通った。クランマーは、ヘンリー八世の治世下、カンタベリー大司教になり、教会の宗教改革を組織化するのに助力した。大司教クランマーは、ウィニコットのようなロラード派ではまったくなかったが、それにもかかわらず、彼は、英国においてプロテスタントの立場から宗教上の意識を唱える伝統の典型であった。

チャールズ・ダーウィン CHARLES DARWIN（一八〇九～一八八二）：

一九世紀の英国の科学者のなかで、もっとも強大な影響を与えたチャールズ・ダーウィンは、進化の理論を打ち立てた主要な人物として世界中に知られている。二〇世紀に入り、一九一〇年代、ウィニコットがまだケンブリッジで学生だった時分、彼はダーウィンの研究に出会い、ダーウィンのことを自分の「好みに合う」と表現するようになった。親から通常の世話を受けつつ、乳児から大人へと自然に緩やかに成長していくというウィニコットの理論は、時間とともに人類が進化してきたことを容赦なく解き明かすダーウィンの理論と、多くの点においてよく似ている。

ジョン・デイヴィス JOHN DAVIS（一九二三生まれ）：

二〇世紀のもっともすぐれた小児科医の一人。ジョン・アレン・デイヴィス博士は、若い医師としてパディントン・グリーン子ども病院でウィニコットのもとで働き、彼の仕事に魅了された。最終的に、デイヴィスはマンチェスター大学で初の教授になり、その後、ケンブリッジ大学の教授になった。そこで彼は、ウィニコット研究チームをスタートさせた。彼の妻であるマデライン・デイヴィスは、ウィニコット出版委員会の主要なメンバーの一人になり、ウィニコットの著作の多くを編集し、死後出版するのに助力した。

ヘンリー・ディックス HENRY DICKS（一九〇〇～一九七七）：

ロシアの生まれ。ヘンリー・ディックス博士は、英国の有名な精神科医であった。長年、ロンドンにあるタヴィストック・クリニックで働き、その間に、婚姻カップルの精神分析指向の治療を開発するのに助力した。ディックスは、さまざまなテーマをめぐって、大きな影響力のある本を数多く著した。そのなかでも特に、『婚姻の緊張状態：相互作用の心理学的理論に関する臨床研究』（一九六七）は彼の古典的な著書である。彼はまた、王立医学－心理学協会の理事長にもなった。ディックスとウィニコットには、仕事上、特に緊密な関係はなかったが、英国心理学協会の医療部門において長年にわたって活動していたことから、おたがいを知っていたことは確実であろう。

ハロルド・スタンレイ・イード HAROLD STANLEY EDE（一八九五～一九九〇）：

ウィニコットが生まれるちょうど一年前、一八九五年四月七日生まれ。ハロルド・スタンレイ・イードは、ケンブリッジのレイズ・スクールの仲間の生徒だったが、生涯をつうじてウィニコットの親友になった。有名な美術史家であり博物館の館長であったイードは、現代美術を専門にしていたが、さらに昔の時代に関しても深い学問的な知識を具えていた。後年、スタンレイ・イードは「ジム」として友人らに知られるようになったが、ケンブリッジの自宅を、ケトルズ・ヤードの博物館、現在のケンブリッジ大学の一部に移した。そこでは、一九二〇年代から一九三〇年代にかけて、例えば、ヘンリー・ムーアや、ベン・ニコルソン、およびクリストファー・ウッドといったジム・イードが援助した芸術家たちの作品が多く展示されている。そして、ウィニコットは、そのうちの何人か（全員ではないにしても）と、イードがたびたび開いたハムステッドのパーティで会うことができただろう。

ミルドレッド・イード MILDRED EDE（一八七三年頃～一九五三）：

幼少時代からウィニコットのもっとも親しい友人であったハロルド・スタンレイ・イードの母親。ミルドレッド・メアリー・ファーリー・ブランチ・イード夫人は、長年、ウィニコットの知り合いであった。非常に若かった時分、ウィニコットは、ミルドレッド・イードの娘フィオーナ・イードと婚約していた。彼女は最終的に、オペラの花形女性歌手ジョアン・サザーランドの私設秘書になった。

エドワード八世 EDWARD VIII（一八九四～一九七二）：

後のジョージ五世とメアリー王妃の息子。ヨークのエドワード皇太子殿下は、最終的に、一九一〇年の祖父エドワード七世崩御の際、英国皇太子の称号を授けられた。プレイボーイ王子として評判であった彼は、長い航海からの帰還中、一九二二年にプリマス港に停泊したとき、デヴォンで、プリマスの現職市長、すなわち、ウィニコットの父フレデリック・ウィニコットからの歓迎を受けた。ウィニコットは式典に出席したのであろうが、定かではない。父ジョージ五世崩御の後、プリンス・オヴ・ウェールズ殿下はエドワード八世となった。彼の統治した期間は一年にも満たなかった。それは、ウォリス・シンプソン夫人と結婚するために王位を退いたからであった。

イルミ・エルカン IRMI ELKAN（一九一八～二〇〇九）：

児童福祉の分野において非常に不完全な経歴を積んだ後、イルミ・エルカンは、ウィニコットからの支援を求めた。ウィニコットは彼女の世話をし、自分の同僚であったマリオン・ミルナー夫人の精神分析を受けるための費用を工面した。ウィニコットとミルナーの支援のおかげで、イルミ・エルカンは、大人と子ども両方の精神分析家になるための訓練に成功し、最終的には、アンナ・フロイトのもとで、ハムステッド児童治療クリニックで働いた。彼女は、ウィニコットのことを高く評価した数少ないアンナ・フロイト派の一人であった。そして、ウィニコットと彼の仕事に対する愛情を終生保ち続けたのだった。

ベアトリス・エンソア BEATRICE ENSOR（一八八五～一九七四）：

　フランスのマルセーユで生まれ。ベアトリス・ニーナ・フレデリカ・ド・ノーマン（後のベアトリス・エンソア）は、英国に移住し、教育学者の先がけとなった。その後、英国の文化のなかに進歩主義教育についての多くの考えを導入し、社会に広めた。ベアトリス・エンソアは、一九二一年に子どもたちの創造力に関する画期的な会議を組織した。そして、進歩的な世界新教育連盟とその雑誌『家と学校における新時代』を創始し、推し進めるのに助力した。彼女は、雑誌に記事を寄稿するよう、多くの心理学者や精神分析家に依頼した。そして、ウィニコットは、その雑誌にもっとも多くの記事を寄せた著者の一人となり、さまざまな読者の知るところとなった。

エリック・エリクソン ERIK ERIKSON（一九〇二～一九九四）：

　ドイツの生まれ。オーストリアでアンナ・フロイトの訓練を受ける。エリック・ホンブルガー・エリクソン教授は、アメリカ合衆国でもっともすぐれた精神分析家の一人になった。そして、『幼児期と社会』（一九五〇）や、全米図書賞を獲得した『ガンディーの真理：戦闘的非暴力の起原』（一九六九）といった歴史に残る本を出版した。彼は発達心理学について十分な説明を行なったが、そこには、幼少期から老年期までのすべてのライフサイクルも含まれている。ウィニコットは、エリクソンの貢献はおおいに賞賛に値すると、アメリカの精神分析の歴史家であったポール・ローゼン博士に話した。エリクソンの行なった提案は、幼年期の依存に関するウィニコット自身の研究と一定の類似点をもつ。

シャーンドル・フェレンツィ SÁNDOR FERENCZI（一八七三～一九三三）：

　ハンガリー生まれの医師。シャーンドル・フェレンツィ博士は、一九〇八年にジークムント・フロイト教授に会い、すぐに彼の主要な弟子の一人になった。そして、ブダペストで精神分析運動の発展の先頭に立った。広範囲にわたって興味・関心を抱いた人であったフェレンツィは、精神分析に関する著述に対し、膨大な数の貢献をし、多くの臨床上の著作でもっとも記憶されている。晩年になると、フェレンツィは、患者との相互分析や身体接触のような技術の実験にますます心を奪われようになったが、それはフロイトの不同意に終わった。悪性貧血による早すぎる死の結果として、フェレンツィは長年のあいだ、精神分析運動内では好ましからざる人物になった。だが、ここ数十年のあいだで、精神分析は彼のことを再評価し始めた。そして、現代の専門家たちの多くが、フェレンツィの心の広さや、思いやりの心、ルネサンスのような功績の豊かさ、児童虐待の現実の認識、および他の多くのすばらしい資質を大事にするようになった。ウィニコットがフェレンツィを引用することはめったになかったものの、フェレンツィの著作のいくつかを所有していた。また、メラニー・クライン女史（彼女は、ブダペストでフェレンツィから最初の分析を受けた）と何度もやりとりをしたことで、ウィニコットはフェレンツィの何かを吸収したのだった。現代の数多くの精神療法家の著者たちは、多くの点でフェレンツィをウィニコットの精神的な前駆者とみなすようになった。

ジョン・フリューゲル JOHN FLÜGEL（一八八四～一九五五）：

抜群の知性と創造性を具えた心理学者であり精神分析家。ジョン・カール・フリューゲル教授は、英国において心理学と精神分析を専門的な職業として発展させた先駆者であった。そして、設立されたばかりの英国心理学協会と英国精神分析協会双方の主要なメンバーとして尽力した。ウィニコットはフリューゲルを知っており、精神分析協会の候補生として、若いころ、フリューゲルとともに学んだ。フリューゲルは、精神保健科学の歴史において重要な地位を獲得した。それというのも、彼は、大学で教えられる心理学と精神分析とを関連づけ、大学教育に精神分析を導入するのに助力しただけでなく、さらには、家族や結婚、および文化全般を理解するにあたり、精神分析的な思考を応用するという画期的な研究を行なったからである。

マイケル・フォーダム MICHAEL FORDHAM（一九〇五〜一九九五）：

児童精神医学、さらにユング派の分析の領域において、もっとも影響力のある人物の一人。マイケル・フォーダムは、第二次世界大戦中にウィニコットに初めて会った。その間二人は、疎開して、家族から引き離されてしまった子どもたちのために働いた。非常に異なる、そしてほとんど理解し合うことのない心理学集団のメンバーだったにもかかわらず、フォーダムとウィニコットは、おたがいに親愛の情をもつようになり、英国における歴史的なユング－フロイトの対立の橋渡しをした最初に人物になった。ウィニコットが英国精神分析協会で講演をするようマイケル・フォーダムに依頼したとき、ウィニコットの精神分析の同僚たちは衝撃を受けたのだった。

デイヴィッド・フォーサイス DAVID FORSYTH（一八七七〜一九四一）：

ロンドン精神分析協会〔英国精神分析協会の前身〕の初期のメンバーの一人。小児科の医師であったデイヴィッド・フォーサイス博士は、第一次世界大戦の後、ジークムント・フロイト教授の治療を受けるために、オーストリアのウィーンを旅行した最初の英国人となった。英国精神分析協会の創設者の一人であり、今でも適切で価値のある教科書『精神分析の技法』（一九二二）の著者でもあるフォーサイスは、ウィニコットに先んじて小児医学と精神分析の両方を受け入れたが、ウィニコットのように、創造的かつ包括的、および深遠な方法でこの二つの学問分野の相互関係を発展させることはなかった。ウィニコットが精神分析協会で訓練に乗り出すころには、フォーサイスはすでに長老の政治家であった。二人の関係はあまり親密であったとはいえないものであったが、小児科と精神分析の仲間づきあいから、おたがいを知っていたことは確かである。

フランシス・フレーザー FRANCIS FRASER（一八八五〜一九六四）：

エンジンバラの生まれ。フランシス・フレーザーは、英国でもっとも高名な開業医、研究者、および管理者の一人になった。フレーザーは、聖バーソロミュー病院の医科大学医学部教授の職に就いた。そこでの彼の役割の一つは、ウィニコットの初期の重要な指導教官になったことであり、ウィニコットに試験の準備をさせたのであった。第二次世界大戦中、フレーザーは救急医療を指導し、そのことにより、ナイトの爵位を授与された。さらに、英国大学院医学連合会を設立するのにも助力した。ウィニコットは、フレーザーの死の直前まで、彼とのやりとりを続けたのであった。

アンナ・フロイト ANNA FREUD（一八九五〜一九八二）：

ジークムント・フロイト教授の娘。未婚だったアンナ・フロイトは、六人いたフロイトの子どもたちのうちでただ一人、父親のあとを継いで精神分析の実践を行なった。彼女は、児童精神分析の分野を開拓し、また、大人の精神分析の領域に対しても、理論と臨床において測り知れない貢献をしたが、その最たるものは、防御機制についての説明である。ナチスから避難したアンナ・フロイトは、一九三八年、父親に同行して英国に渡った。そして、最後の数か月間、父親を看病したのだった。フロイトの死後、アンナ・フロイトは、北ロンドンに戦時保育所を設立し、児童精神分析の集中的訓練計画を作成した。ウィニコットはアンナ・フロイトをおおいに尊敬していたが、一定の警戒心もいだいていた。それは、彼がいくらか異なるやり方で児童精神療法と児童精神分析を実践したためであった。ウィニコットはアンナ・フロイトの側近者の一人ではけっしてなかったが、オスカー・ネーモンによる父親のブロンズ像を建立するための資金を調達するなど、フロイト像建立委員会で行なった仕事に対して、アンナ・フロイトから長きにわたる感謝を受けた。

ジークムント・フロイト SIGMUND FREUD（一八五六～一九三九）：

精神分析の創始者であり、現代の読者にはほとんど紹介する必要はないであろう。ウィニコットは、フロイトと彼の側近者たちが、ナチスの脅威を逃れて移住した直後、彼らの健康について尋ねるためにロンドンにあるフロイト一家の住む家を訪問したのだが、個人的にジークムント・フロイト教授に会うことは一度もなかった。ウィニコットは、死ぬ前に、オスカー・ネーモンによるフロイトの像を青銅色にして、ロンドンにあったスイス・コテージで除幕式を行なってもらうために、苦労して働き、資金を集めた。今日、北ロンドンのベルサイズ・パークにある、タヴィストック・センター（タヴィストック・ポートマンNHS財団信託の本部）の外の敷地に、フロイトに対するネーモンの賛辞がある。

アーチボルド・ギャロッド ARCHIBALD GARROD（一八五七～一九三六）：

すばらしい先見の明のあった医師。アーチボルド・ギャロッド博士は、聖バーソロミュー病院と長く関係をもち、初の子どもの外来患者部門を設立するのに助力した。そして、新興の小児保健分野の基盤を築いた。最終的に、彼は病院の新しい医療部門の担当責任者となり、ナイトの爵位を授かっただけでなく、ロンドン大学医学部の教授の地位を得た。ウィニコットは、アーチボルド・ギャロッド卿教授のもとで病棟担当として働いた。それは、ウィニコットが一九二〇年に医師の資格を得た直後のことである。ギャロッドは、オックスフォード大学医学部の欽定講座担当教授としてウィリアム・オスラー卿教授の後任となり、クライスト・チャーチで研究奨学金給付財団を設けた。

アンリ・ゴーディエ=ブルゼスカ HENRI GAUDIER-BRZESKA（一八九一～一九一五）：

フランスのオルレアンからそう遠くない、サン=ジャン=ド=ブレの生まれ。アンリ・ゴーディエは、現代主義彫刻家および肖像画家になったが、二三歳の若さで亡くなった。ポーランドの作家ソフィー・ブゼレスカとの情熱的でありながらも苦難に満ちた恋愛関係に乗り出したのち、ゴーディエは、みずからの姓をハイフンでつなぎ、相手の恋人もそれを取り入れた。ウィニコットは、アンリ・ゴーディエ=ブルゼスカとまったく知り合うことはなかったが、学校時代からの親友であり、美術館の館長になったハロルド・スタンレイ・イードから彼について多くを知った。イードは、ゴーディエ=ブルゼスカの生涯と仕事に関する画期的な本である『狂えるメサイア』を著わし、一九三一年に出版された。その本は、芸術家を無名状態から救い出したのだった。ジム・イードの本は、一九七二年の映画のもとになった。この映画も『狂えるメサイア』と呼ばれ、ケン・ラッセルが監督した。配役としては、若き日のヘレン・ミレンが主役を演じた。

ジョージ五世 KING GEORGE V（一八六五～一九三六）：

後のエドワード七世王とアレクサンドラ王妃の息子であり、ヴィクトリア女王の孫。ウェールズのジョージ・フレデリック・アーネスト・アルバート皇太子殿下が、一九一〇年にジョージ五世として英国の王位を継承した。ウィニコットの父親のフレデリック・ウィニコットは、デヴォン州のプリマスにおいて、長い間、公務員として身を捧げてきたことから、ジョージ五世からナイトの爵位が授与された。ウィニコットはジョージ五世と会うことはまったくなかったが、新聞で報道されたように、忠実な君主制主義者として、王や王室全体の発展を見守っていたのだろう。その一方で、ウィニコットは、一九三五年に英国精神分析協会の会員になるための論文で、ジョージ五世について執筆したが、それは、精神生活における君主の無意識的な役割に関して理論づけを行なったものであった。

ジョージ六世 KING GEORGE VI（一八九五〜一九五二）：

後のジョージ五世とメアリー王妃の息子であるヨーク公爵王子アルバート・フレデリック・アーサー・ジョージ殿下は、正当な王位継承者ではなかった。しかしながら、一九三六年に、兄のエドワード八世が退位した結果、当時ヨーク公であったアルバート王子がジョージ六世となった。ウィニコットは、ジョージ六世と公式の接触はなかったが、王室が自分に対して、王の娘であるエリザベス王女（後のエリザベス二世女王陛下）とマーガレット・ローズ王女（後のスノードン伯爵夫人）の分析をするよう求めてきたという幻想を、長い間抱いたのだった。

ウィリアム・シュベンク・ギルバート WILLIAM SCHWENCK GILBERT（一八三六〜一九一一）：

まちがいなく、英国でもっとも重要な喜劇オペレッタの作詞家であり、台本作家であるウィリアム・ギルバートは、作曲家のアーサー・サリヴァンとすばらしい共同制作を行なった。そして、ヴィクトリア王朝時代でもっとも重要な娯楽作品をいくつか創作した。ウィニコットは、ギルバートとサリヴァンの創作したオペレッタに満ちあふれた世界のなかで成長した。若き医学生だった時分、ウィニコットは、ロンドンの聖バーソロミュー病院の病棟で患者を前にして、ギルバートとサリヴァンの芝居のなかのやま場のところをよく歌った。サリヴァンのように、ギルバートは、芸術に貢献したことでナイトの爵位を授かった。ギルバートは心臓発作で亡くなったが、それは、北ロンドンの彼の家の敷地内にあった湖で、足をすべらせた一七歳の少女を救おうとしているときに起こったのだった。

エドワード・グローヴァー EDWARD GLOVER（一八八八〜一九七二）：

スコットランドの生まれ。エドワード・ジョージ・グローヴァー博士は、ドイツのベルリンで、カール・アブラハム博士の訓練分析を受けた。そして、英国へ帰国するとすぐに、アーネスト・ジョーンズ博士の秘書となり、理論的にも制度上においても、精神分析を発展させるのに助力した。グローヴァーは、英国精神分析協会と精神分析研究所において、長年にわたり、多くの重要な地位についていた。しかし、最終的に彼は、一九四〇年代の「大論争」の結果、辞任した。その理由の一つは、メラニー・クライン女史との意見の不一致であった。また、多くの若い会員らが、グローヴァーの協会内部での露わな権力欲に対して反感を抱いたからでもあった。ウィニコットは、精神分析研究所の候補生だったときから、グローヴァーと広範囲にわたって交際を続け、二人はその後、長年にわたり、それなりに友好的な関係を維持した。グローヴァーは、精神分析技法に関する多くの重要な本の著者としてだけでなく、犯罪学の分野に対して先見性のある貢献をしたことでも有名であった。

アーサー・グレイ ARTHUR GRAY（一八五二〜一九四〇）：

有名な古典学者であり歴史家。アーサー・グレイ氏は、ウィニコットが大学の学部生だった期間ずっと、ケンブリッジ大学のジーザス・カレッジの学長を勤めた。ジーザス・カレッジや、ケンブリッジの町に関する数多くの歴史的研究の著述家であったグレイは、ペンネーム「インガルファス」（リンカンシャー州出身のサクソン修道院長の名前）を使用し、大学を舞台にした数多くの怪談を書いた。おそらくグレイは、ケンブリッジ大学の学生部屋のことで、ウィニコットと面接したであろう。

ラルフ・グリーンソン RALPH GREENSON（一九一一～一九七九）：

有名なアメリカの精神分析家であるラルフ・グリーンソン博士は、精神分析の研究に対する臨床上の重要な貢献を数多く行ない、この分野でもっとも基礎となる教科書の一冊を執筆した。その古典的大著が『精神分析の技法と実践』第一巻（一九六七）である。グリーンソンとウィニコットは、多くの問題に関して類似した見解をもっていた。そして、国際的な精神分析会議でしばしば顔を合わせた彼らは、心温まる関係を発展させた。今日、グリーンソンは、多くの著名人を治療したことでもっとも記憶されているが、そのなかには、フランク・シナトラや、さらにはマリリン・モンローがいた（マリリン・モンローは、しばらくのあいだ、グリーンソンの家族といっしょに暮したが、このことが物議をかもした）。

フィリス・グロスカース PHYLLIS GROSSKURTH（一九二四～二〇一五）：

カナダの著名な学究的でプロの伝記作家であるフィリス・グロスカース教授は、メラニー・クライン女史の内容豊かで卓越した伝記によって、精神分析コミュニティの内部で記憶されることだろう。その伝記は、一九八六年に出版されたが、多量の未発表の証拠資料や、目撃者とのインタビューを参考にして書かれた。グロスカースとウィニコットとは、個人的に会うことはまったくなかった。しかし、彼女は、ウィニコットと彼の世界についての役に立つ逸話をいくつか発表した。それは、メラニー・クラインの最後のアナライザンドの一人であったクレア・ウィニコット夫人とのインタビューに基づいたものであった。

レオナルド・ガスリー LEONARD GUTHRIE（一八五八～一九一八）：

ロンドンの聖バーソロミュー病院で訓練を受けた

レオナルド・ジョージ・ガスリー博士は、未発達の分野であった小児医学の有名な医師になり、長年、パディントン・グリーン小児病院で働いた。そして、主任医師の地位にまでのぼりつめ、若者の神経疾患の治療を専門に扱った。児童疾患研究会の理事長を務め、医学史家としてもいくらか名の知れたガスリーは、子どもたちの医学上の症状に対して、フロイトよりも前に精神的な手法を専門に扱うようになった。とりわけ、夜尿症と夜驚症に対して格別の関心を抱いた。一九〇七年に出版された画期的な本である『子どもの機能神経障害』において、ガスリーは、心因性の症状と闘う子どもたちに対して行なわれる、より懲罰的な治療のいくつかを批評した。ガスリーとウィニコットの二人が出会うことはまったくなかったが、ウィニコットはガスリーの本から多くの励ましを得た。実際、ウィニコットは、ガスリーの革新的な著作のうち、少なくとも二冊を所有していた。

ヘルマン・ハーデンバーグ HERMAN HARDENBERG（一九一一〜一九六七）：

内科医、精神科医および精神分析家。ヘルマン・エドワード・ウィリアム・ハーデンバーグは、長年、西ロンドンのパディントン・グリーン小児病院で、ウィニコットの後輩として働いた。ハーデンバーグはウィニコットの忠実な弟子であり、『ブリティッシュ・メディカル・ジャーナル』のなかで、精神外科治療に関するウィニコットの批評を支持した。彼の精神分析の個人開業は、成功を収めた。ハーデンバーグは個人精神分析を、最初、ウェルベック・ストリートで行ない、次に、セントラル・ロンドンのアッパー・ウィンポール・ストリートで行なったが、そこでの患者たちのなかには、有名な振付師のケネス・マックミランがいる。ハーデンバーグの妻であるジャネット・ハーデンバーグ博士は、ウィニコットのもっとも売れた二冊の本を編集した。

ジャネット・ハーデンバーグ JANET HARDENBERG（一九一三〜二〇〇四）：

旧姓ジャネット・アグネス・ウォーカー。彼女はヘルマン・ハーデンバーグ博士と結婚した。医師の資格をもつジャネット・ハーデンバーグ博士は、非常に勤勉に働いた。彼女は、ウィニコットの最初の精神分析の本を二冊、すなわち、『子どもと家庭：最初の関係』と『子どもとまわりの世界：関係発達の研究』をまとめあげ、編集するのを手伝った。ウィニコットは、ハーデンバーグ博士の助けを借りる以前は、おおぜいの人たちと仕事をした。彼女の前任者が仕事を完成させることができなかったのに対して、ハーデンバーグは、ウィニコットがラジオ放送で使用する気品のある多くの原稿の準備を実にみごとにやってのけた。この二冊の本は、ウィニコットの出版物でなかでもっとも影響力のあるものとなり、さらに広く普及した選集本『子どもと家族とまわりの世界』の基礎として用いられた。

ドラ・ハルトマン DORA HARTMANN（一九〇二〜一九七四）：

オーストリアはウィーンの南部、メェードリング近郊のヒンターブリュールの生まれ。ドラ・カルプルス（後に、ドラ・ハルトマンとして知られるようになる）は、医師になる訓練を受けた。最終的には、精神分析家としての訓練を受け、児童分析を専門とした。高名なウィーンの精神分析家ハインツ・ハルトマン博士の妻である彼女は、オーストリアに対するナチの併合の後、夫と子どもたちとともにニューヨーク市に移住した。ドラ・ハルトマン博士は、児童精神分析の教師として多くの人々に影響を与えた。だが、この問題に関する論文はほとんど執筆しなかった。ウィニコットは、国際会議においてドラ・ハルトマン博士を知っており、彼女ならびに彼女の夫の双方をいくらか評価していた。彼らの息子たちは著名な精神科医になった。アーネスト・ハルトマン教授は、夢の研究を専門に扱うようになり、また、ローレンス・ハルトマン教授は、アメリカ精神医学会の理事長を勤めた。

ヘンリー八世 HENRY VIII（一四九一～一五四七）：

おそらくもっとも注目すべき、複雑な背景をもつ英国の王。ヘンリー八世は、教会の改革という点において、ウィニコットの人生と関連がある。ローマ教皇の権威に対する先例のない攻撃において、（かつて忠実なカトリック教徒であり、fidei defensor（信仰の守り手）であったヘンリー八世は、英国国教会の最高指導者としての地位を固め、のちに、多数のカトリック修道院からの悪名高き略奪と、その解散を開始した。ヘンリー八世によるカトリック教の支配は、プロテスタントのさまざまな分派が発展する土台となったが、それには、数世紀後、ウィニコットの人生観の基礎となったメソジスト派の教義も含まれていた。

ヒポクラテス HIPPOCRATES（紀元前四六〇年ごろ～紀元前三七〇年ごろ）：

しばしば現代医学の父と呼ばれる古代のギリシアの医者。ヒポクラテスは、その名を冠する誓いでもっとも記憶されていることだろう。だが、すべての医師が署名するヒポクラテスの誓いを、彼自身が実際に書いたのかどうかは不明である。ウィニコットは、古代医療の研究を正規には行なわなかったが、古代哲学に対する関心を一時的にではあるが保持しており、ある時点で、ヒポクラテスの作品をざっと目を通したかもしれない。しかしながら、ウィニコットは、患者に危害が及ぶのを避けるべきであるという基本的なヒポクラテスの原則に従って医業を営む努力をしたものの、いつでもそれをやり遂げることは困難であった。

ジュリエット・ホプキンズ JULIET HOPKINS（一九三四年生まれ）：

ジョン・ボウルビィ博士の姪にあたるジュリエッ

ト・フェルプス・ブラウン（後のジュリエット・ホプキンズ博士）は心理学者、児童精神療法家、および成人の精神療法家であった。彼女は職業上の経歴のほとんどを、ロンドンにあるタヴィストック・クリニックの子どもと家族の部門で働くことに費やし、そこの有力な教師およびスーパーヴァイザーになった。ジュリエット・ホプキンズは訓練の期間中、ウィニコットから臨床上のスーパーヴィジョンを受けた。近年、タヴィストック・クリニックでの訓練が、クライン派の専門家らによって独占されるようになったときに、ホプキンズは中立公正の立場で考える模範的な人物であり続けたが、その要因の一つは、ウィニコットの研究や、彼女のおじであるジョン・ボウルビィの研究を教えていたことによる。

トマス・ホルダー THOMAS HORDER（一八七一～一九五五）：

ドーセット州はシャフツベリーの反物商人の息子で、低い身分の出自であった。トマス・ホルダーは、英国史上もっとも有名な医師の一人であり、連続して五人もの君主、すなわち、エドワード七世、ジョージ五世、エドワード八世、ジョージ六世、およびエリザベス女王二世に仕えた。長年、聖バーソロミュー病院の医師であったホルダーは、徹底した、実にすばらしい診断専門医として、そして、医師―患者関係の本質について議論した、当時としては数少ない医者の一人として、名声を高めた。ウィニコットが聖バーソロミュー病院でホルダーといっしょになって働いたという証拠は、記録文書にはないものの、さまざまな作家らが考えてきたように、ウィニコットはまちがいなくホルダーと出会い、『聖バーソロミュー病院ジャーナル』でホルダーがしばしば発表した記事の恩恵をこうむったことであろう。組織の仕事とは別に、ホルダーはおそらく二〇世紀初頭でもっとも成功を収めた個人開業医であり、数多くの上流階級の人々の治療を行なった。ホルダーは医学に貢献したとして、まず初めにナイトの爵位を、次に准男爵の称号を授かり、ホルダー卿、すなわち、アッシュフォードの初代ホルダー男爵になった。

ヘルミーネ・フーク＝ヘルムート HERMINE HUG-HELLMUTH（一八七一～一九二四）：

ウィーンの生まれ。ヘルミーネ・ヴィルヘルミーナ・ルードフィカ・フーク・フォン・フーゲンシュタイン、後にヘルミーネ・フーク＝ヘルムート、あるいはヘルミーネ・フォン・フーク＝ヘルムートとして知られるようになるが、彼女はウィーン大学で物理学の博士号を取得し、その後、精神分析運動に参加し、児童分析を実践した最初の人物となった。悲惨なことに、彼女の甥であるルドルフ・フークによって、彼女は絞め殺されてしまった。どうやら彼女は、甥の彼を分析しようと懸命だったようである。ウィニコットがこれまでに彼女の著作を読んだことはなさそうで、しかも、その著作のほとんどは、ウィニコットが生きている間は、英語に翻訳されなかった。

スーザン・アイザックス SUSAN ISAACS（一八八五～一九四八）：

スーザン・サザーランド・フェアハーストは、英国北部のランカシャー州はタートンの出身であり、ウェスリー派のメソジスト教徒の家庭で育った。婦人参政権やフェビアン主義などといった自由主義の引き金となる支持者の一人であった彼女は、マンチェスター大学や、さらにはケンブリッジ大学で実験心理学者としての教育を受け、発達心理学を専門にした。スーザン・アイザックス博士として、彼女は、子どもたちのための進歩主義教育の先駆者となり、ケンブリッジの麦芽製造学校の校長を勤めた。また、精神分析研究所で精神分析の訓練を受け、ウィニコットの親友になった。アイザックスは、ロンドン大学の一部である教育研究所の児童発達部門の担当責任者の職を引き受けた後、自分の学生たちを教えてくれるようウィニコットに依頼した。ウィニコットはそこで三〇年以上ものあいだ、教え続けたのであった。

アーネスト・ジョーンズ ERNEST JONES（一八七九〜一九五八）：

ジークムント・フロイト教授を除き、アーネスト・ジョーンズ博士ほど、精神分析を発展させて、国際的に運営していく活動をするために多くのことを行なった人はいなかった。ウェールズの生まれであったジョーンズは、医師になるための教育を受け、経歴の非常に早い段階で、精神分析を知った。彼は、障がい児たちとの性的な不適切行為というスキャンダルを起こし、逮捕されもしたが、それを切り抜け、一九一三年に、ロンドン精神分析協会の、その後、一九一九年には、英国精神分析協会の創設者になった。彼はまた、精神分析研究所や、精神分析ロンドン・クリニックの創設、および『国際精神分析ジャーナル』の発刊の先頭に立ち、国際精神分析協会の会長も勤めた。ジョーンズは、おそらく偏向的ではあるが、それにもかかわらず非常に価値のある、うまく書かれた三巻にのぼるフロイトの伝記によって、もっとも記憶されているだろう。ジョーンズは、物議をかもし、数多くの敵をつくった人物ではあったものの、ウィニコットのことは非常に気に入っていた。

キャサリン・ジョーンズ KATHERINEN JONES（一八九二〜一九八三）：

オーストリアのウィーンの生まれ。キャサリン・ヨックルは、ジークムント・フロイト教授の親しい弟子であったハンス・サックス博士の親類であり、英国の若き精神分析家アーネスト・ジョーンズ博士と結婚した。どうやら、キャサリン・ジョーンズと彼女の子どもたちが呈した神経症の症状のために、アーネスト・ジョーンズは、彼らを治療するために、メラニー・クライン夫人にドイツから英国に永住するように手配しなければならなかった。こうして、精神分析の歴史の流れが変わったのだった。キャサリン・ジョーンズは親しい仲間内では「キティ」として知られているが、素人ながらも、知識が豊富で、ふさわしい立場にあったことで、長年にわたり精神分析に対する関心を持ち続けた。さらに、彼女は、自宅でウィニコットをもてなした事実があったことは、確かである。

カール・グスタフ・ユング CARL GUSTAV JUNG（一八七五～一九六一）：

スイスはトゥールガウ州のケスヴィルの生まれ。カール・グスタフ・ユング博士は、おそらく、ジークムント・フロイト教授のもとを離れ、深層心理学でもっとも大きな影響を及ぼした理論家であった。ユングはブルグヘルツリ精神病院で仕事を開始し、オイゲン・ブロイラー教授のもとで働いた。その病院で彼は、統合失調症の心理に関する広範囲にわたる知識を身につけた。フロイトに会った後、ユングはすぐに、フロイトの後継者に選ばれ、国際精神分析協会会長の職を引き受けた。しかし、ユングが心の自立という考えをふくらませていったことと、神経症の病因学において性欲がはたす役割についての理論をめぐってフロイトと口論になったこと、それらのために、ユングとフロイトは絶交したのだった。その後、ユングは、力動的心理学を独自に解釈し、発展させることに残りの人生をつぎこんだ。そして、それは分析心理学として知られるようになった。ウィニコットは、ユング派の全文献に真剣に取り組んだ最初の英国人のフロイト派精神分析家の一人であった。さらに、彼はユングの著作のいくつかを読んだだけでなく、ユング派の分析家であるマイケル・フォーダム博士を招き、英国精神分析協会で講演してもらったのだった。

ハリー・カルナック HARRY KARNAC（一九一九～二〇一四）：

カルナック・ブックスの創設者。ハリー・カルナックは一般の書店での販売から職歴を開始した。しかし、彼は、ウィニコットからだけでなく、クリフォード・スコット博士からも勧められて、精神分析を専門にする書籍を扱うようになった。最終的に、ロンドンのグロスター・ロードに開いた書店が、精神保健に関する出版物をほぼ全面的に扱う最初の書店になった。ウィニコットはしばしば、ハリー・カルナックのもとを訪れ、二人はよい関係をもった。ウィニコットはよく、カルナックの店から伝記を借りては返却したのだったが、その伝記の主人公の幼年時代の章だけを読んで、残りの成長後の内容には興味がなくなった、とカルナックに話したのであった！
書店で働いていた時代も終わりごろになり、ハリー・カルナックは出版部門を開始した。今日、カルナック・ブックスは、毎年およそ一〇〇冊にもおよぶ精神分析を専門とする新しい書籍を出版している。

ジョン・メイナード・ケインズ JOHN MAYNARD KEYNES（一八八三～一九四六）：
高名な英国の経済学者ジョン・メイナード・ケインズと、ウィニコットの最初の精神分析家であったジェームズ・ストレイチーには、長いつき合いがあった。ケインズとストレイチーは、ケンブリッジ大学の学生として出会い、長年にわたる性的なパートナーになった。二人はその後、女性と結婚した。ケインズとストレイチーはまた、ストレイチーが精神分析を実践したブルームズベリーで、家を共有した。ウィニコットが、ストレイチーとのセッションに通っていたとき、ケインズとロシア人の妻でバレリーナであったリディア・ロポコワの両者に会ったことを想起したことは、まちがいない。英国の政治家に対する長年の顧問として、ケインズは、第一次世界大戦と第二次世界大戦それぞれの戦中および戦後に、政府に対して国の経済危機について助言するのに助力した。最終的に、彼は、経済学の研究に貢献したとして、準男爵の位を授かった。

マシュード・カーン MASUD KHAN（一九二四～一九八九）：
精神分析の歴史のなかで、あきらかにたいへんな物議をかもした人物の一人であったマシュード・カーンは、この分野において、臨床でも、理論の面でも、そして運営上においても、多大な貢献をし、国際的にも評価を集めた。だが、人生の後半の二〇年間、彼は身体的にも心理的にも、健康を崩し始め、ひどく非倫理的な方法で患者を治療したのであった。多くの違反行為のために、マシュード・カーンは、最終的に、英国精神分析協会と英国精神療法家協会の両方から除名される結果となった。カーンは、自分の個人的な分析家だっただけでなく、臨床上のスーパーヴァイザーでもあり、そして同僚でもあったウィニコットと、密接に結びついていた。そして、近年のカーン自身の行動のために、二人は評判を落としてしまった。現代の作家たちから多くの批判をひき起こしたが、それは、だいたいにおいて、この二人の男性（カーンとウィニコット）が関与した、複雑で、部分的に重なり合った個人と専門家の関係の結果ゆえであった。

ターヘル・カーン TAHIR KHAN（一九二三〜一九八二）：

私たちは、モハメッド・ターヘル・ラザ・カーンについては、ほとんどなにもわからない。彼はウィニコットのかつての患者であり、弟子でもあったモハメッド・マシュード・ラザ・カーンの兄である。悲劇的にも、彼は成人期のあいだ、アルコール依存症と双極性障害に苦しんだ。私たちはまた、ウィニコットとターヘル・カーンのつきあいの程度についても、ほとんどわかっていない。しかし、ウィニコットの一九五八年の本論文集：『小児医学から精神分析へ』のブックカバーに載っているウィニコットの写真を撮ったということで知られている。彼はわずか五八歳という年齢で心臓発作のために亡くなった。

パール・キング PEARL KING（一九一八〜二〇一五）：

英国の精神分析においてもっとも愛されている人物の一人。パール・キングは産業心理学者から職歴を開始した。その後、大人と子どもの両方の分析家の訓練を受け、ウィニコットのスーパーヴィジョンも受けた。疲れを知らないくらいによく働く人であったパール・キングは、ウィニコットと並んで、管理能力にも長けており、とりわけ、フィンランドにおいて発展途上であった精神分析協会を認可してもらうために、彼女は、国際精神分析協会が設けた委員会の秘書を務めたのであった。そして、ウィニコットが英国精神分析協会の二期目の会長のときには、彼女は副会長の地位に就いた。最終的に、数年後には、彼女もみずから会長になったのだが、はじめて医師ではない人物がこの任務に就いたのだった。有名な精神分析の歴史家でもあったパール・キングは、英国精神分析協会に記録文書などの保管所を創設し、何千もの未発表の文書を親愛の情をもって保存した。

トルビー・キング TRUBY KING（一八五八〜一九三八）：

ニュージーランドのニュープリマスの生まれ。フレデリック・トルビー・キングは医師になる訓練を受け、若きジークムント・フロイト博士と同様に、有名なフランスの神経科医であるジャン＝マラン・シャルコー教授の講義に出席した。トルビー・キング博士は幼児のしつけを専門に扱うようになり、さらに、食事や、トイレでの排泄、および睡眠において、幼児を厳しく管理することを唱える熱心な代表者となった。自国では著名な医師であったキング博士は、ニュージーランドの厚生省の児童福祉局の局長を務めた。最終的に彼は、ナイトの爵位を授かり、最後には国葬された。ウィニコットとキングが出会ったということはまったく知られていない。しかし、ウィニコットが子どもの取り扱いに対するキングのあまりに行動制限的なアプローチを拒絶したことはまちがいない。

メラニー・クライン MELANIE KLEIN（一八八二〜一九六〇）：

オーストリアのウィーンの生まれ。メラニー・ライツェスは、アーサー・クラインとの不幸な結婚生活に耐えたが、彼とのあいだに三人の子どもをもうけた。家庭生活に満足しなかったクラインは、最初にハンガリーのブダペストへ旅立ち、シャーンドル・フェレンツィから分析を受け、次に、ドイツのベルリンに行き、カール・アブラハム博士からさらなる分析治療を受けた。そのあいだに、子どもたちを援助することに対する関心をもち始め、それを急速に発展させた。非常に創造的な女性であったクラインは、人間のパーソナリティのなかに、もっとも原初的で攻撃的な基盤があることに気づき、患者の心のなかのこの側面を解釈するという方法を考案した。一九二六年に、クラインは、アーネスト・ジョーンズ博士の要望により、英国に移住し、そこでずっと暮らした。そして、代表作である『Die Psychoanalyse des Kindes（児童の精神分析）』を書き始め、一九三二年に出版された。この著作は、ウィニコットに巨大な影響を与えた。ウィニコットはその著作を英語訳で読み、クラインのスーパーヴァイジーと研究生になった。ウィニコットはクラインを高く評価した。だが、彼は最終的に、独自に独創的な考えを発展させ始め、それはクラインにとってたいへんな不快感となった。クラインは長きにわたる生産的な経歴全体をつうじて、本と論考とを変わることなく次々と書き続けた。しかし、彼女の死の直前に出版された、羨望に関する独創性に富んだ著作のために、ウィニコットだけでなく、ジョン・ボウルビィ博士や、英国の精神分析家のうち中間学派の相当数のメンバーまでもが離反していった。

エルンスト・クリス ERNST KRIS（一九〇〇～一九五七）：

オーストリアのウィーンの生まれ。エルンスト・クリスはルネッサンスを専門とし、美術史博物館の学芸員も務めた有名な美術史家であった。マリアンヌ・リー博士（ジークムント・フロイト教授のもっとも親しい友人の娘）との結婚後、エルンスト・クリスは精神分析運動の中枢部の側近グループの一員となり、最終的に、自分自身、精神分析の実践を始めた。エルンスト・クリス博士と彼の家族は、一九三八年に英国に移住し、クリスと彼の妻は、英国の精神分析協会の会員になった。ウィニコットが、エルンスト・クリスがロンドンにいたときに、彼のことを知ったのは確かである。しかしながら、まもなく、クリスと彼の家族は、もう一度移住し、アメリカ合衆国に永住した。アメリカで、クリスは自我心理学の主要な創始者の一人になった。

マリアンヌ・クリス MARIANNE KRIS（一九〇〇～一九八〇）：

マリアンヌ・リーは、ウィーンの精神分析コミュニティの中心のなかで育った。小児科医であった父親のオスカー・リー博士は、数十年間、ジークムント・フロイト博士と個人的に親密な交友関係をもった。母親のメラニー・リー夫人（旧姓ボンディ）にはアイダ・ボンディという妹がいたが、彼女はフロイトのかつての相談相手だったウィルヘルム・フリース博士と結婚した。マリアンヌ・リーの実の妹のマーガレット・リーは、ウィーンの精神分析家へルマン・ナンバーグ博士と結婚した。マリアンヌ・リーは医師になるための教育を受け、さらに一九二七年には、若き美術歴史家エルンスト・クリス博士と結婚する。長いあいだ小児医学に関心をもっていたマリアンヌ・クリスは、やがて、児童分析という新興の領域において有力な人物の一人になった。それは、生涯続いたアンナ・フロイトとの交際によって、ある程度の刺激を受けたからでもあった。ナチスからの逃走後、アメリカ合衆国に永住する前の少しのあいだだけ、マリアンヌ・クリスは英国で暮らした。彼女は子どもと大人の有名な精神分析家になり、米国児童分析協会設立の会長を務めた。ウィニコットは、マリアンヌ・クリスがロンドンにいたときに、彼女のことを知り、精神分析の国際会議の定期会合をつうじて、友好的な関係を維持した。クリスの二人の子どもたちも精神分析家になった。すなわち、アンナ・クリス・ウォルフ博士と、アントン・クリス博士である。

ジャック・ラカン JACQUES LACAN（一九〇一～一九八一）：

非常に挑発的で、物議をかもした精神分析家であったジャック・ラカン博士は、一九六〇年代のフランスの文化的な生活においてもっとも有名で尊敬された人物の一人であった。ウィニコットは多くの行事でラカンと会い、パリで彼と食事もし、また彼の集団を評価した。しかし、最終的に、ラカンが患者たちに短時間セッションを行ない、その数も増えていっているという噂のために、ウィニコットは臨床家としてのラカンの適性を調査するために、国際精神分析協会によって任命されるチームに加わった。委員会の審議の結果、ラカンは国際精神分析協会の会員資格を失ったのであった。その結果、彼は自分自身の精神分析組織をつくらなければならなかった。

ロナルド・レイン RONALD LAING（一九二七～一九八九）：

スコットランドの生まれの精神科医ロナルド・デイヴィッド・レイン博士は、一九六〇年代から一九七〇年代の英国において、世間の注目を集め、反精神医学運動として知られるようになる運動の先頭に立った。ロンドンの精神分析研究所で訓練を受けたのだが、レインは、ウィニコットや、自分のスーパーヴァイザーであったマリオン・ミルナーといったようなウィニコットと親しい人たちを除いて、教師たちのほとんどをきらっており、その教師たちを狭量で創造力のない人たちだと思っていた。レインはウィニコットに自分の著作のいくつかを送り、ウィニコットはあたたかい励ましの言葉を送った。

リディア・ロポコワ LYDIA LOPOKOVA（一八九二～一九八一）：

帝政ロシア下のサンクトペテルブルグの生まれで、元農奴の娘。リージャ・ヴァシリエヴナ・ロプホーヴァは、リディア・ロポコワとしてよく知られており、有名なバレリーナであった。セルゲイ・ディアギレフ主催のバレエ団 バレエ・リュスでの演技でもっともよく知られている。一九二五年に、彼女は、英国の経済学者であり、ブルームズベリー・グループに対して党派心の強かったジョン・メイナード・ケインズと結婚し、しばらくのあいだ、セントラル・ロンドンのゴードン・スクエアで、ジェームズ・ストレイチーやアリックス・ストレイチーと家を共有していた。ウィニコットは、ジェームズ・ストレイチーとの精神分析のセッションのあいだ、ゴードン・スクエアを訪問したとき、チュチュを着たロポコワにときどき出会った。一九四二年に、夫のケインズがティルトンのケインズ男爵として爵位を授かったことにより、サセックス州で彼女はケインズ男爵夫人になった。

エドワード・マクダウェル EDWARD MACDOWELL（一八六〇〜一九〇八）：

ニューヨークで生まれたエドワード・マクダウェルは、フランスのパリや、ドイツのフランクフルトで教育を受け、やがて、おおいに熟練したピアニストおよび作曲家になった。幼いときに、フランツ・リストに勧められて、マクダウェルは、多くのピアノの小品を、ほとんどロマン派の表現形式で作曲し始め、それらの作品は徐々に評価されるようになった。マクダウェルの作品には、数多くのピアノ組曲があるが、とりわけ、『ニューイングランド牧歌集』（「牧歌集」を意味する「Idyls」は、「Idylls」と綴られるときもある）が有名である。当時、男子学生だったウィニコットは、ケンブリッジのレイズ・スクールでのコンサートで、マクダウェルの音楽をいくつか演奏したのだった。

ロナルド・マックキース RONALD MACKEITH（一九〇八〜一九七七）：

オックスフォード大学、およびロンドン大学のセント・メアリー病院医科大学で教育を受けたロナルド・マックキース博士は、英国でもっとも高名な小児科医の一人であった。脳性麻痺や他の疾患の研究が専門であった。これから発展しようとしている児童精神医学の分野に強い関心をもつ子どもの医者であったマックキースは、ウィニコットの小児科医のための個人的なセミナーによく出席しており、熱烈なファンになった。ジョン・デイヴィス博士やピーター・ティザード博士、そして他の若い小児科医とともに、マックキースのおかげで、開業医たちはウィニコットの著作に注目するようになった。

マーガレット・マーラー MARGARET MAHLER（一八九七〜一九八五）：

ハンガリーはショプロンの生まれ。マーガレット・シェーンベルゲルは、医師になるための教育を受け、小児医学を専門にした。その後、オーストリアのウィーンで精神分析の訓練を受けた。化学者であったポール・マーラー博士との結婚後、マーガレット・マーラー博士は、ナチスから逃れるために、最初に英国に移住し、その後ニューヨーク市に永住した。マーラーは、障がいをもった子どもたちだけでなく、精神病的な子どもたちにも広範囲に取り組んだ。その後、彼女は、発達心理学に関する非常に独特な精神分析理論を精巧に作り上げることに着手した。それは、乳幼児の発達過程を詳述するものであった。すなわち、自閉的な没頭状態から、彼女は母親的な養護者との共生期を経て、そして最後には、分離・個体化期という複雑な段階へと至り、この段階において、幼児は徐々に自分だけで一個の独立した個人として誕生するのだという。ウィニコットとマーラーは、精神分析の国際会議でお互いを知っていたことは確かである。しかし、二人は共同研究を行なわなかったし、友好関係を発展させることはなかった。その一つの理由として、二人の研究のあいだには非常な類似点があったのだが、非常に異なる言葉づかいで書いたからなのではないか、と推測される。

マーガレット王女 PRINCESS MARGARET（一九三〇〜二〇〇二）：

ヨーク公アルバート（後のジョージ六世）の次女で

あり、姉はエリザベス女王二世である。マーガレット・ローズ妃殿下は、ウィニコットの精神病の先生だったロバート・アームストロング＝ジョーンズ卿の孫であるアンソニー・アームストロング＝ジョーンズと結婚した。ウィニコットがマーガレット王女に会ったことはおそらくない。しかし、王室が（父親のフレデリック・ウィニコット卿に対して行なったように）自分にもナイトの爵位を授けてくれるか、あるいは、王室の側近グループのメンバーを治療させるために、王室から招喚されることを、いつも望んでいた。

スコットランド女王、メアリー MARY, QUEEN OF SCOTS（一五四二〜一五八七）：

スコットランド王ジェームズ五世とマリー・ド・ギーズの娘。メアリー・スチュアートは、わずか生後六日目で、父の王座を受け継いだ。多くの子どもの君主のように、君主となるべく適切な教育を受ける機会が与えられず、彼女の人生は苦難に次ぐ苦難に異常なまでに満ちていた。最終的には、いとこのイングランド女王エリザベス一世女王によって収監され、その後、四四歳のときに斬首刑に処されたのだった。ウィニコットは歴史が大好きであり、とりわけ君主の歴史に興じ、確かでないが、おそらく、アントニア・フレイザー夫人が著わし、非常に称賛された、スコットランドの統治者の伝記『スコットランド女王メアリー』を読んだことであろう。この本は一九六九年に出版され、非常に話題を呼んだベストセラーになった。

ドナルド・メルツァー DONALD MELTZER（一九二二〜二〇〇四）：

アメリカ合衆国の生まれ。精神科医であったドナルド・メルツァー博士は、精神分析治療と訓練を受けるために、英国に渡った。メラニー・クラインの最後のアナライザンドであったメルツァーは、クライン派、およびポスト・クライン派の発展にとって非常に強力な人物となった。メルツァーは、人間性心理学が多くの邪悪な側面を照らすたくさんの独創性に富んだ取り組みを考え、正当化したが、とりわけ、一九九二年に出版された『閉所：閉所恐怖症の現象の研究』の著書が有名である。ウィニコットは、精神病の患者たちに取り組もうとするメルツァーの意欲に感心し、それゆえ、患者たちをこの若い同僚に紹介した。しかし、メルツァーが精神分析のセッションにおいて、クライン派の長々と続く言葉による解釈を用いることには反対した。なぜならば、それは行き過ぎだとウィニコットは思ったからである。結局、メルツァーは英国精神分析協会の会員でいることをやめたのだが、それはそのことが理由であったと推測される。

イザベル・メンジーズ・リス ISABEL MENZIES LYTH（一九一七～二〇〇八）：

スコットランドはファイフ州ダイサートの生まれ。イザベル・メンジーズは、セント・アンドルーズ大学で経済学と実験心理学を学んだ。第二次世界大戦中、彼女は陸軍省選考委員会の職に就き、そこで、多くの精神分析家と出会った。結局、メンジーズは、タヴィストック人間関係研究所で働き始め、精神分析研究所で大人と子どもの精神分析家になるための訓練を受けた。イザベル・メンジーズの行なった仕事は、精神分析の組織に関するコンサルタント業の草分けとしてもっとも有名であり、研究所内では、不安のはたす役割を調査する数多くのプロジェクトを引き受けた。そして、意識的な不安と無意識的な不安の両方が、どのようにして職場での楽しみと創造力を妨げるのかを調べたのであった。人生の後半において、彼女は同僚の精神分析家オリヴァー・リスと結婚し、オックスフォードでいっしょに暮らした。イースト・ロンドン大学は、一九九七年に彼女に名誉博士号を授与した。そのときから、彼女はイザベル・メンジーズ・リス博士として知られるようになった。ウィニコットが彼女のことを知ったのは、おたがいに英国精神分析協会の会員だったからである。そして、メンジーズは、新人の候補者の訓練分析家という任務をはたすにはあまりに高齢であることを、ウィニコットに知らせるという気乗りしない仕事を行なった。その結果、一九六八年にウィニコットはほとんど致命的な心臓発作に襲われたのであった。

アーサー・ミラー ARTHUR MILLER（一九一五～二〇〇五）：

ポーランドの移民の息子であったアーサー・アッシャー・ミラーは、ニューヨーク市の北部ハーレムで育った。そして、立身出世を果たし、アメリカでもっとも有名な脚本家の一人となった。一九五六年に、ハリウッド映画の伝説的人物であるマリリン・モンローと結婚することによって、アーサー・ミラーは世界的な注目を浴びた。ウィニコットは、マリリン・モンローの精神分析家の一人であったマリアンヌ・クリス博士との長年にわたる交際からだけでなく、ミラーの本『ジェインのもうふ』からもアーサー・ミラーに関心があった。このミラーの本は、挿絵がたくさんついた児童書であり、一九六三年に初めて出版されたのだが、まだ赤ん坊であった著者の娘ジェイン・ミラーと毛布との関係に着想を得たものであった。ウィニコットは大胆にもアーサー・ミラーに手紙を書き、ミラーが、実際に、移行対象に関するウィニコット自身の研究に基づいて『ジェインのもうふ』を書いたのかどうか、たずねたのであった。

エマニュエル・ミラー EMANUEL MILLER（一八九二～一九七〇）：

英国で最初の児童精神科医の一人。毛皮商人の息子であったエマニュエル・ミラーは、ロンドンで育った。子どもたちに対する精神的な活動を専門に扱う以前に、彼は、ケンブリッジ大学セント・ジョンズ・カレッジで臨床前教育を受け、その後、ロンドン病院で医学の勉強を終えた。児童相談運動の先駆者であったミラーは、タヴィストック・クリニックや、モーズレイ病院、そして他の多くの機関で働いた。ミラー博士は、ある特定の学派とのみ同盟を結ぶことなどけっしてしなかった。精神力動的指向の精神科医であり、児童心理学・精神医学協会を設立し、およびその定期刊行物『児童心理学・精神医学、および関連分野ジャーナル』を創刊することによって、児童期と思春期の精神保健の専門職を統合するのに助力した。ウィニコットとはけっして親友ではなかったものの、二人は長年にわたって、おたがいを高く評価し合った。ミラー博士の死後、彼に敬意を表して、エマニュエル・ミラー・センター（その後、児童期・青春期精神保健事業エマニュエル・ミラー・センター東地区と名称を変更した）が開設され、イースト・ロンドンで子どもたちとその家族に精神保健サービスを提供した。彼の母校であるケンブリッジ大学セント・ジョンズ・カレッジは、最終的に、彼を記念して、エマニュエル・ミラー賞を後援するようになった。

マリオン・ミルナー MARION MILNER（一九〇〇〜一九九八）：

マリオン・ブラケットはロンドンで育った。過度の医学的および心理的な困難をかかえた男性であったデニス・ミルナーとの結婚後、彼女は最初に心理学者としての教育を受け、後に大人と子どもの両方の精神分析家になるための訓練を受けた。マリオン・ミルナーとウィニコットには、長年にわたり、非常に複雑な関係があった。ミルナーがウィニコットに対して深い性的な魅力を確かに抱いていたことが、手紙によってわかる。ウィニコットはまた、マリオン・ミルナーと彼女の夫を分析し、彼女の家でミルナーの訓練まで行なったのであった。ウィニコットの死後、ミルナーはウィニコットのもっとも偉大な擁護者の一人になった。そして、八〇歳代から九〇歳代にかけて彼女が、ウィニコットの研究の解明に専念する組織であるスクィグル財団の会議に規則的に出席したことは、賞賛に値する。ミルナーは、精神分析に対して特有の貢献をしたことでもっとも記憶されている。彼女の貢献は、ウィニコットの家に住む心理的にひどく病んでいた女性「スーザン」の治療から、遊び心と自発性の重要性の研究にまでわたっている。ミルナーはまた、知覚を楽しむ喜びについてもみごとに書き、さらには、「ジョアンナ・フィールド」というペンネームで、非常に感情的な発見をいくつか発表した。

スティーヴン・ミッチェル STEPHEN MITCHELL（一九四六〜二〇〇〇）：

アメリカの心理学者であり、精神分析家。スティーヴン・ミッチェル教授は、「関係精神分析」の分野の先駆者となった。そして、一九九一年に彼は、注目すべき専門誌『精神分析の対話：対人関係の展望の専門誌』を創刊するのを手伝った。その後、その雑誌は、『精神分析の対話：対人関係の展望の国際的専門誌』と改名された。ミッチェルが専門職において成熟しないうちに、ウィニコットは亡くなり、二人はけっして会うことはなかったものの、ウィニコットは、ミッチェルが精神分析に関して概念化したものを、まさに相互作用の企てであるとして喜んだであろうと察せられる。実際に、この相互作用の企ては、この点におけるウィニコット自身の仕事から多くの発想を得た哲学だったのである。ミッチェルは、五四歳のとき、心臓発作で亡くなった。

マリリン・モンロー MARILYN MONROE（一九二六〜一九六二）：

カリフォルニア州ロサンゼルスの生まれ。本名ノーマ・ジーン・モーテンソンは、親のネグレクトと精神病によって損なわれ、心的外傷を与えられた幼少期を生き抜き、成長してからは、もっともセクシーでカリスマ性のある空前の映画スターの一人になった。マリリン・モンローは、そのみじかい生涯において、多くの精神医学的治療や精神分析治療を受けた。そこには、マリアンヌ・クリス博士とラルフ・グリーンソン博士の両者からの集中的な精神分析も含まる。ウィニコットはマリリン・モンローと一度も会わなかったが、職業上の情報網をつうじて、彼女の分析経験について何かしら知っていたことは確かである。さらに彼は、モンローの元夫であるアーサー・ミラーに、このことについて手紙を書いてもいる。結局、彼女の遺産から出たお金は、ロンドンで、タヴィストック・クリニックの外来部門を含むさまざまな児童精神福祉事業に資金を提供するのに役立った。そしてそれは、まちがいなくウィニコットを喜ばせたことであろう。

オスカー・ネーモン OSCAR NEMON（一九〇六～一九八五）：

　クロアチアのオシエクの生まれ、オスカー・ネーモンは評判の高い彫刻家であり、初期のウィーンの精神分析家ポール・フェダーン博士の要請により、ジークムント・フロイト教授の像を製作した。その像は、数十年ものあいだ、ずっとブロンド製ではなかった。像をブロンドにする過程でかかる高額な費用と、公共の場に像を建てるのにかかる費用をネーモンに支払うためには、世界中の精神分析家から資金を調達する必要があった。そこでウィニコットは、その明確な目的のために、フロイト像製作委員会を設立したのだった。長年にわたり、労を惜しまずに資金を調達したウィニコットと彼の同僚らは、その努力が報われ、ネーモンに資金を提供することができた。ジョイス・コールズからかなりの実用的援助を受けて、フロイト像製作委員会は、ネーモンの新しく青銅色に塗られた彫刻の除幕式の準備を行なったが、それは、一九七〇年一〇月二日に開催された特別な式典であり、ウィニコットが亡くなるほんの数週間前のことであった。像は長年、北ロンドンにあるスイス・コテージの図書館の外に置かれていたが、最初にあった場所から遠くないベルザイズ公園にあるタヴィストック・センター（以前のタヴィストック・クリニック）の外に新しく居を構えた。ネーモンは、フロイト像だけでなく、ウィンストン・チャーチルや、女王エリザベス二世とその皇太后を含む、他の数多くの有名人たちの像でも記憶にとどめられている。

アイザック・ニュートンISAAC NEWTON（一六四二～一七二七）：

疑問の余地なく、世界でもっとも大きな影響を及ぼした科学者の一人である英国人アイザック・ニュートンは、重力の理論に関するその仕事でもっともよく記憶されている。ウィニコットは、ニュートンが研究してきたことを少しも詳細に勉強しなかったようであるが、たとえそうだとしても、数世紀もあいだがあいてはいるものの、二人ともケンブリッジ大学の一員であることを喜んだのだった。

シルヴィア・ペインSYLVIA PAYNE（一八八〇～一九七六）：

旧名シルヴィア・メイ・ムーア。ロンドンにおいて、この非常に献身的かつ有能な女性は、一九〇六年に医師の資格を得た、英国で最初の女医の一人であった。ハンス・サックス博士の援助のもと、ドイツのベルリンで精神分析の訓練を受けたシルヴィア・ペインは、英国に帰国し、英国精神分析協会の初期の会員になった。一九四四年に、彼女はアーネスト・ジョーンズ博士の跡を継ぎ、一九一九年の初めから、英国精神分析協会の二代目の会長になった。たいへんやさしい人で、多くの人たちに愛されたペイン博士は、ウィニコットの面倒を非常によく見、生涯をつうじてウィニコットをおおいに助けたのであった。二人はあたたかい関係を発展させ、それはウィニコットの死まで続いた。ペインの息子の一人であったケニス・ペインは、一流のこぎ手になり、一九歳のとき、一九三二年にカリフォルニア州ロサンゼルスで開催された夏季オリンピックに参加した。

オスカー・プフィスターOSKAR PFISTER（一八七三～一九五六）：

チューリッヒはヴィーディコン出身のスイス人牧

師プファラー・オスカー・プフィスターは、精神分析運動に加わった最初の非ユダヤ人の一人であった。形式にこだわる宗教への信仰にもかかわらず、彼は、無神論者であったジークムント・フロイト教授とのあたたかく友好的な関係を、生涯にわたってうまく維持することができた。フロイトは亜流者たちの逸脱した考えを甘受するのにしばしば苦労したが、それにもかかわらず、プフィスターとその精神性に対しては、並はずれた敬意を心に抱いていた。ウィニコットは、若かりしころ、プフィスターの精神分析に関する教科書の英語版を読んだのだった。

ピグル THE PIGGLE（一九六一年生まれ）：

心理学に関心をもつ両親の娘であった「ピグル」は、一九六四年に初めてウィニコットに会った。それは、ピグルが、妹の誕生をうまく解決するのを助けるべく、ときおり「オン・ディマンド」法による精神療法相談を受けるためであった。家族がロンドンからは離れた所に住んでいたため、定期的な児童精神分析は不可能だった。しかし、ウィニコットはピグルの家族を知っていたのだが、集中的な治療は望ましくないだろうし、その必要もないのではないか、と感じたのであった。『ピグル』は、ウィニコットが死んだその数年後に出版された。「ピグル」はいまでは成人し、非常にしっかりした個性をもった女性になった。そして、精神保健の領域において創造的な仕事をし、成功している。

オットー・ランク OTTO RANK（一八八四〜一九三九）：

オーストリアはウィーンの生まれ。旧名オットー・ローゼンフェルト。反ユダヤの攻撃を避けることを希望して、その時代の多くのユダヤ人がそうしたように、彼は姓を変えた。ジークムント・フロイト教授の長年の信奉者であった若きランクは、フロイトの個人的な秘書として、フロイトの数多くの著作や仕事をとおして、精神分析を広めるために、疲れを知らずに働いた。円熟味を増したランクは、自分自身の考えを発展させ始め、もっぱらフロイトの概念の服従的な解明だけに専念することはもはやしなくなった。出生外傷、それは不安と神経症は単にエディプス・コンプレックスの重圧からは生じないということを含意しているのだが、それに関する本をランクが出版してからは、彼とフロイトとは、お互いに疎遠になった。ウィニコットがランクと会うことはけっしてなかったものの、出生外傷に関するランクの研究に高く評価した。このことは、この領域におけるウィニコット自身の貢献を示唆していた。

ジョン・リックマン JOHN RICKMAN（一八九一～一九五一）：

医師であり、クエーカー教徒であったジョン・リックマン博士は、英国精神分析協会のなかで、最初期の、もっとも献身的な会員の一人であった。最初に、オーストリアのウィーンで、ジークムント・フロイト教授から分析を受け、次に、ハンガリーのブダペストで、シャーンドル・フェレンツィ博士からも分析を受けた。そして最後に、ロンドンで、メラニー・クライン女史から分析を受けたリックマンは、臨床医および学者としての評判を広めただけでなく、非常に独立した精神をもった男性としても評判を高めたのであった。必然的に、ウィニコットは、自分の面倒を見てくれる兄のような人物として、リックマンを評価するようになった。二人はずっと、おたがいに相手のことが大好きであった。リックマンの卓越した精神分析の経歴のなかでも、『国際精神分析ジャーナル』の編集者として、および英国の精神分析協会の会長として尽力したことははずせない。彼はまた、第二次世界大戦中、軍の精神科医として働いたのだが、たとえば、精神分析の考えを将校の選考の仕事に応用したことでもおおいに記憶されるであろう。

ジョアン・リヴィエール JOAN RIVIERE（一八八三～一九六二）：

ザセックスはブライトン出身の事務弁護士の娘。

ジョーン・ホジソン・ヴェロールは、やり手の法廷弁護士のエヴリン・リヴィエールと結婚した。若くして、ジョアン・リヴィエールは心理研究協会の会合に出席したが、そこで、ジークムント・フロイト教授の仕事を発見した。その後、彼女はアーネスト・ジョーンズ博士の治療を受け、ジョーンズは彼女はヒステリーの症例であると診断した。リヴィエールはジョーンズに対して、非常に性愛化された転移を発展させ、ジョーンズのほうは彼女に自分の家を貸すことによって、そういった状況をまちがいなく助長したか、あるいは扇動したのであった！　その後、彼女はウィーンでフロイト自身からさらに十分に分析を受けた。そして、この体験によって、彼女はより大きな基礎と堅固さを得て、フロイトの著作の多くをドイツ語から英語に翻訳するというより地味な作業に、しばしば制御不能となるみずからの情熱を昇華させることができたのである。英国精神分析協会の初期のメンバーであったリヴィエールは、メラニー・クライン女史のもっとも熱烈な擁護者の一人になった。クラインが英国に到着した後、リヴィエールはクラインが英語を習得するのを手伝った。ウィニコットはジョアン・リヴィエールと二回分析を受けたのだが、彼女との関係は、激情に駆られたものであり、いくぶん好意的ではあるものの、激昂するようなところもあった。精神分析家の中間学派内に所属していた人たちで、リヴィエールを中傷する人たちは、弱い者いじめをする人として彼女のことをみなした。そして、クライン派に所属していた彼女の支持者たちでさえ、彼女がいささか恐ろしい人だと思っていた。彼女の精神分析に関する論文のいくつか、例えば、『見せかけとしての女らしさ』（一九二九年）や『否定的な治療反応の分析への寄与』（一九三六年）などは、今日までずっと古典的名著である。

ポール・ローゼン PAUL ROAZEN（一九三六〜二〇〇五）：

アメリカの政治理論家であり、歴史家および伝記作家であるポール・ローゼン教授は、ジークムント・フロイト教授の画期的な伝記、とりわけ『フロイトと後継者たち』（一九七五年）により、精神分析の歴史の領域を開拓した。この本は、一九六〇年代をつうじて行なわれた、多くの生存しているフロイトの患者たちとの、一連の対面法による面接に基づいて独自に書かれたものである。ローゼンは、一九六五年にロンドンでウィニコットに取材をした。そして、このときの体験の筆記録が、さまざまな著者たちによって書かれ、二〇〇二年に出版された『ウィニコットの遺産：乳幼児および児童の精神保健に関する評論集』という題名の本に載っている。

ジェイムス・ロバートソン JAMES ROBERTSON
（一九一一～一九八八）

スコットランドはラザーグレンの、非常に慎み深い資産家の一族に生まれた。ジェームズ・ロバートソンは、しばらくのあいだ、ロンドンのアンナ・フロイトの戦時保育園の便利屋として働いた。そして、精神分析研究所で精神分析の訓練に移る前、ロンドン大学のロンドン・スクール・オブ・エコノミクス（LSE）でソーシャル・ワーカーとしての訓練を受けた。タヴィストック・クリニックでジョン・ボウルビィ博士の支援を受けて、ジェームズ・ロバートソンと、彼の妻ジョイス・ロバートソンは、入院が与える幼い子どもたちへの影響について、一連の画期的な映画を製作した。そして、世話をしてくれる人たちから子どもたちを分離するときに伴う痛みを、反論できない方法で詳細に記録したのであった。ロバートソンの仕事は、英国をはじめ他の場所でも、小児病院内の業務に影響を与え、結果として、両親が病気の子どもと面会する時間の延長につながった。ウィニコットはロバートソンの仕事を擁護し、王立医学協会で彼らの映画の上映会を準備した。

ジョイス・ロバートソン JOYCE ROBERTSON
（一九一九～二〇一三）：

ロンドンの生まれ。ジョイス・ユーザーはバーミンガムの労働者教育協会で学び、そこで、将来の夫であるジェームズ・ロバートソンと出会った。第二次世界大戦中、ジョイスは北ロンドンのハムステッドにあったアンナ・フロイトの保育園に働きに行った。その後、分離が及ぼす幼い子どもたちへの影響に関する、とくに設定を医学的な場面に置いた先駆的な映画を、夫といっしょに製作した。ジョイス・ロバートソンはこれらの教育映画事業において重要な役割を果たし、子どもたちと両親の早期の分離の影響を調査するために、夫とジョン・ボウルビィ博士の二人と密接に協力した。タヴィストック・クリニックを引退した後は、ロバートソン夫婦は仕事を進め、映画を貸し出すためにロバートソン・センターを設立した。ジョイス・ロバートソンは、児童精神療法家協会の名誉会員になった。

ハーバート・ローゼンフェルド HERBERT ROSENFELD（一九一〇〜一九八六）：

ドイツのニュルンベルクの生まれ。ハーバート・ローゼンフェルド博士は、ナチズムの拡大する侵攻から逃げるために、一九三五年に英国に移住した。初めにロンドンのタヴィストック・クリニックで勉強し、その後モーズレイ病院で勉強した。彼は精神分析研究所で精神分析の訓練を受けたのだが、メラニー・クライン女史をみずからの訓練分析家に選んだのだった。忠実なクライン派の人物であったローゼンフェルドは、統合失調症と境界例の状態にある人々の治療に対して多くの貢献をした。ローゼンフェルドとウィニコットは、おたがいに大学の研究仲間であろうと努力したし、さらに、ローゼンフェルドは自分の家にウィニコットを招待し、もてなしもしたのだが、未公刊の手紙のやりとりからは、二人の関係はかなり気まずかったことがわかる。ローゼンフェルドはウィニコットをメラニー・クラインの攻撃者とみなすようになったし、ウィニコットはローゼンフェルドの精神分析への取り組み方法について、若干の疑いを抱いていたのだった。

ウィリアム・サーガント WILLIAM SARGANT（一九〇七〜一九八八）：

ウィリアム・サーガントはケンブリッジのレイズ・スクールで教育を受けるが、それは、ウィニコットがこのメソジスト派の機関に入学した数年後のことであった。彼が、その世代において、生物学を重視するもっとも卓越した英国の精神科医であったことは疑いえない。精神分析の毒々しい批判者であったサーガントは、重症の精神病を患っている患者さんたちのために、電気ショック療法と白質切断術（精神外科）を提唱した。ウィニコットのウィリアム・サーガント博士に対する抗議の手紙は、その大部分は未発表であるが、相変わらず、ウィニコットのもっともすばらしい著作の一部となっている。風格のある社交家であったウィニコットは、たとえサーガントの身体的な治療を本質的にまったく残酷であると考えたとしても、それでもずっと、精神医学におけるサーガントの立場を尊重し、彼の意見に対して理解を示すことのできる方法をさがす一方で、サーガント博士のことをみごとに激しく非難することができたのだった。エリオット・スレーター博士と共同執筆した、サーガントの影響力のある教科書『精神医学の身体的治療法入門』（一九四四年）は、英国の全世代の医師たちの（ある語の説明や問題の解明にもっともよく引用される）標準的典拠となった。

メリッタ・シュミドバーグ MELITTA SCHMIDEBERG（一九〇四〜一九八三）：

旧名メリッタ・クラインは、メラニー・クライン女史のただ一人の娘である。最初に医師としての、次に精神分析家になるための訓練を受けた。メリッタは、ドイツのベルリンに移り住んだオーストリア人の精神分析家であるウォルター・シュミドバーグと結婚した。彼女は、最初にドイツでカレン・ホーナイ博士から、次に英国でエドワード・グローヴァー博士から、一定期間、精神分析を受けた。さまざまな情報源によると、母親もメリッタを分析したようである。このことは、二人の女性のあいだで進行した深い憎しみの一因となった。メリッタはウィニコットとはけっして親しくなかったものの、この二人の精神分析家は、おたがいに称賛し合っていた。そして、夫であるシュミドバーグ博士も、職歴の初期において、ウィニコットの仕事を指導したのであった。後年、メリッタ・シュミドバーグはアメリカ合衆国に移住して、犯罪者の患者たちのための精神分析療法を創始するのに助力した。彼女は最終的には英国精神分析協会を辞めたのだが、おおぜいの元同僚たちからは感心されなかった。

クリフォード・スコット CLIFFORD SCOTT（一九〇三〜一九九七）：

生まれはカナダ人であるクリフォード・スコット博士は、精神分析研究所でウィニコットと並んで訓練を受け、記録的な速さで資格を得たのであった。スコットが、非常に多くの臨床精神医学の経験と、精神分析の経験を積んだことは称賛すべきところである。友好的で創造的な男性であった彼は、ウィニコットの最初の妻であるアリス・バクストン・テイラー・ウィニコット夫人だけでなく、二人目の妻であるクレア・ブリットンの分析も行なった。スコットは英国精神分析協会の会長として尽力した。結局、彼は出生地のカナダに帰国し、カナダの精神分析協会を設立するのに助力した。

ニーナ・サール NINA SEARL（一八八二頃〜一九五五）：

英国の児童精神分析家の先駆者であったニーナ・サールは、この分野の初期の訓練生たちの多くを指導した。それには、ウィニコットや、さらにはジョン・ボウルビィ博士やクリフォード・スコット博士も含まれる。ニーナ・サールはかつてメラニー・クライン女史に気に入られた同僚であったが、多くの仲間の臨床家たちは、ニーナ・サールの精神的な治癒に対する強い関心のために、徐々に彼女に敵意を抱くようになった。ある情報によると、サールは、みずからを古代エジプトの生まれ変わりであると信じている人たちと親しく交わるようになった。サールは、精神分析コミュニティからはますます疎遠になり、最終的に英国精神分析協会の会員であることを辞めたとき、かつて同僚だった臨床家たちは、彼女が辞めたことで、非常に安堵したのであった。

ハンナ・スィーガル HANNA SEGAL（一九一八〜二〇一一）：

第一次世界大戦のさなか、ポーランドに生まれる。ハンナ・ポズナンスカは、最初フランスに、次に英国に移住した。英国で、彼女は精神分析家になるための訓練を受けた。結婚後は、ハンナ・スィーガル博士として知られるようになる。生涯のほとんどを主に個人で開業して働いた。スィーガルはウィニコットに対して長年にわたり敵対心を増長させ、その代わりに、メラニー・クライン女史のすぐれた弟子となった。スィーガルは、かつてパディントン・グリーン小児病院でウィニコットのもとで働いたことがあり、ウィニコットが彼女を分析することを拒否した一九四〇年代、たいへんな失望を表明したことを、ほとんどの人々は知らない。深い知性と臨床の眼識を具えた臨床家であったスィーガルは、仕事の多くをクラインの理論の説明と詳述につぎ込んだ。

エラ・フリーマン・シャープ ELLA FREEMAN SHARPE（一八七五〜一九四七）：

英国の精神分析運動の創始者の一人。エラ・フリーマン・シャープは、ウィニコットが精神分析研究所で訓練を受けているあいだ、彼の初期の臨床指導者の一人として務めた。彼らはみんな、シャープの人生をつうじてずっと友好的であった。非常に教養のある女性で、以前は教師でもあったシャープは、とりわけ、重要で影響力の強い教科書『夢分析実践ハンドブック』（一九三七年〔松本由起子 訳、勁草書房、二〇一七年〕）や、さらには、彼女の死後に出版され、強い印象を与える本『精神分析論文集』（一九五〇年）で記憶されている。

ヘレン・シーハン＝デア HELEN SHEEHAN-DARE（一八八五〜没年不詳）：

かつて、サセックス州はバトルのアビ・スクールを創設した女性校長であったヘレン・シーハン＝デアは、第一次世界大戦中、工場の福祉事業家となり、のちに精神分析にひきつけられた。彼女とウィニコットは、児童精神分析の訓練をいっしょに受け、のちには、スーザン・アイザックス女史もそれに加わった。シーハン＝デアは、最終的に、児童精神分析を専門にするようになった。さらに、第二次世界大戦中、ウィニコットは、自分が医学的および精神医学的な責任を有していたオックスフォードシャー州の特別収容施設に住む疎開児童たちの何人かに心理療法を行なうために、シーハン＝デアの力を借りたのであった。

ウォリス・ウォーフィールド・シンプソン WALLIS WARFIELD SIMPSON（一八九六〜一九八六）：

ベッシー・ウォリス・ウォーフィールドは、ペンシルヴェニア州のブルー・リッジ・サミットにあったホテルの一室で生まれた。それは、ウィニコットが生まれたほんの数日後のことであった。彼女は、最初、エドワード皇太子殿下（プリンス・オヴ・ウェールズ殿下）、のちのエドワード八世陛下の愛人になり、それから、妻となった。よく知られているように、エドワード八世は、このアメリカ人女性と結婚するために、王位を退いた。ウォリスは、彼女が一般人であったことと、二人の夫、すなわち、一人めは、アメリカ海軍の航空士官アール・ウィンフィールド・スペンサー・ジュニア中尉と、二人めは、船舶仲介会社社長アーネスト・オールドリッチ・シンプソンと離婚したことで有名になった。ウィニコットが彼女に会ったことはなさそうだが、彼の父であるフレデリック・ウィニコットは、プリマスを訪問中の若きプリンス・オヴ・ウェールズ殿下を迎えたことは確かである。元君主との結婚後、シンプソン夫人はウィンザー公爵夫人となった。しかし、新しい義理の弟であるジョージ六世陛下は、彼女に「妃殿下」の敬称の使用を認めることを拒否したのだった。それは、多くの人たちが、料簡の狭い、敵意に満ちた、冷たいふるまいとみなした行為であった。

エイドリアン・スティーヴン ADRIAN STEPHEN（一八八三～一九四八）：

ヴァージニア・ウルフ（元ヴァージニア・スティーヴン）の弟であるエイドリアン・スティーヴン博士は、妻であるカリン・スティーヴン博士とともに、ウィニコットと並んで精神分析家になるための訓練を受けた。エイドリアンは、英国精神分析協会での「大論争」のあいだ、アーネスト・ジョーンズ博士とエドワード・グローヴァー博士の打倒を唱える先頭に立った。彼は本を一冊だけ出版したが、それは精神分析のテキストではなく、「ドレッドノート・ホウクス」として知られている、悪戯に関する報告書であった。若者だったエイドリアンは、その英国海軍戦艦ドレッドノートに姉や何人かの友人たちといっしょに乗り込み、アビシニア（旧エチオピア）の王子の側近たちを装ったのであった。

アリックス・ストレイチー ALIX STRACHY（一八九二～一九七三）：

米国生まれのアリックス・サーガント＝フローレンスは、子どものころ、英国に移住し、ビデイルズ・スクールや、スレード美術学校、およびケンブリッジ大学で教育を受けた。ブルームズベリー・グループの一員であったアリックスは、一九二〇年にジェームズ・ストレイチーと結婚した。その後まもなく、新婚カップルは、オーストリアのウィーンに向けて出発し、そこで、二人は、短い期間ではあったが、ジークムント・フロイト教授の分析を受けた。ストレイチー夫人は限られた期間内での精神分析を実践した。だが、最終的に、彼女は、二四巻からなるフロイト全集を準備するにあたり、エネルギーの大部分を夫を支援することに充てたのだった。ウィニコットは、ジェームズ・ストレイチーの死後、アリックスとの接触を保った。そして、一九六七年に、アリックスの夫が翻訳でシュレーゲル＝ティーク賞を受けたとき（これは彼の死後に贈呈されたのだが）、ウィニコットは彼女をドイツ大使館での式典の代表に選んだ。

ジェームズ・ストレイチー JAMES STRACHEY（一八八七〜一九六七）：

高名な一族の末っ子であったジェームズ・ストレイチーは、精神分析を知るまで天職を見つけるのに苦労した。彼の家族のなかには、いよいよ法外ですぐれた作家であったリットン・ストレイチーがいる。ジークムント・フロイト教授から訓練分析を受けてから、ストレイチーは心からの称賛者になった。そして、彼は、フロイトの著作をドイツ語から英語に翻訳するのに、ほぼ半世紀をつぎこんだのだった。ストレイチーの翻訳は、しばしば、ときにはあら捜しをするような根拠のないやり方で批判されるけれども、いまなおフロイトの原文を翻訳するうえでの模範となっている。ストレイチー自身はほとんど論文を書いてはいないが、その代わりに、主に翻訳の仕事に集中した。しかしながら、一九三四年に書かれた論考「精神分析の治療行為の本質」は、変化をもたらす作用因としての転移解釈の重要性や、患者の補助的な超自我としての精神分析家の役割に重点を置いたものだが、いまではこの領域の古典になっている。ウィニコットはストレイチーの分析を一〇年にわたって受けた。ストレイチーから分析を受けたことは、若干の欠点があったにもかかわらず、ウィニコットにとって非常に有益であった。それによって児童心理学の分野の世界的な先導者として、ウィニコットがみずからの発言力を強めていくことができたのである。

リットン・ストレイチー LYTTONN STRACHEY（一八八〇〜一九三二）：

第一次世界大戦後の英国の社会において、非常に波乱に満ちた人生を歩んだ人物の一人であったリットン・ストレイチーは、ジェームズ・ストレイチーの兄であり、挑発的で、物議をかもし、しばしば破壊的な活動をする作家として有名であった。四人の絵が描かれた、一九一八年に出版された彼の伝記『ヴィクトリア朝偉人伝：マニング枢機卿、フローレンス・ナイチンゲール、アーノルド博士、ゴードン将軍の最期』は、おおいに人気があった。この伝記は、一九世紀の感性の息詰まりを攻撃したもので、進歩主義の新しい時代の到来を告げるのを促進した。伝記作家であり、小説家、論評家、そして衰えることのない活力と生産性を具えた文学者であったリットン・ストレイチーは、ジークムント・フロイト教授とも手紙のやりとりをしたのであった。ウィニコットが個人的にリットン・ストレイチーに会っていたかどうかはわからないが、ジェームズ・ストレイチーとの精神分析のセッションのあいだ、ブルームズベリーへ、毎日訪れていたことから、あるいはそうだったかもしれない。しかしながら、ウィニコットが、リットン・ストレイチーとジェームズ・ストレイチーのように非常にかん高い話し声をしていたという事実に、彼はいくぶん敏感であった。

アーサー・サリヴァン ARTHUR SULLIVAN（一八四二〜一九〇〇）：

まちがいないなく、ヴィクトリア朝時代のもっとも多才で、創意に富み、そして、ちゃめっ気のある作曲家であったアーサー・サリヴァンは、共同作曲家であったウィリアム・シュベンク・ギルバートとともに、うまく風刺のきいた非常に滑稽なオペレッタを数多く書いた。ウィニコットはギルバートとサリヴァンの歌をうたって成長した。そして、レパートリー全体を暗記していて、ほとんど知っており、それは、人生をつうじて、ウィニコットに多くの喜びを与えたのだった。W・S・ギルバートと共同して書いたサリヴァンのオペレッタの傑作には、『軍艦ピナフォア』や、『ペンザンスの海賊』、そしてもちろん、『ミカド』がある。彼は、一八八三年にヴィクトリア女王からナイトの称号を授かった。

エリザベス・スワン ELISABETH SWAN（一九二一年生まれ）：

ハロルド・スタンレイ・イードと、彼の妻ヘレン・イードの娘であるエリザベス・イードは、子どものときからずっと、ウィニコットをよく知っていた。実際に、両親が旅行しているあいだ、エリザベスと彼女の妹は、ハムステッドにあったウィニコットの自宅にしばしば滞在した。ウィニコットは彼女を養女にすることさえ望んだのだが、彼女の両親は、この申し出を断った。エリザベスは、最終的に、医師の資格を取得し、ハロルド・スワン博士と結婚した。なお、ハロルド・スワン博士という人は、サウス・ヨークシャーのあるシェフィールド大学の血液学者であり、有名な医療史学者でもあった。近年、エリザベス・スワン博士はスコットランドのエジンバラへ退いた。

シビル・ソーンダイク SYBIL THORNDIKE（一八八二〜一九七六）：

二〇世紀のもっとも卓越した、英国の古典的な演劇女優の一人。シビル・ソーンダイクは、一般的な意味での精神的な健康のさまざまな要因と、左翼政治におおいに関心があった。一九三四年に、彼女は、ロンドンのタヴィストック・クリニックで就労意識を高めるために開催された昼食会の主賓として待遇された。ウィニコットはこの昼食会には出席しなかった。さらに、私たちの知るかぎりでは、彼はシビル・ソーンダイク夫人とけっして出会うことはなかったが、彼女の仕事をまちがいなく知っていたであろう。数十年にわたって熱心な芝居好きであったウィニコットはあるとき、十中八九、舞台で演じるシビル・ソーンダイクを見たであろう。

ピーター・ティザード PETER TIZARD（一九一六〜一九九三）：

優秀な科学者の息子であったピーター・ティザー

ドは、評判の高い小児科医であった。彼とウィニコットは、早くも一九四九年に出会っており、そのときティザードは、パディントン・グリーン小児病院のある役職に就いていた。新生児科学の専門家であり、幼児心理学（ウィニコットの刺激を受けたのだが）に対して長年にわたり関心を抱きつづけたティザードは、オックスフォード大学の小児科学の初代教授、および英国小児科学協会の理事長になった。彼は小児科学に貢献したとして、ナイトの爵位を得た。ティザードは、ウィニコットと長いあいだ、職業上の友好関係を維持し、ウィニコットの葬儀では追悼演説を行なった。

ヴィクトリア女王 QUEEN VICTORIA（一八一九～一九〇一）：

　グレートブリテンおよびアイルランド連合王国の女王であり、インドの女王でもあったヴィクトリア女王陛下は、六三年間、王位についていた。道徳的実直さと性的保守主義の典型であったヴィクトリア女王は、妊婦を見るのを忌み嫌った。そして、女王自身、個人的には強壮であったにもかかわらず、愛情のあらゆる表現は公共の目から遠ざけるべきであると主張した。ウィニコットはもちろん、ヴィクトリア女王に会うことはけっしてなかったが、仕事をつうじて、彼は、ヴィクトリア朝時代の育児の慣習、とりわけ、紳士階級の人々のあいだで行なわれていた、自分たちの赤ちゃんを看護師や女性家庭教師に預けるという育児の慣習が及ぼす悪影響を阻止せねばならなかったのである。

ペギー・ヴォルコフ PEGGY VOLKOV（一八九九～一九七三）：

　児童福祉や児童心理学、進歩主義教育の研究者であったペギー・ヴォルコフは、『家庭と学校の新時代』の編集長としてベアトリス・エンソアの跡を継いだ。この雑誌は、とりわけ一九四〇年代において、精神分析の考えを一般市民に広めるのに役に立った。ウィニコットと彼の仕事を心から称賛していたヴォルコフはウィニコットに、ラジオ放送で自分の意見や考え、助言などを伝えてはどうか、と勧めたのだった。

ジョン・ウェスリー JOHN WESLEY（一七〇三〜一七九一）：

英国国教会聖職者の息子であったジョン・ウェスリーと、弟のチャールズ・ウェスリーは、英国のメソジスト派の創始者になった。その後、メソジスト派はウェスリー主義メソジスト派として知られるようになり、慈善行為と市民意識への関与によって特徴づけられるプロテスタントの分派でもあった。ジョン・ウェスリーはまた、広く説教を行ない、福音書の話と説教で莫大な数の人々を啓発した。運命予定説（救いとか、天罰）の存在を信じていたカルヴァン派の人たちとは異なり、ウェスリーは普遍的な救いの可能性が望めるという説を支持した。他者への世話と配慮に関する考え方全体にとって不可欠の背景となった神学であるウェスリー主義メソジスト派の教義に染まって、ウィニコットは成長した。

アリス・ウィニコット ALICE WINNICOTT（一八九一〜一九六九）：

旧名アリス・バクストン・テイラー。著名な婦人科の外科医の娘。アリスはケンブリッジ大学の女性のためのニューナム・カレッジに通い、そこで自然科学を学んだ。一九二三年にウィニコットと結婚し、二人がいっしょだったあいだ、彼女は陶芸家と画家としてみずからの仕事を発展させた。アリスはウィニコットの「気の狂った」最初の妻だったとして、しばしば話題にされない（それは、彼女の魅力と能力に対する著しい過小評価である）が、実際には、陶磁器類の商売を開始し、ロンドンの一流の店のいくつかに、作品の多くを売るなどして、成功させたのだった。アリスとドナルド・ウィニコットは、一九五一年に離婚した。その後、彼女が再婚することはなかった。アリスの私信は、彼女が非常に孤独な老後に耐えたことを明らかにしてくれる。

クレア・ウィニコット CLARE WINNICOTT（一九〇六～一九八四）：

旧名エルシー・クレア・ニモー・ブリットン。彼女は精神科のソーシャル・ワーカーであった。第二次世界大戦中は、オックスフォードシャー州に拠点を置いて活動した。情動障害のある疎開した子どもたちのための一連の収容施設を監督するために雇われたクレア・ブリットンは、そこでウィニコットと出会った。ウィニコットは精神医学上の相談役を務めていた。第二次世界大戦のあいだ、ウィニコットとブリットンは、深い愛情をいだくようになり、育んだのであった。最終的に、一九五一年に、ウィニコットは長年つれそった妻のアリス・ウィニコットと離婚し、ブリットンと結婚した。クレア・ウィニコット夫人として、彼女は献身的な配偶者および同僚となった。そしてついには、メラニー・クライン女史の訓練分析を受け、みずからの努力によって精神分析家の資格を得たのであった。クレアは、ロンドン大学のロンドン・スクール・オブ・エコノミクス（LSE）で保育を学ぶ学生と、社会福祉を学ぶ学生の講師として強い影響を与えた。また、内務省の重要な役職にも就き、社会福祉のトレーニングの基準を改良するのに助力した。夫の死後、クレア・ウィニコットは精神分析家として働き続けた。その後の数年間、彼女は本のいくつかの章と論文を少し書いたのだが、学問上の努力の大部分を夫の遺産の保存に捧げたのだった。

ドナルド・ウィニコット DONALD WINNICOTT（一八九六～一九七一）：

デヴォン州はプリマスの生まれ。貿易商人であったフレデリック・ウィニコットと、薬剤師の娘であったエリザベス・マーサ　ウッズ・ウィニコットとのあいだに生まれた子ども。ドナルド・ウィニコットは、ケンブリッジのレイズ・スクールに通い、次に、ケンブリッジ大学のジーザス・カレッジで学部生として学び、さらに、ロンドン大学の一部である聖バーソロミュー病院メディカル・カレッジで医学を修めた。ウィニコットは小児科の医師として働き、精神分析家になる訓練を受けた。そして、英国で児童精神分析家の資格を得た最初の人物となった。長く創造的な生涯をつうじて、ウィニコットは、精神分析の理論と実践のあらゆる側面に関する多くの本を出版した。彼はまた、英国精神分析協会や、他の多くの組織の長として、みごとにその職務を果たした。さらに、第二次世界大戦中から戦後にかけて、精神保健に関するラジオ放送の分野を開拓した。精神分析と児童精神医学の分野において、数多くの論文や本を発表するなど、ウィニコットの行なった貢献は、臨床の仕事に一生を捧げた彼の生涯を証明するものである。

エリザベス・ウィニコット ELIZABETH WINNICOTT（一八六二～一九二五）：

ウィニコットの母は、化学者（薬剤師）の娘で、デヴォン州のプリマスで育った。抑うつに苦しんだ疑いがあるが、エリザベス・ウィニコット（のちのウィニコット夫人）は、慈善事業におおいに専念した。数ある活動のなかで、彼女は、プリマスの非常に貧しいお母さんと赤ちゃんを支援するグループを設立した。カタル性の肺うっ血と失神を患い、比較的若い年齢で亡くなった。

フレデリック・ウィニコット FREDERICK WINNICOTT（一八五五～一九四八）：

ウィニコットの父、ジョン・フレデリック・ウィニコットは、デヴォン州のプリマスで育った。最終的に、小間物や装身具なども売っていたブリキ屋と金物屋の会社であったウィニコット・ブラザーズの重役職の跡を継いだ。フレデリック・ウィニコットは、兄のチャード・ウィニコットとともに、この商売を続けた。非常に愛されて心の優しい人であったフレデリックは、ボランティア活動に従事し、また、二期にわたってプリマスの市長を務めるなどして、多くの時を過ごした。プリマスの市民生活に対して長く継続して貢献したことにより、ナイトの爵位を授かり、さらには、九三歳まで生きた。ひたむきで誇り高き父親であったフレデリックは、長年にわたって、情緒的にだけでなく財政的にも息子を支えたのだった。

キャスリーン・ウィニコット KATHLEEN WINNICOTT（一八九一〜一九七九）：

ウィニコットの二番目の姉であるキャスリーン・ウィニコットは、まだ赤ん坊だった弟に対し、生涯をつうじて深い愛情を注ぎ続けた。彼女は、宗教的な作品や慈善の活動、そして博愛をとおして、おおいにプリマスの生活に関与した。第二次世界大戦中、キャスリーン・ウィニコットと、姉のヴァイオレット・ウィニコットは、さまざまな方法でプリマス市を助け、さらに、そのあいだに受けた空襲を生き延びたのだった。

リチャード・ウィニコット RICHARD WINNICOTT（一八五三〜一九二九）：

フレデリック・ウィニコットの兄であるリチャード・ウィニコットは、デヴォン州のプリマスにあったウィニコット・ブラザーズの共同所有者として働いた。弟と同様に、彼もまた、プリマスの市長になり、プリマスの生活に対して多大なる貢献をした。リチャード・ウィニコットと彼の家族は、フレデリック・ウィニコットの住居である「ロックヴィル」とじかに隣接していた『ハイピリオン」という名の家に住んでいた。

ヴァイオレット・ウィニコット VIOLET WINNICOTT（一八八九〜一九八四）：

ウィニコットの一番上の姉であるヴァイオレット・ウィニコットは、生涯の未婚のままであり、彼女の家族のすべてのメンバーと同様に、慈善事業に専念した。情熱的な音楽家であり動物愛好家であったミス・ウィニコットは、一〇年以上も弟より長生きした。彼女の死によって、ウィニコット家の家系は断絶したのであった。

ヴァージニア・ウルフ VIRGINIA WOOLF（一八八二〜一九四一）：

旧名アデリーン・ヴァージニア・スティーヴン。ヴィクトリア朝時代の偉大な文学者であったレズリー・スティーヴンの娘。彼女は二〇世紀でもっとも重要な小説家の一人になった。出版者であり、ホガース・プレスの共同創設者でもあったレナード・ウルフと結婚して、ヴァージニア・ウルフとなった彼女は、ブルームズベリー・グループの中心人物として活躍した。このブルームズベリー・グループのメンバーには、彼女の弟であるエイドリアン・スティーヴン博士と、その妻であるカリン・スティーブン博士、ならびにジェームズ・ストレイチーやアリックス・ストレイチーなど、初期の英国人精神分析家が数多くいた。ウルフはジェームズ・ストレイチーの家の近くで生活しており、しかも、ウィニコットは一〇年にわたって、一週間に六回、ゴードン・スクエアにあったストレイチーの診察室に通っていたために、ときどきウィニコットとウルフがばったり出会った可能性は十分に考えられる。残念ながら、ヴァージニア・ウルフは精神分析治療を続行せず、結局、入水自殺したのであった。

謝辞

多くの親愛なる同僚たちが、『ウィニコットとの対話』のタイプ原稿についてコメントしてくれました。この企画についておおいに励まし続けてくれただけでなく、非常に有益で洞察に満ちた意見を述べてくれました。実にすばらしい著述家であるスージー・オーバック博士には、このインタビューが一番最初に具体的なかたちなったものを読んでもらい、彼女らしい寛大さで応えてくれました。彼女に深く感謝します。この作品は、死後に行なわれたインタビューという体裁をとった史実にもとづくものなのですが、そういうものを書くというこの実験の深刻さと奇抜さに関する彼女の十分な理解によって、私はこのささやかな仕事を終わらせる自信をもつことができました。

その後すぐに、私はこの本の最初の草稿を、すばらしい二人の男性、すなわちアブラハオ・ブラフマン博士とバーナード・バーネット博士（二人とも精神分析家であり、紳士である）と共有することができるという大きな恩恵を受けました。このようなすぐれた臨床家の先輩たちとともに研究し、指導を受けられるという恩恵に浴し、私は二人の洞察と鋭敏な思考を非常に高く評価しています。エイブ・ブラフマン、彼は才能のある児童精神科医であり精神分析家ですが、彼独自の新しい方法でウィニコットのスクィグル技法を発展させました。このことは、彼の出版物の豊富な遺産でもって例証されます。彼は一行ごとに細部にまで気を配った論評を加えてくれましたが、それはあらゆる予想を凌ぐものでした。私は感謝するとともに、喜んで彼の提案の多くを組み入れました。そして、バーニー・バーネット、彼はスクィグル財団（ウィニコットの仕事の推進を専門とする組織）の元理事であり、超自我に関する教科書をとても心をこめて執筆しました。彼はこの企画に対して、とてもあたたかく、寛大に私を励ましてくれました。ブラフマン博士とバーネット博士の二人には、精神分析コミュニティのなかでも、個人的にドナルド・ウィニコットを知っていた最古参のメンバーであるというもう一つの強みがあります。なにしろ、四〇年以上も前にウィニコットに出会って、いっしょに仕事をしたのですから。それゆえに、私が高度な正確さであってほしいと望むものでもって、ウィニコットの声と精神をなんとか捉えるためには、とりわけ彼らの賛成と確証を得たかったのです。エイブとバーニーが本書のこれらのページのなかにウィニコットの存在を認めると話してくれたとき、私はさらに仕事を進めるよう励まされたと感じました。

私はまた、本当のドナルド・ウィニコットを知っていた、もう一人の非常に特別な人からタイプ原稿を詳細に読んでもらえたという恩恵を受けました。すなわち、「ピグル」として知られている、ウィニコットの有名な子どもの患者さんだった人です。私は一九九六年にこの若い女性と初めて会いました。その一方で、本格的な伝記を書くことに備えて、ウィニコットの団体のメンバーと一連のインタビューを行なっていました。そして、最初の夕食をいっしょにいただいたときから、「ピグル」と私は親しくなり、私たちはそのときからずっと連絡をとりあいました。「ピグル」はすでに五〇歳を過ぎた成人ですが、思いやりのある、洗練されて、礼儀正しい方で、みずから努力して優秀な専門家になりました。彼女はたいへん親切にも『ウィニコットとの対話』の草稿を読む時間を割いて、広範囲にわたる意見や感想、助言を述べ、とりわけ確証を与えてくれました。彼女は昔、まだほんの子どもだったときにウィニコットを知ったのですが、私は、彼女の両親（さらにもっとウィニコットを知っていた）と個人的に接触をして、気楽に多くの会話をしたことから、彼女が憶えていた人物の真髄を捉えることに成功しました。私は、この企画に対する「ピグル」のすばらしい寛大さと支援に対して、心から感謝します。

他の多くの友人たちや同僚たちと、非常に有益な提案を共有しました。とりわけ、ピーター・ルドニツキー教授は、彼は同僚の臨床家かつ歴史家ですが、エイブ・ブラフマン博士と同様に、原文全体を一行ごとに細部にまで気を配って読んでくれました。彼の、陽気に楽しむ能力と、細かなことに対して厳密で学究的な注意を払う能力は、いつも私を鼓舞してくれます。そして、私は、私たちの会話から莫大なことを学んできましたし、いまも学び続けています。このことに対して、私はとても感謝しています。同じような寛大さで、ヴァレリー・シナソン博士は、彼女は臨床と文学とで驚くべき感受性に恵まれた精神分析家であり詩人ですが、この本のタイプ原稿を一回だけでなく二回読んでくれて、いかにも彼女らしい鋭い観察と助言を述べてくれました。それはとても役に立ちました。心から感謝を申し上げます。ほぼ三〇年にわたって偉大な友人でありよき師でもあるシナソン博士は、創造的かつ系統的な方法で、愛情と仕事と遊びを集約するという驚くべき能力をつうじて、ウィニコットの精神についてより多くのことを私に教えてくれました。

私はまた、個人的にドナルド・ウィニコットを知っており、一九八二年から二〇一四年にかけてインタビューした何百人もの人々に感謝しなければなりません。この資料の一部はすでに印刷されたようです。そして、より多くの資料が、次の一連の学術的著作に組み入れられることを願うものです。しかし、たしかに、おおぜいのウィニコットの親戚や、社交界の友人、同僚、患者さん、相談者、学生、名づけ子、そして敵でさえも、そういったみなさんのたくさんの思い出話を吸収するのに、文字どおり数十年を費やすことなく、私はこのより陽気な本を書くことなどできませんでした。私は、どの人物であっても（これらの男性や女性の多く方々には、次のところで十分な謝意を表明します）そこからだれか一人を選び出すのはひどくいやなのですが、故ジョイス・コールズさんには心から感謝しなければならないのは言うまでもありません。『ウィニコットとの対話』で彼女は、脚色された装いで、それでもなお正確に描写されていることを望みますが、重要な役割を演じています。ジョイスとのたくさんの会話なくして、さらに、彼女が私に遺贈してくれた極めて貴重な古い論文の助けを借りずして、私はあのような長い期間、自分の研究をやり抜くことはできなかったと思います。

ダイアナ・ブリンブルコムさんはメラニー・クラインの孫娘ですが、私の研究に関する質問に丁寧に応じてくれました。それは、親切にも、メラニー・クライン財団のメアリ・ブロックさんとマイケル・フェルドマン博士をつうじて進められたものです。

私はまた、特にドナルド・ウィニコットの研究に関連して、長年にわたり非常に多くの方法で私を支援してくれた多くの歴史家や図書館員、および文書館員の人々にも感謝しなければなりません。私は、以前にウィニコット財団の会長を務めたレズリー・コールドウェル教授と、彼女の前任者であるジェニファー・ジョーンズ博士に、まずは深い感謝の意を表明することから始めなければなりません。二人は、ウィニコットの未発表の手紙と原稿を調べるために、親切にもその許可を与えてくれたからです。なお、それらの一部は、ロンドンのウェルカム・コレクションにあるウェルカム図書館の文書局に保管されていました。さらに、べつの手紙と原稿が、ニューヨーク市にあるコーネル大学のジョーンとサンフォード・ワイル医学部精神医学学科、そこのデウィット・ウォーレス精神医学史研究所にあるオスカー・ディーゼレム図書館の精神医学文書局に保管されていました。レズリー・ホール博士とジェニファー・ヘインズ博士と彼らのチームは、ウェルカム図書館で幾度となく私のことをおおいに支援してくれました。同様に、コーネル大学のジョージ・マカリ教授と、彼の前任者であった故エリック・カールソン教授、ならびに、元司書だったダイアン・リチャードソンさんも支援してくれました。感謝の気持ちを表明させていただきます。また、おおぜいの図書館員や文書館員、および他のさまざまな機関の研究スタッフのみなさん、とりわけ、ワシントンのアメリカ議会図書館の方々、ならびに、ロンドンの王立医学協会のメンバーズ図書館の方々（特に、ロバート・グリーンウッド氏とグレイス・スィートマンさん）、そして、英国図書館のマニュスクリプト・コレクションや、さらには、オックスフォード大学のボドリアン図書館の方々、そして、ロンドン図書館の方々にも感謝しなければなりません。

私は、英国精神分析協会の文書館の創設者だった故パール・キングさんに特別な賛辞を述べさせていただきます。彼女は長年のあいだ、私の面倒を見てくれて、非常に寛大に教えてくれました。そして、最初にセントラル・ロンドンにあるマンスフィールド会館の所蔵品を、のちには西ロンドンのバイロン会館の所蔵品を案内してくれました。さらに、彼女は、この本で言及した人物たちにまつわるたくさんの個人的な思い出にくわえて、まったく出し惜しみせずに、ドナルド・ウィニコットの個人的な思い出をも数多く共有してくれました。そして、ほかに比類いのない寛大さで、彼女は自宅で、私に専門的で個人的な書類を無制限に見させてくれました。それらは、シャーンドル・フェレンツィによって書かれた手紙の原物から、ほかのどこにも見つけることのできなかった委員会の会合の議事録にまでわたりました。精神保健の歴史家がその分野に対するキングさんの貢献のほんとうの深さを理解するようになるには、多少の時間がいるでしょう。

私は、お気に入りの出版者であり、カルナック・ブックスの取締役で発行者でもあるオリヴァー・ラスボーン氏とともに、（まったく文字どおりに）お茶を飲みながら『ウィニコットとの対話』の考えを最初に思いつきました。彼はこの考えに熱心に応えてくれました。そして、多くの有用で創造的な考えを最後まで提供してくれるなど、彼の励ましのおかげで、この企画に生命を吹き込むことができました。私はオリヴァーに、学生たちや若い開業医たちに心理学の偉大な思想家を紹介するための道具として、このような仕事（私たちはこれを「想像力に富んだノンフィクション」とみなすようになりました）には価値があると納得させられました。いつものように、オリヴァーは、友人や同僚のなかでもっとも信頼できて誠実な人物でした。私は、彼に、そして、カルナック・ブックスの職員全員に、とりわけ、セシリー・ブレンチさん、コンスタンス・ゴヴィンディンさん、アレックス・マッシー氏、ケイト・ピアースさん、およびロッド・ツイーディー博士に感謝します。エリック・キング氏とクララ・マイトヘーニ・キング夫人は、美しいアールデコのデザインを作り、この本の原稿の整理を非常に注意深く行なってくれました。

そして、アリソン・ベックデルさんはもともとスター性を具えた芸術家であり、ウィニコット財団の奨学生なのですが、この本のためにとてもすてきな挿絵を描いてくれました（本邦訳ではイラストはカットした）。ながく感謝します。

より核心をつくならば、私は、献辞を申し上げ、捧げるべき人たちに、長年にわたる非常に特別な友好に対して感謝します。そして、もちろん、私は家族を抱きしめたいと思います。そのうちの何人かは、仕上がったばかりの段階で原稿を読み、多くの重要な提案や意見を述べてくれるとともに、説明を求めてきました。

訳者あとがき

本書はBrett Kahr（2016）*Tea with Winnicott.* London: Karnac の本文全訳である。本書は、亡くなった代表的な精神分析家との対話シリーズの一冊で、本書以外にもBowlbyなどが出版されているが、どれもイラストとセットである。ウィニコットが登場する本書も、原書はイラストと一緒になっているが、紙面の都合で、本文のみの出版となった。あえて本文のみの出版に踏み切ったのは、それだけ本書に価値があると思ったからである。

ウィニコット全集が二〇一六年に刊行されて、私たちは彼の全仕事を時間軸で読み込むことができるようになった。実際ウィニコットは、今ブームだといっていい。例えば、ウィニコット論を集めた*The Winnicott Tradition: Lines of Development-Evolution of Theory and Practice over the Decades*（Psychology, Psychoanalysis & Psychotherapy）Routldgeなど、ウィニコット研究は、今日、精神分析の世界で新しい段階に入った。彼を理解して、思想的に解読していく作業が、予想以上に多くの果実を生み出すことが見えてきたからである。思うに、この作業はフロイトと同じぐらいに重要なものではないか、そう思えるようになった。著者紹介のところにあるが、ブレット・カーは、ウィニコットの評伝を書いた人で、その後も多くの研究を重ねている。本書の後にも、ウィニコットの評伝を企画中らしい。今回の本の特徴は、ウィニコットを「生き返らせる」ために、イギリスとアメリカにあるケース記録など未公開の文献を読み直したのみならず、本書の最初に登場する、引退していた彼の元秘書を見つけ出してインタビューを試みている。発見されたウィニコットの患者ピグルとの会話についてはＩＰＡ（国際精神分析協会誌）に掲載されたが、カーは、ウィニコットを知る多くの人々との対話を重ねて、ウィニコットを生き生きと復活させている、その産物が本書なのである。「生き残ること」はウィニコットのキーワードの一つだが、文字通り、本書の中でのウィニコットは生きている。

もちろんウィニコット研究の成果には、光の部分もあれば、影の部分もある。彼が最初から小児科医であり、子供のために積極的に公的な場面に出て行って、児童の精神分析的なアプローチの可能性（毎日分析や多頻度の実践を当然とする精神分析から）を拡げたという革新的な側面は、おそらく光の部分。だが彼の優れた弟子であり、今では精神分析協会から除名されてしまったマシュード・カーンの出来事はウィニコットの影の部分である。本書に最初から、暗雲のように、話題の中に登場しているので彼について少しだけ補足しておくことにしよう。

マシュード・カーン Masud Khan は著名な精神分析家であり、長くホガースから刊行されていた精神分析叢書の編集主幹であり、ドナルド・ウィニコットの著作集の前書の著者であった。その優れた解説者であったことは良く知られている。さらにフランスの精神分析協会にウィニコットを紹介したことでも、その影響力は大きい。そのカーンが一九八八年に英国精神分析協会を除名された。これは日本にいる私たちにも結構衝撃的なことだった。カーンの著作『春が来たとき *When Spring comes*』で反ユダヤ的な叙述が倫理的な問題があるという理由ではあったが、それ以前から彼についての噂があり、精神分析の世界から排除されたことは、英国の分析の世界では一種のスキャンダルであった。すでに一九七六年には、精神分析協会の候補生から、同じく候補生である彼の妻との性的な境界侵犯が訴えられ、当時倫理委員会がなかったので、訓練委員たちで議論されたという記録がある（詳細の議事は残されていない）。カーンは訓練分析家の資格を取り下げるように要請されて、resign ではなく retire という署名の書類を提出した。つまり自ら、訓練分析家の地位を降りたわけが、分析家のままでい続けていた。周囲は、彼は肺がんが診断されたので、それほど延命しないという判断もあって、引退の届出が受理されている。だがその後の彼は一二年も生きている。そして先ほどの本が出版されて、シニアのメンバーが反ユダヤ主義を訴えて、英国精神分析協会から分析家として除名されている。ちなみに彼についてのさまざまな事件の噂はたえなかったらしい。カーンに関する著作が、八八年の除名後、三冊出ている（Cooper（1993）*Speak of Me as I am: The Life and Work of Masud Khan*（Karnac）, Roger Willoughby（2005）*Masud Khan: The myth and the reality*（Free Association Book）, Linda Hopkins（2006）*False Self: The Life of Masud Khan*（Other Press）の三冊の本である。それぞれの立場は微妙に異なる）。

ちなみにスキャンダルが大きくなったきっかけは、二〇〇一年二月のロンドンブックレビュー誌に「マシュード・カーンを救い出す Saving Masud Khan」という四ページほどの記事が掲載されたためだった。著者のゴッドレイ（一九二六-二〇一〇）はもともと二〇歳台ではオーボエ奏者だったが、その後経済学を納めて、応用経済学のディレクターになった人である（記事は今でもインターネット上で読むことができる）。ゴッドレイの成育歴は、悲痛なもので、彼が精神的な混乱を起こしたのは、三〇歳で母親が亡くなった後で、うつ状態で心理療法が必要だと感じて、一九五〇年代後半にウィニコットに連絡をとり、ウィニコットはマシュード・カーンを紹介した。そこで紹介されているマシュード・カーンとゴッドレイの治療関係はどれをとっても、患者の側の転移の産物とは思えないような驚くべきものであった。カーンは最初からゴッドレイの妻の父親が有名な彫刻家エプシュタインであることを調べていて、その名前について聞いてきた。ゴッドレイは、匿名性について不安になったという。その後カーンはロイヤルバレエ団のスヴェトラーナ・ベリオソワと一〇日後に結婚することを語り始めた。すでに匿名性に疑問を持っていたゴッドレイは、ますます不安になった。面会の後で、カーンは彼を車で送り、別れ際にジョイスの詩集を手渡している。記事の後半は、ますます驚くようなもので、ゴッドレイのセッションのほとんどはカーンの社会生活に組み込まれていった。カーンは、ゴッドレイにカーンの患者と不倫を勧めたりした。そして最終的にゴッドレイはウィニコットに「カーンは気が狂っている」と電話し、ウィニコットが尋ねてきて、カーンと二度と会わないようにという設定をして、彼のセッションは終わっている。

この短い報告によって、ウィニコットとカーンとの関係がある種のスキャンダルと公にされたのである。著名な分析家の境界侵犯として、そしてカーンを通して、ウィニコットの分析もやはり疑問視されることになった。本書の中にあるように、ウィニコットの臨床技法への疑問にまで話は広がっていった。本書はその部分をウィニコットの視点から、語らせている。ウィニコットの言い分は実に興味深い。カーンの人生はそれなりに興味深いものだし、別途考察が必要だろうが、カーンは現在のパキスタンの出身である。インドがパキスタンから悲惨な形で独立したのが、戦後四七年だから、インドに生まれたというべきなのかもしれないが、独立前の混乱期一九四六年一〇月に英国に留学して、二二歳のときに精神分析の候補生になっている。この間の正確な記録は残されていないが、シャープが最初の分析家だが九ヵ月後に亡くなり、ジョン・リックマンのところに分析を受けて、一九五一年にリックマンが亡くなっている。本書に登場する、その亡くなり方はなかなか悲惨なものである。そしてその後五一年にウィニコットとの分析が始まっている。カーン自身の記述によれば、その分析は一五年間続いたというが、別の評伝では六一年までとなっている。だがこの事実も、最近では疑問視されている。ウィニコットは彼の病気を気付いていたのだろう。ゴッドレイの報告は、ウィニコットがカーンの問題に気が付いた時期と　致しているようにも見える。

繰り返すがウィニコットの革新的な思想は、もう一度、精神分析そのものを再考、利用するために不可欠な条件となりつつある。ウィニコット全集の出版、その批判的な検討、さらには今後の精神分析の革新的な対話とともに、今後とも研究としていく作業が私たちに残されている。ウィニコットを「生かす」重要性はますます増している。

本書の翻訳は、津野さんと私とで行なった。津野さんが下訳を作り、私が対照させて読み、それをさらに話し合って、修正するという形で進行した。何度見直しても、いくつか訳に疑問は残ってしまうのが翻訳だが、それなりに分かりやすくしたつもりで、日本語の訳注を付して（章末あるいは文中に〔　〕の形で示した）当時の精神分析周辺の英国の情報を補足した。翻訳の最初から最後まで人文書院の井上裕美さんにお付き合いいただいた。いつも面白い話とともに、楽しい翻訳作業であった。

訳者を代表して　妙木　浩之

1967 The Aetiology of Infantile Schizophrenia in Terms of Adaptive Failure. In Donald W. Winnicott (1996). *Thinking About Children.* Ray Shepherd, Jennifer Johns, and Helen Taylor Robinson (Eds.), pp. 218-223. London: H. Karnac (Books).
1968 The Squiggle Game. Voices: *The Art and Science of Psychotherapy, 4,* 98-112.
「スクィグル・ゲーム」〔『精神分析的探求３　子どもと青年期の治療相談』（ウィニコット著作集８）所収〕
1968 Sleep Refusal in Children. *Paediatrics*, July, pp. 8-9.
「子どもの睡眠拒否」〔『子どもを考える』（ウィニコット著作集４）所収〕
1968 Infant Feeding and Emotional Development. *Maternal and Child Care, 4* (Number 33), 7-9.
1968 Delinquency as a Sign of Hope. *Prison Service Journal, 7,* (Number 27), 2-7.
「希望のサインとしての非行」〔『家庭から社会へ』（ウィニコット著作集３）所収〕
1969 The Use of an Object. *International Journal of Psycho-Analysis, 50,* 711-716.
「「対象を使うこと」について」〔『精神分析的探求２　狂気の心理学』所収〕
1971 The Concept of a Healthy Individual. In John D. Sutherland (Ed.). *Towards Community Mental Health*, pp. 1-15. London: Tavistock Publications.
1974 Fear of Breakdown. *International Review of Psycho-Analysis, 1,* 103-107.
「破綻恐怖」〔『精神分析的探求１　精神と身体』（ウィニコット著作集６）所収〕

「ドルドラムをどうにか切り抜けていく」〔『愛情剥奪と非行』（ウィニコット著作集 2）所収〕

1964　The Value of Depression. *British Journal of Psychiatric Social Work, 7*, 123-127.

「抑うつの真価」〔『家庭から社会へ』（ウィニコット著作集 3）所収〕

1964　The Neonate and His Mother. *Acta Paediatrica Latina, 17* (Supplement), 747-758.

1964　This Feminism. In Donald W. Winnicott (1986). *Home Is Where We Start From: Essays by a Psychoanalyst.* Clare Winnicott, Ray Shepherd, and Madeleine Davis (Eds.), pp. 183-194. New York: W. W. Norton & Company.

「フェミニズムというもの」〔『家庭から社会へ』（ウィニコット著作集 3）所収〕

1965　The Price of Disregarding Research Findings. In *The Price of Mental Health*, pp. 34-41. London: National Association for Mental Health.

「精神分析の研究をなおざりにした代価」〔『家庭から社会へ』（ウィニコット著作集 3）所収〕

1966 A Psychoanalytic View of the Antisocial Tendency. In Ralph Slovenko (Ed.). *Crime Law and Corrections*, pp. 102-130. Springfield, Illinois: Charles C Thomas, Publisher.

1966　The Ordinary Devoted Mother. In Donald W. Winnicott (1987). *Babies and Their Mothers.* Clare Winnicott, Ray Shepherd, and Madeleine Davis (Eds.), pp. 3-14. Reading, Massachusetts: Addison-Wesley Publishing Company.

「普通の献身的なお母さん」〔『赤ん坊と母親』（ウィニコット著作集 1）所収〕

1967　D. W. W. on D. W. W. In Donald W. Winnicott (1989). *Psycho-Analytic Explorations.* Clare Winnicott, Ray Shepherd, and Madeleine Davis (Eds), pp. 569-582. London: H. Karnac (Books).

「D. W. W. による D. W. W.」〔『精神分析的探求 1　精神と身体』（ウィニコット著作集 6）所収〕

1963　The Mentally Ill in Your Case Load. In Joan F. S. King (Ed.). *New Thinking for Changing Needs*, pp. 50-66. London: Education Sub-Committee, Association of Social Workers.

1963　The Young Child at Home and at School. In William Roy Niblett (Ed.). *Moral Education in a Changing Society,* pp. 96-111. London: Faber & Faber.

1963　Dependence in Infant Care, in Child Care, and, in the Psycho-Analytic Setting. *International Journal of Psycho-Analysis, 44*, 339-344.

1963　Regression as Therapy Illustrated by the Case of a Boy Whose Pathological Dependence was Adequately Met by the Parents. *British Journal of Medical Psychology, 36*, 7-12.
「症例 XIV　セシル 初診時生後 21 ヵ月」〔『新版 子どもの治療相談面接』所収〕

1963　The Development of the Capacity for Concern. *Bulletin of the Menninger Clinic, 27*,167-176.
「思遣りをもつ能力の発達」〔『情緒発達の精神分析理論　自我の芽ばえと母なるもの』所収〕

1963　Symposium: Training for Child Psychiatry. *Journal of Child Psychology and Psychiatry and Allied Disciplines, 4*, 85-91.

1963　Communicating and Not Communicating Leading to a Study of Certain Opposites. In Donald W. Winnicott (1965). *The Maturational Processes and the Facilitating Environment: Studies in the Theory of Emotional Development*, pp. 179-192. London: Hogarth Press and the Institute of Psycho-Analysis.
「交流することと交流しないこと」〔『情緒発達の精神分析理論　自我の芽ばえと母なるもの』所収〕

1963　Psychiatric Disorder in Terms of Infantile Maturational Processes. In Donald W. Winnicott (1965). *The Maturational Processes and the Facilitating Environment: Studies in the Theory of Emotional Development*, pp. 230-241. London: Hogarth Press and the Institute of Psycho-Analysis.

1963　Struggling Through the Doldrums . *New Society*. 25th April, pp. 8-11.

Disciplines, 1, 49-52.
1960 The Theory of the Parent-Infant Relationship. *International Journal of Psycho -Analysis, 41*, 585-595.
「親と幼児の関係に関する理論」〔『情緒発達の精神分析理論　自我の芽ばえと母なるもの』所収〕
1960 Ego Distortion in Terms of True and False Self. In Donald W. Winnicott (1965). *The Maturational Processes and the Facilitating Environment: Studies in the Theory of Emotional Development*, pp. 140-152. London: Hogarth Press and the Institute of Psycho-Analysis.
「本当の、および偽りの自己という観点からみた自我の歪曲」〔『情緒発達の精神分析理論　自我の芽ばえと母なるもの』所収〕
1960 The Relationship of a Mother to Her Baby at the Beginning. In Donald W. Winnicott (1965). *The Family and Individual Development*, pp. 15-20. London: Tavistock Publications.
「母親と赤ん坊の最初の関係」〔『子どもと家庭　その発達と病理』所収〕
1961 The Effect of Psychotic Parents on the Emotional Development of the Child. *British Journal of Psychiatric Social Work, 6*, 13-20.
「精神病の親は子どもの情緒発達にどんな影響を及ぼすか」〔『子どもと家庭　その発達と病理』所収〕
1962 The Aims of Psycho-Analytical Treatment. In Donald W. Winnicott (1965). *The Maturational Processes and the Facilitating Environment: Studies in the Theory of Emotional Development*, pp. 166-170. London: Hogarth Press and the Institute of Psycho-Analysis.
「精神分析的治療の目標」〔『情緒発達の精神分析理論　自我の芽ばえと母なるもの』所収〕
1962 A Personal View of the Kleinian Contribution. In Donald W. Winnicott (1965). *The Maturational Processes and the Facilitating Environment: Studies in the Theory of Emotional Development*, pp. 171-178. London: Hogarth Press and the Institute of Psycho-Analysis.
「クラインの貢献に対する私的見解」〔『情緒発達の精神分析理論　自我の芽ばえと母なるもの』所収〕

1954　Mind and Its Relation to the Psyche-Soma. *British Journal of Medical Psychology, 27,* 201-209.
「心とその精神－身体との関係」〔『小児医学から精神分析へ　ウィニコット臨床論文集』所収〕
1955　Metapsychological and Clinical Aspects of Regression within the Psycho-Analytical Set-Up. *International Journal of Psycho-Analysis, 36,* 16-26.
「精神分析的設定内での退行のメタサイコロジカルで臨床的な側面」〔『小児医学から精神分析へ　ウィニコット臨床論文集』所収〕
1955　Adopted Children in Adolescence. In *Report of the Residential Conference Held at Roehampton: July 13th-15th, 1955,* pp. 33-39. London: Standing Conference of Societies Registered for Adoption.
1956　On Transference. *International Journal of Psycho-Analysis, 37,* 386-388.
1956　Primary Maternal Preoccupation. In Donald W. Winnicott (1958). *Collected Papers: Through Paediatrics to Psycho-Analysis* pp. 300-305. London: Tavistock Publications.
「原初の母性的没頭」〔『小児医学から精神分析へ　ウィニコット臨床論文集』所収〕
1956　The Antisocial Tendency. In Donald W Winnicott (1958). *Collected Papers: Through Paediatrics to Psycho-Analysis,* pp. 306-315. London: Tavistock Publications.
1956　Prefrontal Leucotomy. *British Medical Journal* (28 January), pp. 229-230.
1958　The Capacity to Be Alone. *International Journal of Psycho-Analysis, 39,* 416-420.
「1人でいられる能力」〔『情緒発達の精神分析理論　自我の芽ばえと母なるもの』所収〕
1958　Psychogenesis of a Beating Fantasy. In Donald W Winnicott (1989). *Psycho-Analytic Explorations.* Clare Winnicott, Ray Shepherd, and Madeleine　Davis (Eds.), pp. 45-48. London: H. Karnac (Books).
1960　String. *Journal of Child Psychology and Psychiatry and Allied*

1950　Knowing and Learning. In Donald W. Winnicott (1957). *The Child and the Family: First Relationships*. Janet Hardenberg (Ed.), pp.69-73. London: Tavistock Publications.

1950　Instincts and Normal Difficulties. In Donald W. Winnicott (1957). *The Child and the Famliy: First Relationships*. Janet Hardenberg (Eds.), pp.74-79. London: Tavistock Publications.

1950　"Yes, But How Do We Know It's True?". In Donald W. Winnicott (1996). *Thinking About Children*. Ray Shepherd, Jennifer Johns, and Helen Taylor Robinson (Eds.), pp.13-18. London: H. Karnac (Books).
「"なるほど，でもどうやってそれが真実だとわかるの？"」〔『子どもを考える』（ウィニコット著作集 4）所収〕

1951　Notes on the General Implications of Leucotomy. In Donald W. Winnicott (1989). *Psycho-Analytic Explorations*. Clare Winnicott, Ray Shepherd, and Madeleine Davis (Eds.), pp.548-552. London: H. Karnac (Books).

1953　Transitional Objects and Transitional Phenomena: A Study of the First Not-Me Possession. *International Journal of Psycho-Analysis, 34*, 89-97.
「移行対象と移行現象」〔『小児医学から精神分析へ　ウィニコット臨床論文集』所収〕

1953　Psychoses and Child Care. *British Journal of Medical Psychology, 26*, 68-74.
「精神病と子どもの世話」〔『小児医学から精神分析へ　ウィニコット臨床論文集』所収〕

1953　Symptom Tolerance in Paediatrics: President's Address. *Proceedings of the Royal Society of Medicine, 46*, 675-684.

1954　Play in the Analytic Situation. In Donald W. Winnicott (1989). *Psycho-Analytic Explorations*. Clare Winnicott, Ray Shepherd, and Madeleine Davis (Eds), pp. 28-29.London: H. Karnac (Books).
「分析状況における遊び」〔『精神分析的探求 1　精神と身体（ウィニコット著作集 6）所収〕

「原初の情緒発達」〔『小児医学から精神分析へ　ウィニコット臨床論文集』所収〕

1945　Physical Therapy in Mental Disorder. *British Medical Journal* (22 December), 901-902.

1947　Physical Therapy of Mental Disorder. *British Medical Journal* (17 May), 688-689.

1947　Battle Neurosis Treated with Leucotomy. *British Medical Journal* (13 December), 974.

1948　Children's Hostels in War and Peace: A Contribution to the Symposium on "Lessons for Child Psychiatry". Given at a Meeting of the Medical Section of the British Psychological Society, 27 February 1946. *British Journal of Medical Psychology, 21*, 175-180.

「戦時下と平和時における子どもたちの宿舎」〔『愛情剥奪と非行』（ウィニコット著作集 2）所収〕

1948　Pediatrics and Psychiatry. *British Journal of Medical Psychology, 21*, 229-240.

「小児医学と精神医学」〔『小児医学から精神分析へ　ウィニコット臨床論文集』所収〕

1949　Hate in the Counter-Transference. *International Journal of Psycho-Analysis, 30*, 69-74.

「逆転移のなかの憎しみ」〔『小児医学から精神分析へ　ウィニコット臨床論文集』所収〕

1949　Birth Memories, Birth Trauma, and Anxiety. In Donald W. Winnicott (1958). *Collected Papers: Through Paediatrics to Psycho-Analysis*, pp.174-193. London: Tavistock Publications.

「出生記憶、出生外傷、そして不安」〔『小児医学から精神分析へ　ウィニコット臨床論文集』所収〕

1950　Some Thoughts on the Meaning of the Word Democracy. *Human Relations, 3*, 175-186.

「民主主義という言葉のもつ意味」〔『子どもと家庭　その発達と病理』所収〕

1936　Appetite and Emotional Disorder. In Donald W. Winnicott (1958). *Collected Papers: Through Paediatrics to Psycho-Analysis*, pp.33-51. London: Tavistock Publications.
「食欲と情緒障害」〔『小児医学から精神分析へ　ウィニコット臨床論文集』所収〕

1941　The Observation of Infants in a Set Situation. *International Journal of Psycho-Analysis, 22*, 229-249.
「設定状況における幼児の観察」〔『小児医学から精神分析へ　ウィニコット臨床論文集』所収〕

1942　Child Department Consultations. *International Journal of Psycho-Analysis, 23*, 139-146.
「児童部門のコンサルテーション」〔『小児医学から精神分析へ　ウィニコット臨床論文集』所収〕

1943　Prefrontal Leucotomy. *The Lancet* (10 April), 475.

1943　Shock Treatment of Mental Disorder. *British Medical Journal* (25 December), 829-830.

1943　Treatment of Mental Disease by Induction of Fits. In Donald W. Winnicott (1989). *Psycho-Analytic Explorations*. Clare Winnicott, Ray Shepherd, and Madeleine Davis (Eds.), pp. 516-521. London: H. Karnac (Books).

1944　Shock Therapy. *British Medical Journal* (12 February), 234-235.

1944　Introduction to a Symposium on the Psycho-Analytic Contribution to the Theory of Shock Therapy. In Donald W. Winnicott (1989). *Psycho-Analytic Explorations*. Clare Winnicott, Ray Shepherd, and Madeleine Davis (Eds.), pp.525-528. London: H. Karnac (Books).

1944　Kinds of Psychological Effect of Shock Therapy. In Donald W. Winnicott (1989). *Psycho-Analytic Explorations*. Clare Winnicott, Ray Shepherd, and Madeleine Davis (Eds.), pp.529-533. London: H. Karnac (Books).

1945　Primitive Emotional Development. *International Journal of Psycho-Analysis, 26*, 137-143.

1989　*Psycho-Analytic Explorations*. Clare Winnicott, Ray Shepherd, and Madeleine Davis (Eds.). London: H. Karnac (Books).
『精神分析的探求 1　精神と身体』（ウィニコット著作集 6）館 直彦 他 訳、岩崎学術出版社、2001 年
『精神分析的探求 2　狂気の心理学』（ウィニコット著作集 7）北山 修 監訳、岩林隆良・小坂和子訳、岩崎学術出版社、1998 年
『精神分析的探求 3　子どもと青年期の治療相談』（ウィニコット著作集 8）牛島定信 監訳、倉 ひろ子 訳、岩崎学術出版社、1998 年

1993　*Talking to Parents*. Clare Winnicott, Christopher Bollas, Madeleine Davis, and Ray Shepherd (Eds.). Reading, Massachusetts: Addison-Wesley Publishing Company.
『両親に語る』（ウィニコット著作集 5）井原成男・斉藤和恵 訳、岩崎学術出版社、1994 年

1996　*Thinking About Children*. Ray Shepherd, Jennifer Johns, and Helen Taylor Robinson (Eds.). London: H. Karnac (Books).
『子どもを考える』（ウィニコット著作集 4）牛島定信・藤山直樹・生地新 監訳、岩崎学術出版社、2008 年

本の章、雑誌などの記事、および小論文のなかから選んだもの

1928　The Only Child. In Eva Isaacs, Viscountess Erleigh (Ed.). *The Mind of the Growing Child: A Series of Lectures*, pp. 47-64. London: Scientific Press/ Faber and Gwyer.

1930　Enuresis. *Proceedings of the Royal Society of Medicine, 23*, 255.

1933　Short Communication on Enuresis. *British Journal of Children's Diseases, 30*, 41-42.

1933　Pathological Sleeping. *British Journal of Children's Diseases, 10*, 205-206.

1935　The Manic Defence. In Donald W Winnicott (1958). *Collected Papers: Through Paediatrics to Psycho-Analysis*, pp.129-144. London: Tavistock Publications.
「躁的防衛」〔『小児医学から精神分析へ　ウィニコット臨床論文集』所収〕

『新版 子どもの治療相談面接』橋本雅雄・大矢泰士 監訳、岩崎学術出版社、2011 年

1977 *The Piggle: An Account of the Psychoanalytic Treatment of a Little Girl*. Ishak Ramzy (Ed.). New York: International Universities Press.

『ピグル　分析医の治療ノート』猪俣丈二・前田陽子 訳、星和書店、1980 年

『ピグル　ある少女の精神分析的治療の記録』妙木浩之 監訳、金剛出版、2015 年

1984 *Deprivation and Delinquency*. Clare Winnicott, Ray Shepherd, and Madeleine Davis (Eds.). London: Tavistock Publications.

『愛情剥奪と非行』（ウィニコット著作集 2）西村良二 監訳、岩崎学術出版社、2005 年

1986 *Holding and Interpretation: Fragment of an Analysis*. London: Hogarth Press and the Institute of Psycho-Analysis.

『抱えることと解釈』北山 修 監訳、岩崎学術出版社、1989 年

1986 *Home Is Where We Start From: Essays by a Psychoanalyst*. Clare Winnicott, Ray Shepherd, and Madeleine Davis (Eds.). New York: W. W. Norton & Company.

『家庭から社会へ』（ウィニコット著作集 3）牛島定信 監訳、井原成男 他訳、岩崎学術出版社、1999 年

1987 *Babies and Their Mothers*. Clare Winnicott, Ray Shepherd, and Madeleine Davis (Eds.). Reading, Massachusetts: Addison-Wesley Publishing Company.

『赤ん坊と母親』（ウィニコット著作集 1）成田善弘・根本真弓 訳、岩崎学術出版社、1993 年

1987 *The Spontaneous Gesture: Selected Letters of D.W. Winnicott*. F. Robert Rodman (Ed.). Cambridge, Massachusetts: Harvard University Press.

1988 *Human Nature*. Christopher Bollas, Madeleine Davis, and Ray Shepherd (Eds.). London: Free Association Books.

『人間の本性　ウィニコットの講義録』牛島定信 監訳、館 直彦 訳、誠信書房、2004 年

London: Tavistock Publications.
1957 *The Child and the Outside World: Studies in Developing Relationships.* Janet Hardenberg (Ed.). London: Tavistock Publications.
1958 *Collected Papers: Through Paediatrics to Psycho-Analysis.* London: Tavistock Publications.
『小児医学から精神分析へ　ウィニコット臨床論文集』北山 修 監訳、岩崎学術出版社、2005年〔ただし，原著にあるカーンによる序論は省かれている〕
1964 *The Child, the Family, and the Outside World.* Harmondsworth, Middlesex: Penguin Books.
『赤ちゃんは なぜ泣くの　子どもと家族とまわりの世界（上）』猪俣丈二訳、星和書店、1985年
『子どもは なぜあそぶの　子どもと家族とまわりの世界（下）』猪俣丈二訳、星和書店、1986年
1965 *The Family and Individual Development.* London: Tavistock Publications.
『子どもと家庭　その発達と病理』牛島定信 監訳、誠信書房、1984年
1965 *The Maturational Processes and the Facilitating Environment: Studies in the Theory of Emotional Development.* London: Hogarth Press and the Institute of Psycho-Analysis.
『情緒発達の精神分析理論　自我の芽ばえと母なるもの』牛島定信 訳、岩崎学術出版社、1977年〔ただし，この邦訳では，原著より3篇の論文 String：A Technique of Communication，Training for Child Psychiatry，The Mentally Ill in Your Caseload が省かれている〕

没後に出版された書籍

1971 *Playing and Reality.* London: Tavistock Publications.
『改訳 遊ぶことと現実』橋本雅雄・大矢泰士 訳、岩崎学術出版社、2015年
1971 *Therapeutic Consultations in Child Psychiatry.* London: Hogarth Press and the Institute of Psycho-Analysis.

しかし、体系的かつ学究的な方法で、年代順にウィニコットを読むのかどうか、あるいは、より創造的かつプレイフルな方法で、あてどなく彼の世界をちょっとのぞくのかどうかにかかわらず、終わることのない関心とひらめきの源を与えてくれるじつにすばらしい思想家の面前で、私たちは常に自分自身を発見するのです。ウィニコットの各小論文は、1つのことから別のことへと適切に導いてくれます。そして、もしわずかな時間と注意をウィニコットの作品に捧げるならば、彼の多くの著作を走り抜ける案内者（fil conducteur）をすぐに認めるようになります。そして、臨床描写と発達理論を関連づけて、しばしば人間の存在の重要な側面についての当意即妙な観察を浴びせてくるのです。

ウィニコットの著作は、もちろん、巨大な第2の文献を生み出しました。現代の専門家たちによって次々と本や記事が多く書かれています。けれども、ウィニコットに関する解説の大部分は、彼の原著作と比べるとたいしたことはありません。したがって、初心者のみなさんには、主要なテキストそのものを研究することによってウィニコットの世界への旅を開始するのを奨励したいと思います。お手元にあるこの『ウィニコットとの対話』という本は、ただ食欲をそそるためだけにあるべきです。

以下に、ウィニコットの「最高のヒット」の実例をお見せします。私は、これらの出版物を三つの部分に分けました。まず最初は、ウィニコットの生前中に出版された本と小冊子の文献目録です。第2に、死後に出版された本の目録です。そして、第3に、本の章や雑誌の記事、そしておおいに役に立つだろうと思われた短い文書などを選んだものです。すべてにおいて、文献の典拠元を示しましたが、書籍と小論文の多くは、その後、別の版で出版されています。

ウィニコットの生前中に出版された書籍や小冊子

1931 *Clinical Notes on Disorders of Childhood*. London: William Heinemann (Medical Books).

1945 *Getting to Know Your Baby*. London: William Heinemann (Medical Books).

1949 *The Ordinary Devoted Mother and Her Baby: Nine Broadcast Talks. (Autunn 1949.)* London: C.A. Brock and Company.

1957 *The Child and the Family: First Relationships*. Janet Hardenberg (Ed.).

推薦図書

ドナルド・ウィニコットは、本や研究論文、小冊子、章、雑誌の記事、小論文、解説書、書評、死亡記事、調査報告書、備忘録、手紙、症例報告書、事例記録、写生画、スクィグルなど、生涯をつうじて、驚異的な数の作品を生み出しました。そして、それらのいくつかは、これまで出版のかたちとって発表されていません。ウィニコットの著作を本気で読もうとする学生であれば、彼が書いたものをすべて読むには少なくとも10年、もしくはそれ以上かかるでしょうし、意義のある方法で素材を理解するには10年以上かかるだろうと思われます。

幸運にも、ウィニコットの著作のすべての文献に打ち込む必要はありません。彼の著作の選集を熟読することで、ウィニコットに特徴的な考えをかなりよく把握することが確実にできるからです。

ウィニコットの原文を1語たりとも読んだことのない人であれば、薄いけれども内容の充実した、1987年に出版の『赤ん坊と母親』（後述）という本から始めるとよいかと思います。さらに、精神保健の分野においてすでに仕事を始めた人や、あるいは非常に多くの臨床経験をすでに積んだ人であれば、基礎的な論文集である、1958年に出版の『小児医学から精神分析へ』（後述）と、続いて、1965年に出版の『情緒発達の精神分析理論』（後述）のなかの論文を読むことを心からお勧めします。

ウィニコットは自分自身を、利用される対象として世の中に差し出したことは言うまでもありません。そして、みずからの移行対象を見つけなければならない赤ちゃんのように、心理学の各研究者も、うんざりするくらいたくさんあるウィニコットの文献をとおして、自分自身の道を見つけなければなりません。単純に、ウィニコットの小論文にざっと目を通し、あとはときどき立ち止まって、自分が関心を抱いたものを読むことによって、私は、あまり構造化されていない自由連想のような方法でウィニコットの研究を（30年以上も前に）開始したことは確かです。

Universities Press.〔『ピグル　分析医の治療ノート』猪俣丈二 他 訳、星和書店、1980年：『ピグル　ある少女の精神分析的里長の記録』妙木浩之 監訳、金剛出版、2015年〕

Winnicott, Donald W. (1988). *Human Nature*. Christopher Bollas, Madeleine Davis, and Ray Shepherd (Eds.). London: Free Association Books.〔『人間の本性　ウィニコットの講義録』牛島定信 監訳、誠信書房、2004年〕

Winnicott, Donald W. (1993). *Talking to Parents*. Clare Winnicott, Christopher Bollas, Madeleine Davis, and Ray Shepherd (Eds.). Reading, Massachusetts: Addison-Wesley Publishing Company.〔『両親に語る』（ウィニコット著作集5）井原成男 他 訳、岩崎学術出版社、1994年〕

Harmondsworth, Middlesex: Penguin Books.〔『赤ちゃんはなぜ泣くの　子どもと家族とまわりの世界（上)』猪俣丈二 訳、星和書店、1985 年〕〔『子どもは なぜあそぶの　子どもと家族とまわりの世界（下)』猪俣丈二 訳、星和書店、1986 年〕

Winnicott, Donald W. (1964). The Concept of the False Self. In Donald W. Winnicott (1986). *Home Is Where We Start From: Essays by a Psychoanalyst.* Clare Winnicott, Ray Shepherd, and Madeleine Davis (Eds.), pp.65-70. New York: W. W. Norton & Company.

Winnicott, Donald W. (1965). The Price of Disregarding Research Findings. In *The Price of Mental Health*, pp.34-41. London: National Association for Mental Health.〔「精神分析の研究をなおざりにした代価」『家庭から社会へ』（ウィニコット著作集 3)〕

Winnicott, Donald W. (1965). The Price of Disregarding Psychoanalytic Research. In Donald W. Winnicott (1986). *Home Is Where We Start From: Essays by a Psychoanalyst.* Clare Winnicott, Ray Shepherd, and Madeleine Davis (Eds.), pp.172-182. New York: W. W. Norton & Company.

Winnicott, Donald W. (1966). The Location of Cultural Experience. Scientific Bulletin: *The British Psycho-Analytical Society and the Institute of Psycho-Analysis, 9*, 1-8.

Winnicott, Donald W. (1967). The Location of Cultural Experience. *International Journal of Psycho-Analysis, 48*, 368-372.

Winnicott, Donald W. (1969). James Strachey: 1887-1967. *International Journal of Psycho-Analysis, 50*, 129-131.

Winnicott, Donald W. (1969). The Use of an Object. *International Journal of Psycho-Analysis, 50*, 711-716.〔「「対象を使うこと」について」『精神分析的探求 2　狂気の心理学』〕

Winnicott, Donald W. (1971). *Playing and Reality*. London: Tavistock Publications.〔『改訳　遊ぶことと現実』橋本雅雄 他 訳、岩崎学術出版社、2015 年〕

Winnicott, Donald W. (1977). *The Piggle: An Account of the Psychoanalytic Treatment of a Little Girl.* Ishak Ramzy (Ed.). New York: International

Environment: Studies in the Theory of Emotional Development, pp.115-123. London: Hogarth Press and the Institute of Psycho-Analysis.〔「潜伏期の児童分析」『情緒発達の精神分析理論　自我の芽ばえと母なるもの』〕

Winnicott, Donald W. (1960). The Theory of the Parent-Infant Relationship. *International Journal of Psycho-Analysis, 41*, 585-595.〔「親と幼児の関係に関する理論」『情緒発達の精神分析理論　自我の芽ばえと母なるもの』〕

Winnicott, Donald W. (1960). Ego Distortion in Terms of True and False Self. In Donald W. Winnicott (1965). *The Maturational Processes and the Facilitating Environment: Studies in the Theory of Emotional Development*, pp.140-152. London: Hogarth Press and the Institute of Psycho-Analysis.〔「本当の、および偽りの自己という観点からみた自我の歪曲」『情緒発達の精神分析理論　自我の芽ばえと母なるもの』〕

Winnicott, Donald W. (1962). Ego Integration in Child Development. In Donald W. Winnicott (1965). *The Maturational Processes and the Facilitating Environment: Studies in the Theory of Emotional Development*, pp.56-63. London: Hogarth Press and the Institute of Psycho-Analysis.

Winnicott, Donald W. (1962). The Aims of Psycho-Analytical Treatment. In Donald W. Winnicott (1965). *The Maturational Processes and the Facilitating Environment: Studies in the Theory of Emotional Development*, pp.166-170. London: Hogarth Press and the Institute of Psycho-Analysis.〔「精神分析的治療の目標」『情緒発達の精神分析理論　自我の芽ばえと母なるもの』〕

Winnicott, Donald W. (1963). Dependence in Infant Care, in Child Care, and in the Psycho-Analytic Setting. *International Journal of Psycho-Analysis, 44*, 339-344.

Winnicott, Donald W. (1963). Communicating and Not Communicating Leading to a Study of Certain Opposites. In Donald W. Winnicott (1965). *The Maturational Processes and the Facilitating Environment: Studies in the Theory of Emotional Development*, pp.179-192. London: Hogarth Press and the Institute of Psycho-Analysis.〔「交流することと交流しないこと」『情緒発達の精神分析理論　自我の芽ばえと母なるもの』〕

Winnicott, Donald W. (1964). *The Child, the Family, and the Outside World.*

Winnicott, Donald W. (1949). Hate in the Counter-Transference. *International Journal of Psycho-Analysis, 30*, 69-74.

Winnicott, Donald W. (1949). Birth Memories, Birth Trauma, and Anxiety. In Donald W. Winnicott (1958). *Collected Papers: Through Paediatrics to Psycho-Analysis*, pp.174-193. London: Tavistock Publications. 〔「出生記憶、出生外傷、そして不安」『小児医学から精神分析へ　ウィニコット臨床論文集』〕

Winnicott, Donald W. (1953). Transitional Objects and Transitional Phenomena: A Study of the First Not-Me Possession. *International Journal of Psycho-Analysis, 34*, 89-97. 〔「移行対象と移行現象」『小児医学から精神分析へ　ウィニコット臨床論文集』〕

Winnicott, Donald W. (1953). Psychoses and Child Care. *British Journal of Medical Psychology, 26*, 68-74. 〔「精神病と子どもの世話」『小児医学から精神分析へ　ウィニコット臨床論文集』〕

Winnicott, Donald W. (1956). Primary Maternal Preoccupation. In Donald W. Winnicott (1958). *Collected Papers: Through Paediatrics to Psycho-Analysis*, pp.300-305. London: Tavistock Publications. 〔『小児医学から精神分析へ　ウィニコット臨床論文集』〕

Winnicott, Donald W. (1957). *The Child and the Family: First Relationships*. Janet Hardenberg (Ed.). London: Tavistock Publications.

Winnicott, Donald W. (1957). *The Child and the Outside World: Studies in Developing Relationships*. Janet Hardenberg (Ed.). London: Tavistock Publications.

Winnicott, Donald W. (1958). *Collected Papers: Through Paediatrics to Psycho-Analysis*. London: Tavistock Publications.

Winnicott, Donald W. (1958). The Capacity to Be Alone. *International Journal of Psycho-Analysis, 39*, 416-420. 〔「一人でいられる能力」『情緒発達の精神分析理論　自我の芽ばえと母なるもの』〕

Winnicott, Donald W. (1958). Child Analysis. *A Criança Portuguesa, 17*, 219-229.

Winnicott, Donald W. (1958). Child Analysis in the Latency Period. In Donald W. Winnicott (1965). *The Maturational Processes and the Facilitating*

Winnicott, Clare (1964). Development Towards Self Awareness. In Frederick G. Lennhoff (Ed.). *Challenges, Frustrations, Rewards for Those Who Work with People in Need*, pp.3-10. Harmer Hill, Shrewsbury, Shropshire: Shotton Hall Publication.

Winnicott, Clare (1978). D.W.W.: A Reflection. In Simon A. Grolnick, Leonard Barkin, and Werner Muensterberger (Eds.). *Between Reality and Fantasy: Transitional Objects and Phenomena*, pp.17-33. New York: Jason Aronson.

Winnicott, Clare (1980). Fear of Breakdown: A Clinical Example. *International Journal of Psycho-Analysis, 61*, 351-357.

Winnicott, Clare (1984). Introduction. In Donald W. Winnicott. *Deprivation and Delinquency*. Clare Winnicott, Ray Shepherd, and Madeleine Davis (Eds.), pp.1-5. London: Tavistock Publications.〔『愛情剝奪と非行』（ウィニコット著作集 2）、西村良二 監訳、岩崎学術出版社、2005 年〕

Winnicott, Clare (1988). Preface. In Donald W. Winnicott. *Human Nature*. Christopher Bollas, Madeleine Davis, and Ray Shepherd (Eds.), p. ix. London: Free Association Books.

Winnicott, Clare (2004). *Face to Face with Children: The Life and Work of Clare Winnicott*. Joel Kanter (Ed.). London: H. Karnac (Books).

Winnicott, Donald W. (1931). *Clinical Notes on Disorders of Childhood*. London: William Heinemann (Medical Books).

Winnicott, Donald W. (1935). The Manic Defence. In Donald W. Winnicott (1958). *Collected Papers: Through Paediatrics to Psycho-Analysis*, pp.129-144. London: Tavistock Publications.〔「躁的防衛」『小児医学から精神分析へ　ウィニコット臨床論文集』北山 修 監訳、岩崎学術出版社、2005 年〕

Winnicott, Donald W. (1945). *Getting to Know Your Baby*. London: William Heinemann (Medical Books).

Winnicott, Donald W. (1945). Primitive Emotional Development. *International Journal of Psycho-Analysis, 26*, 137-143.〔「原初の情緒発達」『小児医学から精神分析へ　ウィニコット臨床論文集』〕

Winnicott, Donald W. (1949). *The Ordinary Devoted Mother and Her Baby: Nine Broadcast Talks. (Autumn 1949.)* London: C.A. Brock and Company.

Roazen, Paul (2000). *Oedipus in Britain: Edward Glover and the Struggle Over Klein*. New York: Other Press.

Roazen, Paul (2001). *The Historiography of Psychoanalysis*. New Brunswick, New Jersey: Transaction Publishers.

Roazen, Paul (2002). A Meeting with Donald Winnicott in 1965. In Brett Kahr (Ed.). *The Legacy of Winnicott: Essays on Infant and Child Mental Health*, pp.23-35. London: H. Karnac (Books).

Roazen, Paul (2005). *Edoardo Weiss: The House That Freud Built*. New Brunswick, New Jersey: Transaction Publishers.

Roazen, Paul, and Swerdloff, Bluma (Eds.). (1995). *Heresy: Sandor Rado and the Psychoanalytic Movement*. Northvale, New Jersey: Jason Aronson.

Sargant, William, and Slater, Eliot (1944). *An Introduction to Physical Methods of Treatment in Psychiatry*. Edinburgh: E. and S. Livingstone.

Sharpe, Ella Freeman (1937). *Dream Analysis: A Practical Handbook for Psycho-Analysts*. London: Leonard and Virginia Woolf at the Hogarth Press, and the Institute of Psycho-Analysis.〔『夢分析実践ハンドブック』松本由起子 訳、勁草書房、2017 年〕

Sharpe, Ella Freeman (1950). *Collected Papers on Psycho-Analysis*. Marjorie Brierley (Ed.). London: Hogarth Press and the Institute of Psycho-Analysis.

Stephen, Adrian (1936). *The "Dreadnought" Hoax*. London: Leonard and Virginia Woolf at the Hogarth Press.

Strachey, James (1934). The Nature of the Therapeutic Action of Psycho-Analysis. *International Journal of Psycho-Analysis, 15*, 127-159.

Strachey, Lytton (1918). *Eminent Victorians: Cardinal Manning-Florence Nightingale — Dr. Arnold — General Gordon*. London: Chatto & Windus.〔『ヴィクトリア朝偉人伝』中野康司 訳、みすず書房、2008 年〕

Wesley, John (1747). *Primitive Physick or, an Easy and Natural Method of Curing Most Diseases*. Holborn, London: Thomas Trye.

Winnicott, Clare (1963). Face to Face with Children. In Joan F. S. King (Ed.). *New Thinking for Changing Needs*, pp.28-50. London: Education Sub-Committee, Association of Social Workers.

Pfister, Oskar (1917). *The Psychoanalytic Method.* Charles Rockwell Payne (Transl.). London: Kegan Paul, Trench, Trubner and Company.

Rank, Otto (1924). *Das Trauma der Geburt und seine Bedeutung für die Psychoanalyse.* Vienna: Internationaler Psychoanalytischer Verlag.〔『出生外傷』細澤 仁 他 訳、みすず書房、2013 年〕

Rank, Otto (1929). *The Trauma of Birth.* London: Kegan Paul, Trench, Trubner and Company, and New York: Harcourt, Brace and Company.

Rickman, John (Ed.). (1940). *Children in War-Time: The Uprooted Child, the Problem of the Young Child, the Deprived Mother, Foster-Parents, Visiting, the Teacher's Problems, Homes for Difficult Children.* London: New Education Fellowship.

Rickman, John (1957). *Selected Contributions to Psycho-Analysis.* W. Clifford M. Scott (Ed.). London: Hogarth Press and the Institute of Psycho-Analysis.

Riviere, Joan (1929). Womanliness as a Masquerade. *International Journal of Psycho-Analysis, 10,* 303-313.

Riviere, Joan (1936). A Contribution to the Analysis of the Negative Therapeutic Reaction. *International Journal of Psycho-Analysis, 17,* 304-320.

Roazen, Paul (1969). *Brother Animal: The Story of Freud and Tausk.* New York: Alfred A. Knopf.〔『ブラザー・アニマル』小此木啓吾 訳、誠信書房、1987 年〕

Roazen, Paul (1975). *Freud and His Followers.* New York: Alfred A. Knopf.〔『フロイトと後継者たち　上・下』岸田 秀 他 訳、誠信書房、1986/1988 年〕

Roazen, Paul (1985). *Helene Deutsch: A Psychoanalyst's Life.* Garden City, New York: Anchor Press/Doubleday.

Roazen, Paul (1993). *Meeting Freud's Family.* Amherst, Massachusetts: University of Massachusetts Press.

Roazen, Paul (1995). *How Freud Worked: First-Hand Accounts of Patients.* Northvale, New Jersey: Jason Aronson.

Roazen, Paul (Ed.). (1995). Oral History of Sandor Rado. In Paul Roazen and Bluma Swerdloff. *Heresy: Sandor Rado and the Psychoanalytic Movement,* pp.19-174. Northvale, New Jersey: Jason Aronson.

Books.〔『乳幼児の心理的誕生』（精神医学選書 第3巻）高橋雅士・織田正美・浜畑 紀 訳、黎明書房、2001年〕
Meltzer, Donald (1973). *Sexual States of Mind*. Ballinluig, Perthshire: Clunie Press.〔『こころの性愛状態』古賀靖彦 他 訳、金剛出版、2012年〕
Meltzer, Donald (1978). *The Kleinian Development: Part I. Freud's Clinical Development. Part II. Richard Week-by-Week. Part III. The Clinical Significance of the Work of Bion*. Strath Tay, Perthshire: Clunie Press.〔『クライン派の発展』松木邦裕 他 訳、金剛出版、2015年〕
Meltzer, Donald (1992). *The Claustrum: An Investigation of Claustrophobic Phenomena*. Oxford: Clunie Press.
Meltzer, Donald (1994). *Sincerity and Other Works: Collected Papers of Donald Meltzer*. Alberto Hahn (Ed.). London: H. Karnac (Books).
Miller, Arthur (1963). *Jane's Blanket*. New York: Crowell-Collier Press, and London: Collier-Macmillan.〔『ジェインのもうふ』厨川圭子 訳、偕成社、1971年〕
Milner, Marion (1938). *The Human Problem in Schools: A Psychological Study Carried Out on Behalf of the Girls' Public Day School Trust*. London: Methuen and Company.
Milner, Marion (1952). Aspects of Symbolism in Comprehension of the Not-Self. *International Journal of Psycho-Analysis, 33*, 181-195.
Milner, Marion (1956). The Communication of Primary Sensual Experience: (The Yell of Joy). *International Journal of Psycho-Analysis, 37*, 278-281.
Milner, Marion (1969). *The Hands of the Living God: An Account of a Psychoanalytic Treatment*. London: Hogarth Press and the Institute of Psycho-Analysis.
Milner, Marion (1987). *Eternity's Sunrise: A Way of Keeping a Diary*. London: Virago Press.
Milner, Marion (1987). *The Suppressed Madness of Sane Men: Forty-Four Years of Exploring Psychoanalysis*. London: Tavistock Publications.
Pfister, Oskar (1913). *Die psychanalytische Methode: Eine erfahrungswissenschaftlichsystematische Darstellung*. Leipzig: Julius Klinkhardt.

Psycho-Analysis, 27, 99-110.〔「分裂的機制についての覚書」『妄想的・分裂的世界』（メラニー・クライン著作集 4）小此木啓吾 訳、誠信書房、1985年〕

Klein, Melanie (1948). *Contributions to Psycho-Analysis: 1921-1945*. London: Hogarth Press and the Institute of Psycho-Analysis.

Klein, Melanie (1950). On the Criteria for the Termination of a Psycho-Analysis. *International Journal of Psycho-Analysis, 31*, 78-80.〔「精神分析の終結のための基準について」『妄想的・分裂的世界』（メラニー・クライン著作集 4）北山 修 訳、誠信書房、1985 年〕

Klein, Melanie (1957). *Envy and Gratitude: A Study of Unconscious Sources*. London: Tavistock Publications.〔『羨望と感謝』（メラニー・クライン著作集 5）小此木啓吾 他 訳、誠信書房、1996 年〕

Klein, Melanie (1959). Our Adult World and Its Roots in Infancy. *Human Relations, 12*, 291-303.〔「大人の世界と幼児期におけるその起源」『羨望と感謝』（メラニー・クライン著作集 5）花岡正憲 訳、誠信書房、1996 年〕

Klein, Melanie (1961). *Narrative of a Child Analysis: The Conduct of the Psycho-Analysis of Children as Seen in the Treatment of a Ten Year Old Boy*. London: Hogarth Press and the Institute of Psycho-Analysis.〔『児童分析の記録』（メラニー・クライン著作集 6・7）山上千鶴子 訳、誠信書房、1987/1988 年〕

Laing, Ronald D. (1960). *The Divided Self: A Study of Sanity and Madness*. London: Tavistock Publications.〔『ひき裂かれた自己』阪本健二 他 訳、みすず書房、1971 年／『引き裂かれた自己：狂気の現象学』天野 衛 訳、ちくま学芸文庫、2017 年〕

Mahler, Margaret S. (1979). *The Selected Papers of Margaret S. Mahler, M.D.: Volume 1. Infantile Psychosis and Early Contributions*. New York: Jason Aronson.

Mahler, Margaret S. (1979). *The Selected Papers of Margaret S. Mahler, M.D.: Volume 2. Separation-Individuation*. New York: Jason Aronson.

Mahler, Margaret S., Pine, Fred, and Bergman, Anni (1975). *The Psychological Birth of the Human Infant: Symbiosis and Individuation*. New York: Basic

London: Tavistock/Routledge.

King, Pearl (1997). Talk on Sept. 5, 1987 on the Twentieth Anniversary of the Founding of the Finnish Psycho-Analytical Society. In Aira Laine, Helena Parland, and Esa Roos (Eds.). *Psykoanalyysin uranuurtajat Suomessa*, pp.161-168. Kemijärvi: LPT Lapin Painotuote Oy.

King, Pearl (2003). (Ed.). *No Ordinary Psychoanalyst: The Exceptional Contributions of John Rickman*. London: H. Karnac (Books).

King, Pearl (2003). Introduction: The Rediscovery of John Rickman and His Work. In Pearl King (Ed.). *No Ordinary Psychoanalyst: The Exceptional Contributions of John Rickman*, pp.1-68. London: H. Karnac (Books).

King, Pearl (2005). *Time Present and Time Past: Selected Papers of Pearl King*. London: Karnac Books.

King, Pearl (2005). Foreword. In Roger Willoughby. *Masud Khan: The Myth and the Reality*, pp.x-xix. London: Free Association Books.

King, Pearl, and Steiner, Riccardo (Eds.). (1991). *The Freud-Klein Controversies: 1941-45*. London: Tavistock/Routledge.

Klein, Melanie (1932). *Die Psychoanalyse des Kindes*. Vienna: Internationaler Psychoanalytischer Verlag.〔『児童の精神分析』（メラニー・クライン著作集 2）衣笠隆幸 訳、誠信書房、1997 年〕

Klein, Melanie (1932). *The Psycho-Analysis of Children*. Alix Strachey (Transl.). London: Hogarth Press and the Institute of Psycho-Analysis.

Klein, Melanie (1935). A Contribution to the Psychogenesis of Manic-Depressive States. *International Journal of Psycho-Analysis, 16*, 145-174.〔「躁うつ状態の心因論に関する寄与」『愛、罪、そして償い』（メラニー・クライン著作集 3)〕西園昌久 編訳、誠信書房、1983 年〕

Klein, Melanie (1937). Love, Guilt and Reparation. In Melanie Klein and Joan Riviere. *Love, Hate and Reparation: Two Lectures*, pp.57-119. London: Leonard and Virginia Woolf at the Hogarth Press, and the Institute of Psycho-Analysis.〔「愛、罪、そして償い」『愛、罪、そして償い』（メラニー・クライン著作集 3〕西園昌久 編訳、誠信書房、1983 年〕

Klein, Melanie (1946). Notes on Schizoid Mechanisms. *International Journal of*

Jones, Ernest (1955). *The Life and Work of Sigmund Freud: Volume 2. Years of Maturity. 1901-1919.* New York: Basic Books.〔『フロイトの生涯』竹友安彦 訳、紀伊國屋書店、1969 年〕

Jones, Ernest (1957). *The Life and Work of Sigmund Freud: Volume 3. The Last Phase. 1919-1939.* New York: Basic Books.〔『フロイトの生涯』竹友安彦 訳、紀伊國屋書店、1969 年〕

Kahr, Brett (1996). *D.W. Winnicott: A Biographical Portrait.* London: H. Karnac (Books).

Kahr, Brett (Ed.). (2002). *The Legacy of Winnicott: Essays on Infant and Child Mental Health.* London: H. Karnac (Books).

Khan, M. Masud R. (1988). *When Spring Comes: Awakenings in Clinical Psychoanalysis.* London: Chatto & Windus.

King, Pearl (1965). *Report of the Sponsoring Committee of the Finnish Study Group to the Council of the I.PA.* PP/DWW/M.2/2. Donald Woods Winnicott Collection. Archives and Manuscripts, Rare Materials Room, Wellcome Library, Wellcome Collection, The Wellcome Building, London.

King, Pearl (1979). The Contributions of Ernest Jones to the British Psycho-Analytical Society. *International Journal of Psycho-Analysis, 60,* 280-284.

King, Pearl H.M. (1984). Clare Winnicott's Funeral: (Golders Green). Unpublished Typescript.

King, Pearl (1989). Activities of British Psychoanalysts During the Second World War and the Influence of Their Inter-Disciplinary Collaboration on the Development of Psychoanalysis in Great Britain. *International Review of Psycho-Analysis, 16,* 15-33.

King, Pearl (1991). Biographical Notes on the Main Participants in the Freud-Klein Controversies in the British Psycho-Analytical Society, 1941-45. In Pearl King and Riccardo Steiner (Eds.). *The Freud-Klein Controversies: 1941-45,* pp.ix-xxv. London: Tavistock/Routledge.

King, Pearl (1991). Background and Development of the Freud-Klein Controversies in the British Psycho-Analytical Society. In Pearl King and Riccardo Steiner (Eds.). *The Freud-Klein Controversies: 1941-45,* pp.9-36.

Horder, Thomas (1919). Medical Notes. *St. Bartholomew's Hospital Journal, 27*, 6.

Horder, Thomas (1919). Medical Notes. *St. Bartholomew's Hospital Journal, 27*, 36-37.

Horder, Thomas (1920). Medical Notes. *St. Bartholomew's Hospital Journal, 27*, 55-56.

Horder, Thomas (1920). Medical Notes. *St. Bartholomew's Hospital Journal, 27*, 96-97.

Horder, Thomas (1920). The Future of Medicine. *St. Bartholomew's Hospital Journal, 27*, 143-145.

Hug-Hellmuth, Hermine von (1914). Kinderpsychologie, Pädagogik. *Jahrbuch der Psychoanalyse, 6*, 393-404.

Hug-Hellmuth, Hermine (Ed.). (1919). *Tagebuch eines halbwüchsigen Mädchens*. Vienna: Internationaler Psychoanalytischer Verlag.

Hug-Hellmuth, Hermine (1922). Correspondence. *British Journal of Psychology: Medical Section, 2*, 257.

"Ingulphus" [Arthur Gray] (1919). *Tedious Brief Tales of Granta and Gramarye*. Cambridge: W. Heffer and Sons, and London: Simpkin, Marshall, Hamilton, Kent, and Company.

James, Colin (1971). Letter to Clare Winnicott, 26th January. PP/DWW/G/6/1. Folder 1. Donald Woods Winnicott Collection. Archives and Manuscripts, Rare Materials Room, Wellcome Library, Wellcome Collection, The Wellcome Building, London.

Jones, Ernest (1937). Letter to Sigmund Freud, 23rd February. In Sigmund Freud and Ernest Jones (1993). *The Complete Correspondence of Sigmund Freud and Ernest Jones: 1908-1939*. R. Andrew Paskauskas (Ed.), pp.755-756. Cambridge, Massachusetts: Belknap Press of Harvard University Press.

Jones, Ernest (1953). *The Life and Work of Sigmund Freud: Volume 1. The Formative Years and the Great Discoveries. 1856-1900*. New York: Basic Books.〔『フロイトの生涯』竹友安彦 訳、紀伊國屋書店、1969 年〕

Henry Frowde/Oxford University Press, and Hodder and Stoughton.
Hardenberg, Herman E. W. (1956). Prefrontal Leucotomy. *British Medical Journal* (11th February), 350.
Hardenberg, Herman E. W. (1956). Prefrontal Leucotomy. *British Medical Journal* (31st March), 746.
Hartmann, Dora (1969). A Study of Drug-Taking Adolescents. *Psychoanalytic Study of the Child, 24*, 384-398. New York: International Universities Press.
Hopkins, Juliet (2002). From Baby Games to Let's Pretend: The Achievement of Playing. In Brett Kahr (Ed.). *The Legacy of Winnicott: Essays on Infant and Child Mental Health*, pp.91-99. London: H. Karnac (Books).
Horder, Thomas (1918). Medical Notes. *St. Bartholomew's Hospital Journal, 25*, 83-84.
Horder, Thomas (1918). Medical Notes. *St. Bartholomew's Hospital Journal, 25*, 93-94.
Horder, Thomas (1918). Medical Notes. *St. Bartholomew's Hospital Journal, 25*, 104-105.
Horder, Thomas (1918). Medical Notes. *St. Bartholomew's Hospital Journal, 26*, 3-5.
Horder, Thomas (1918). Medical Notes. *St. Bartholomew's Hospital Journal, 26*, 14-15.
Horder, Thomas (1918). Medical Notes. *St. Bartholomew's Hospital Journal, 26*, 26.
Horder, Thomas (1919). Medical Notes. *St. Bartholomew's Hospital Journal, 26*, 53-54.
Horder, Thomas (1919). Medical Notes. *St. Bartholomew's Hospital Journal, 26*, 61-62.
Horder, Thomas (1919). Medical Notes. *St. Bartholomew's Hospital Journal, 26*, 103-104.
Horder, Thomas (1919). Medical Notes. *St. Bartholomew's Hospital Journal, 26*, 115-116.

Analysis. Joan Riviere and James Strachey (Transls.). In Sigmund Freud (1958). *The Standard Edition of the Complete Psychological Works of Sigmund Freud: Volume XII. (1911-1913). The Case of Schreber. Papers on Technique and Other Works.* James Strachey, Anna Freud, Alix Strachey, and Alan Tyson (Eds. and Transls.), pp.111-120. London: Hogarth Press and the Institute of Psycho-Analysis.

Glover, Edward (1928). *The Technique of Psycho-Analysis.* London: Institute of Psycho-Analysis/Baillière, Tindall and Cox.

Glover, Edward (1955). *The Technique of Psycho-Analysis.* London: Baillière, Tindall and Cox.

Glover, Edward (1960). *Selected Papers on Psycho-Analysis: Volume II. The Roots of Crime.* London: Imago Publishing Company.

Glover, Edward, and Brierley, Marjorie (Eds.). (1940). *An Investigation of the Technique of Psycho-Analysis.* London: Baillière, Tindall and Cox.

Glover, Edward; Mannheim, Hermann, and Miller, Emanuel (1951). Editorial. In Edward Glover, Hermann Mannheim, and Emanuel Miller (Eds.). *Papers on Psychopathy,* pp.77-83. London: Institute for the Study and Treatment of Delinquency/Baillière Tindall and Cox.

Gray, Arthur (1902). *Jesus College.* London: F. E. Robinson and Company.

Gray, Arthur (1912). *Cambridge and Its Story.* London: Methuen and Company.

Gray, Arthur (1925). *The Town of Cambridge: A History.* Cambridge: Heffer and Sons.

Gray, Arthur (1933). *The Master's Lodge of Jesus College, Cambridge.* Cambridge: Heffer and Sons,

Gray, Arthur, and Brittain, Frederick (1960). *A History of Jesus College Cambridge.* London: William Heinemann.

Greenson, Ralph R. (1967). *The Technique and Practice of Psychoanalysis: Volume 1.* New York: International Universities Press.

Grosskurth, Phyllis (1986). *Melanie Klein: Her World and Her Work.* New York: Alfred A. Knopf.

Guthrie, Leonard G. (1907). *Functional Nervous Disorders in Childhood.* London:

Ferenczi, Sándor (1921). Weiterer Ausbau der “aktiven Technik” in der Psychoanalyse. *Internationale Zeitschrift für Psychoanalyse, 7*, 233-251.

Ferenczi, Sándor (1922). *Populäre Vorträge über Psychoanalyse*. Vienna: Internationaler Psychoanalytischer Verlag.

Ferenczi, Sándor (1988). *Ohne Sympathie keine Heilung: Das klinische Tagebuch von 1932*. Judith Dupont (Ed.). Frankfurt am Main: S. Fischer/S. Fischer Verlag.〔『臨床日記』森 茂起 訳、みすず書房、2000 年〕

Ferenczi, Sándor, and Rank, Otto (1924). *Entwicklungsziele der Psychoanalyse: Zur Wechselbeziehung von Theorie und Praxis*. Vienna: Internationaler Psychoanalytischer Verlag.

Field, Joanna (1934). *A Life of One's Own*. London: Chatto & Windus.

Field, Joanna (1937). *An Experiment in Leisure*. London: Chatto & Windus.

Field, Joanna (1950). *On Not Being Able to Paint*. London: William Heinemann.

Flügel, John C. (1921). *The Psycho-Analytic Study of the Family*. London: International Psycho-Analytical Press.

Forsyth, David (1922). *The Technique of Psycho-Analysis*. London: Kegan Paul, Trench, Trubner and Company.

Fraser, Antonia (1969). *Mary Queen of Scots*. London: Weidenfeld & Nicolson.〔『スコットランド女王メアリ』松本たま 訳、中公文庫（上・下）、1995 年〕

Freud, Anna (1936). *Das Ich und die Abwehrmechanismen*. Vienna: Internationaler Psychoanalystischer Verlag.〔『自我と防衛』外林大作 訳、誠信書房、1985 年〕

Freud, Sigmund (1912). Ratschläge für den Arzt bei der psychoanalytischen Behandlung. *Zentralblatt für Psychoanalyse, 2*, 483-489.〔「分析医に対する分析治療上の注意」『フロイト著作集 9』小此木啓吾 訳、人文書院、1987 年〕

Freud, Sigmund (1912). Recommendations for Physicians on the Psycho-Analytic Method of Treatment. In Sigmund Freud (1924). *Collected Papers: Vol. II*. Joan Riviere (Transl.), pp.323-333. London: Leonard and Virginia Woolf at the Hogarth Press, and the Institute of Psycho-Analysis.

Freud, Sigmund (1912). Recommendations to Physicians Practising Psycho-

John Murray.〔『種の起源』八杉龍一 訳、岩波書店、1990 年〕
Darwin, Charles (1872). *The Expression of the Emotions in Man and Animals.* London: John Murray.〔『人及び動物の表情について』濱中濱太郎 訳、岩波文庫、1991 年〕
Dicks, Henry V. (1967). *Marital Tensions: Clinical Studies Towards a Psychological Theory of Interaction.* London: Routledge & Kegan Paul.
Dicks, Henry V. (1968). Experiences with Marital Tensions Seen in the Psychological Clinic. In John G. Howells (Ed.). *Theory and Practice of Family Psychiatry,* pp.267-287. Edinburgh: Oliver and Boyd.
Dicks, Henry V. (1970). *Fifty Years of the Tavistock Clinic.* London: Routledge & Kegan Paul.
Ede, Harold S. (1931). *Savage Messiah.* London: William Heinemann.
Erikson, Erik H. (1950). *Childhood and Society.* New York: W. W. Norton & Company.〔『幼児期と社会』仁科弥生 訳、みすず書房、1977 年〕
Erikson, Erik H. (1969). *Gandhi's Truth: On the Origins of Militant Nonviolence.* New York: W. W. Norton & Company.〔『ガンディーの真理 1・2【新装版】』星野美賀子 訳、みすず書房、2002 年〕
Ferenczi, Sándor (1910). *Introjektion und Übertragung: Eine psychoanalytische Studie.* Vienna: Franz Deuticke.
Ferenczi, Sándor (1919). *Hysterie und Pathoneurosen.* Vienna: Internationaler Psychoanalytischer Verlag.
Ferenczi, Sándor (1919). Die Psychoanalyse der Kriegsneurosen. In Sigmund Freud, Sándor Ferenczi, Karl Abraham, Ernst Simmel, and Ernest Jones. *Zur Psychoanalyse der Kriegsneurosen,* pp.9-30. Vienna: Internationaler Psychoanalytischer Verlag.
Ferenczi, Sándor (1920). The Further Development of an Active Therapy in Psycho-Analysis. In Sándor Ferenczi (1926). *Further Contributions to the Theory and Technique of Psycho-Analysis.* John Rickman (Ed.). Jane Isabel Suttie (Transl.), pp.198-216. London: Hogarth Press and the Institute of Psycho-Analysis.〔『精神分析への最後の貢献　フェレンツィ後記著作集』森 茂起 他 訳、岩崎学術出版社、2007 年〕

International Journal of Psycho-Analysis, 78, 773-787.

Brafman, Abrahão H. (2000). The Child is Still Ill - How Are the Parents? *Psychoanalytic Psychotherapy, 14*, 153-162.

Brafman, Abrahão H. (2001). *Untying the Knot: Working with Children and Parents*. London: H. Karnac (Books)/Other Press.

Brafman, Abrahão H. (2004). *Can You Help Me?: A Guide for Parents*. London: H. Karnac (Books).

Brafman, Abrahão H. (2011). *Fostering Independence: Helping and Caring in Psychodynamic Therapies*. London: Karnac Books.

Brafman, Abrahão H. (2012). *The Language of Drawings: A New Finding in Psychodynamic Work*. London: Karnac Books.

Brierley, Marjorie (1936). Specific Determinants in Feminine Development. *International Journal of Psycho-Analysis, 17*, 163-180.

Brierley, Marjorie (1937). Affects in Theory and Practice. *International Journal of Psycho-Analysis, 18*, 256-268.

Brierley, Marjorie (1939). A Prefatory Note on 'Internalized Objects' and Depression. *International Journal of Psycho-Analysis, 20*, 241-245.

Brierley, Marjorie (1942). 'Internal Objects' and Theory. *International Journal of Psycho-Analysis, 23*, 107-112.

Brierley, Marjorie (1943). Theory, Practice and Public Relations. *International Journal of Psycho-Analysis, 24*, 119-125.

Brierley, Marjorie (1947). Notes on Psycho-Analysis and Integrative Living. *International Journal of Psycho-Analysis, 28*, 57-105.

Brierley, Marjorie (1951). *Trends in Psycho-Analysis*. London: Hogarth Press and the Institute of Psycho-Analysis.

Brierley, Marjorie (1969). 'Hardy Perennials' and Psychoanalysis. *International Journal of Psycho-Analysis, 50*, 447-452.

Cameron, Hector Charles (1919). *The Nervous Child*. London: Henry Frowde/ Oxford University Press, and Hodder and Stoughton.

Darwin, Charles. (1859). *On the Origin of Species by Means of Natural Selection, or the Preservation of Favoured Races in the Struggle for Life*. London:

Bollas, Christopher (1987). *The Shadow of the Object: Psychoanalysis of the Unthought Known.* London: Free Association Books.

Bollas, Christopher, and Bollas, Sacha (2013). *Catch Them Before They Fall: The Psychoanalysis of Breakdown.* Hove, East Sussex: Routledge/Taylor & Francis Group.

Bollas, Christopher, and Sundelson, David (1995). *The New Informants: The Betrayal of Confidentiality in Psychoanalysis and Psychotherapy.* London: H. Karnac (Books).

Bornstein, Berta (1951). On Latency. *Psychoanalytic Study of the Child, 6*, 279-285. New York: International Universities Press.

Bowlby, John (1969). *Attachment and Loss: Volume I. Attachment.* London: Hogarth Press and the Institute of Psycho-Analysis.〔『母子関係の理論 1』(愛着行動) 黒田実郎 他 訳、岩崎学術出版社、1991 年〕

Bowlby, John (1973). *Attachment and Loss: Volume II. Separation. Anxiety and Anger.* London: Hogarth Press and the Institute of Psycho-Analysis.〔『母子関係の理論 2』(分離不安) 黒田実郎 他 訳、岩崎学術出版社、1991 年〕

Bowlby, John (1980). *Attachment and Loss: Volume III. Loss. Sadness and Depression.* London: Hogarth Press and the Institute of Psycho-Analysis.〔『母子関係の理論 3』(対象喪失) 黒田実郎 他 訳、岩崎学術出版社、1991 年〕

Bowlby, John; Miller, Emanuel, and Winnicott, Donald W. (1939). Evacuation of Small Children. *British Medical Journal*, 16th December, 1202-1203.

Bowlby, John, and Robertson, James (1953). A Two-Year-Old Goes to Hospital. *Proceedings of the Royal Society of Medicine, 46*, 425-426.

Brafman, Abrahão H. (1978). The Family, the Child and the Psychiatrist: A Psychoanalyst's View of Therapy. In John Connolly (Ed.). *Therapy Options in Psychiatry*, pp.208-226. Tunbridge Wells, Kent: Pitman Medical Publishing Company.

Brafman, Abrahão H. (1988). Infant Observation. *International Review of Psycho-Analysis, 15*, 45-59.

Brafman, Abrahão H. (1997). Winnicott's *Therapeutic Consultations* Revisited.

Psychoanalytic Pioneers. New York: Basic Books.

Alexander, Franz; French, Thomas M., and Pollock, George H. (Eds.). (1968). *Psychosomatic Specificity: Volume 1. Experimental Study and Results*. Chicago, Illinois: University of Chicago Press.

Alexander, Franz G., and Selesnick, Sheldon T. (1966). *The History of Psychiatry: An Evaluation of Psychiatric Thought and Practice from Prehistoric Times to the Present*. New York: Harper & Row, Publishers.

Alexander, Franz, and Staub, Hugo (1929). *Der Verbrecher und seine Richter: Ein psychoanalytischer Einblick in die Welt der Paragraphen*. Vienna: Internationaler Psychoanalytischer Verlag.

Alexander, Franz, and Szasz, Thomas S. (1952). The Psychosomatic Approach in Medicine. In Franz Alexander and Helen Ross (Eds.). *Dynamic Psychiatry*, pp.369-400. Chicago, Illinois: University of Chicago Press.

Armstrong-Jones, Robert (1920). Consciousness: The Unconscious Mind and Psycho-Analysis. *St. Bartholomew's Hospital Journal, 28*, 19-20.

Barnett, Bernard (2007). *"You Ought To!": A Psychoanalytic Study of the Superego and Conscience*. London: Karnac Books.

Bion, Wilfred R. (1956). Development of Schizophrenic Thought. *International Journal of Psycho-Analysis, 37*, 344-346.

Bion, Wilfred R. (1961). *Experiences in Groups and Other Papers*. London: Tavistock Publications.〔『集団の経験』黒崎優美 他 訳、金剛出版、2016年〕

Bion, Wilfred R. (1962). *Learning from Experience*. London: William Heinemann Medical Books.〔「経験から学ぶこと」『精神分析の方法 I〈セブン・サーヴァンツ〉』福本 修 訳、法政大学出版局、1999年〕

Bion, Wilfred R. (1962). The Psycho-Analytic Study of Thinking: II. A Theory of Thinking. *International Journal of Psycho-Analysis, 43*, 306-310.

Bion, Wilfred R. (1970). *Attention and Interpretation: A Scientific Approach to Insight in Psycho-Analysis and Groups*. London: Tavistock Publications.〔「注意と解釈」『精神分析の方法 II〈セブン・サーヴァンツ〉』福本 修 訳、法政大学出版局、2002年〕

文献

以下は、本インタビューのなかで、あるいは関連する編集物において直接言及されたか、もしくはふれられた出版物などに関する、完全でとてもくわしい文献の一覧です。

Abraham, Karl (1924). A Short Study of the Development of the Libido, Viewed in the Light of Mental Disorders. In Karl Abraham (1927). *Selected Papers of Karl Abraham M.D.* Douglas Bryan and Alix Strachey (Transls.), pp.418-501. London: Leonard and Virginia Woolf at the Hogarth Press.〔『アーブラハム論文集　抑うつ・強迫・去勢の精神分析』下坂幸三 訳、岩崎学術出版社、1993年〕

Alexander, Franz (1926). Neurosis and the Whole Personality. *International Journal of Psycho-Analysis*, 7, 340-352.

Alexander, Franz (1927). *Psychoanalyse der Gesamtpersönlichkeit: Neun Vorlesungen über die Anwendung von Freuds Ichtheorie auf die Neurosenlehre.* Vienna: Internationaler Psychoanalytischer Verlag.

Alexander, Franz (1946). The Principle of Corrective Emotional Experience. In Franz Alexander, Thomas Morton French, Catherine Lillie Bacon, Therese Benedek, Rudolf A. Fuerst, Margaret Wilson Gerard, Roy Richard Grinker, Martin Grotjahn, Adelaide McFadyen Johnson, Helen Vincent McLean, and Edoardo Weiss. *Psychoanalytic Therapy: Principles and Application*, pp.66-70. New York: Ronald Press Company.

Alexander, Franz (1957). Psychosomatische Wechselbeziehungen. In Alexander Mitscherlich (Ed.). *Freud in der Gegenwart: Ein Vortragszyklus der Universitäten Frankfurt und Heidelberg zum hundertsten Geburtstag*, pp.279-306. Frankfurt am Main: Europäische Verlagsanstalt.

Alexander, Franz; Eisenstein, Samuel, and Grotjahn, Martin (Eds.). (1966).

ロンドン大学，ロンドン　148,271,299,303,
312
ロンドン大空襲　137,139
ロンドンのロイヤル内科医カレッジ，ロンドン　77-78

一人でいられる能力　226,228
「一人でいられる能力」（ドナルド・ウィニコット）　3,37
ヒポクラテスの誓い　319
ピルグリムズ・レイン，ハムステッド，ロンドン　166,168,170,182
フィンチリー通り，ロンドン　211
普通の献身的な母親（ODM）　205,207-209,214
『ブリティッシュ・メディカル・ジャーナル』（BMJ）　138-139,317
プリマス，デヴォン州　37-39,41,45-46,56-57,63-64,72,105,289,307,313,347,354-356
プリマス港，プリマス，デヴォン州　307
ブルームズベリー，ロンドン　86,100,324
ブルームズベリー・グループ　330,348,357
古きレイズの人間　190
フロイディアン　114,153
フロイト像製作委員会，ロンドン　337
『フロイトと後継者たち』（ポール・ローゼン）　342
フロイトの学説　71
「分析医に対する分析治療上の注意」（ジークムント・フロイト）　120
分離・個体化期　331
ベイズウォーター，ロンドン　135
ベルグレイヴィア，ロンドン　262,264
ベルサイズ・パーク，ロンドン　267,312
防衛機制　127
ボーア戦争　75,301
ポートランド・プレイス，ロンドン　156
ホガース・プレス　357
補助的な超自我　349
ポスト・クライン派　332
ほどよい母親　194,224
ほどよい幼少時代　43
本当の自己　118-119,137,194,247

マ　行

『見せかけとしての女らしさ』（ジョアン・リヴィエール）　341
無意識の空想　151,197
メソジスト派の教義　45-47,50,319,353

ヤ　行

夜驚症　317
夜尿症　72,317
遊戯療法　104
ユニヴァーシティ・カレッジ・ロンドン，ロンドン大学，ロンドン　299
『夢分析実践ハンドブック』（エラ・フリーマン・シャープ）　346
ユング派の人たち　223,263
ユング派の分析　223,310,323
『幼児期と社会』（エリック・エリクソン）　308
よきサマリア人　45-46
抑うつ　41-42,110,127,140,216,226,257,265,301,355

ラ　行

倫理委員会，英国精神分析協会，ロンドン　253
レイズ・スクール，ケンブリッジ　47,51,54-55,190,306,330,344,354
ロイヤル・オペラハウス，コヴェント・ガーデン，ロンドン　299
ロックヴィル，マンナミード，プリマス，デヴォン州　37,42,356
ロバートソン・センター　343
ロラード主義　47-48,50
ロンドン・スクール・オブ・エコノミクス，ロンドン大学，ロンドン（LSE）　342,354
ロンドン精神分析協会，ロンドン　310,322

探求分析家　250
「断片的な分析」 273
チェスター・スクエアー，ロンドン　134
チャリング・クロス，ロンドン　94
中間派　49
超自我　151,229,349
TPAP（『小児医学から精神分析へ』を見よ）（ドナルド・ウィニコット）
ティッシュ・ゲシュプレーヒ，「食卓での談話」 118
『壊れる前にキャッチせよ：破綻の精神分析』（クリストファー・ボラスとサーシャ・ボラス） 257
転移　87,244
転移解釈　244,349
電気けいれんショック　89
電気けいれん療法（ECT） 154,159
伝統的な精神分析，古典的な精神分析　243,256
統合失調症をひき起こす母親　176
統制（指導）分析　104,122
独立派　49

ナ　行

内務省児童局，ロンドン　145
ナルコレプシー（過眠症のひとつ。通常ならば寝てはいけない重要な場面でも我慢できないほどの強い眠気に襲われたり，突然眠ったりすることが特徴である。病気であるにもかかわらず，大事な場面でも眠ってしまうことについて「だらしない」「意欲が足りない」「真面目にやっていない」などと思われ，本人や周囲が病気と認識しない場合が多い。） 169
憎しみ，憎悪　58,95,103,164,171,173-175,177-180,188,194,207-208,235,345
「憎しみについてのいくつかの観察」（ドナルド・ウィニコット） 171
二重依存　214
ニュー・キャヴェンディッシュ通り，ロンドン　150,269
ニューヨーク精神分析協会，ニューヨーク市，ニューヨーク　274,276,300
『人間の本性』（ドナルド・ウィニコット） 193-194

ハ　行

「バーツ」（聖バーソロミュー病院，ロンドンを見よ）
ハーレー街，ロンドン　190
ハイピリオン，マンナミード，プリマス，デヴォン州　356
ハックニー，ロンドン　64
発達促進環境　224-225
パディントン・グリーン小児病院（「グリーン」），パディントン，ロンドン　43,129-130,186,263
ハムステッド，ロンドン　55,128,150-151,166
ハムステッド児童治療クリニック，ロンドン　151,178,307
『春が来たとき：臨床精神分析のめざめ』（マシュード・カーン） 253,365
半クライン派　101,107,135
反社会的傾向（AST） 141
反精神医学　160,329
ハンドリング　203-205,209
『BMJ』（『ブリティッシュ・メディカル・ジャーナル』を見よ）
PMP（原初の母性的没頭を見よ）
BBC（英国放送協会，ロンドンを見よ）
BBC本部，ロンドン　156
『ひき裂かれた自己：分裂病と分裂病質の研究』（ロナルド・デイヴィッド・レイン） 160,163
ヒステリー　160,175,341
『否定的な治療反応の分析への寄与』（ジョアン・リヴィエール） 341

『死をとおして，いかに生きるべきか』
17,25-26
神経精神分析　291
診察室の「白熱状態」　237
侵襲　208,240
心身医学　96,294
信頼性　239-240
スイス・コテージ図書館，スイス・コテージ，ロンドン　114,267,277,312,337
スーパーヴィジョン　13,30,97,104-105,122,132,142,230,239,251,282,293,304,320
スクィグル技法　130,358
スクィグル財団　193,297,335
『すべてにまさるとも劣らない』(ドナルド・ウィニコット)　24
性愛化された転移　341
『精神医学の身体的治療法入門』（ウィリアム・サーガントとエリオット・スレーター）　344
精神医学のスナック・バー　129
精神外科医　189
精神外科（前頭葉切除術，（大脳の）白質切断術を見よ）
「精神病と子どもの世話」（ドナルド・ウィニコット）　188-190
精神分析電子出版　146,259
「精神分析の研究をなおざりにした代価」（ドナルド・ウィニコット）　303
『精神分析の対話：対人関係の展望の国際的専門誌』　336
『精神分析の対話：対人関係の展望の専門誌』　336
「精神分析の治療行為の本質」(ジェームズ・ストレイチー)　349
『精神分析の方法』（オスカー・プフィスター）　82
『聖バーソロミュー病院ジャーナル』　295,320
聖バーソロミュー病院（「バーツ」），ロンドン　64,67-69,73-74,76,82,158,294-295,300-301,311-312,314,316,320,354
聖バーソロミュー病院附属医科大学，ロンドン大学，ロンドン　64
政府疎開計画　141
絶対的依存　213-216,219
潜在空間　221
前頭葉切除術，（大脳の）白質切断術
154,158
「潜伏期の児童分析」(ドナルド・ウィニコット)　300
全米図書賞　308
相対的依存　214-216,219
「躁的防衛」（ドナルド・ウィニコット）
126-128
疎開　138-141,144
存在することの連続性　224-225

タ　行

ダートムーア，デヴォン州　105-106
退行　90,199,209,242-243,247
対象の利用　275
対象を示す　204-205
対人関係精神分析　291
大論争　149,152,302,315,348
タヴィストック・クリニック，ロンドン
52,60,230,297,299,305,320,334,337,342-343,351
タヴィストック・クリニックの外来部門，ロンドン（外来部門，タヴィストック・クリニックを見よ）
タヴィストック・センター，ロンドン　8,267,296,312,337
タヴィストック・ポートマン NHS 財団信託，ロンドン　312
タヴィストック医学心理学研究所，ロンドン　296
タヴィストック人間関係研究所，ロンドン
333

原初の分析的没頭　241,283
原初の母性的没頭（PMP）　207,241,283
「原初の母性的没頭」(ドナルド・ウィニコット）　207,241,283
ケンブリッジ，ケンブリッジシャー州　47,51,55-57,59-63,67,306,315,321,330,344,354
ケンブリッジ大学，ケンブリッジ　55-56,100,304-306,315,321,324,334-335,338,348,353-354
交流しない　18,227-228
ゴードン・スクエア，ロンドン　84,330,357
国際精神分析協会　322-323,326,329
『国際精神分析ジャーナル』　322,340
国民健康保険制度　79,167,276
心の病気　69-71,96,295
『子どもと家族とまわりの世界』(ドナルド・ウィニコット）　158,219,318
子どもと家族の部門，タヴィストック・クリニック，ロンドン　320
『子どもと家庭：最初の関係』（ドナルド・ウィニコット）　318
『子どもとまわりの世界：関係発達の研究』（ドナルド・ウィニコット）　154,157,185,318
『子どもの機能神経障害』(レナード・ジョージ・ガスリー）　317
コヴェント・ガーデン，ロンドン　299
ゴルダーズ・グリーン火葬場，ロンドン　278
「思い描いている」　195,235

サ　行

サービトン，サリー州　85,94,128
『ジークムント・フロイト心理学全集スタンダード版』（ジークムント・フロイト）　120
ジーザス・カレッジ，ケンブリッジ大学，ケンブリッジ　55-56,58,304,315,354
『ジェインのもうふ』（アーサー・ミラー）　216-218,334
自我心理学　328
自我理想　151
自己愛，ナルシシズム　111
児童期・青春期精神保健事業エマニュエル・ミラー・センター東地区，ロンドン　335
『児童心理学・精神医学，および関連分野ジャーナル』　335
児童精神医学　130,131,134,186,310
児童精神分析　26,102,142-143,300
児童精神療法　178,230,311,320,343
『児童の精神分析』（メラニー・クライン）　105,327
児童発達部門，教育研究所，ロンドン大学，ロンドン　321
「児童分析」（ドナルド・ウィニコット）　300
修正感情体験　248,294
「集中治療」　283
出生外傷　340
出版委員会，英国精神分析協会，ロンドン　39,193,300,305
シュレーゲル＝ティーク賞　349
『情緒発達の精神分析理論　自我の芽ばえと母なるもの』(ドナルド・ウィニコット)　372-374，380
小児医学　46,57,68-70,79,81,83,92,94,96,184,187,194,303,310,317,328,331
『小児医学から精神分析へ』（TPAP）（ドナルド・ウィニコット）　187-188,191,325
小児科部門，英国王立医学会，ロンドン　189,264
少年非行　141,166
「自立に向かって」「自立へと向かう」　215-216，222

英国ロイヤル外科医カレッジ，ロンドン　77-78
エイリアニスト　44
AST（反社会的傾向を見よ）
エディプス・コンプレックス　340
エマニュエル・ミラー・センター，ロンドン（児童期・青春期精神保健事業エマニュエル・ミラー・センター東地区，ロンドンを見よ）
エマニュエル・ミラー賞　335
MRCS（英国ロイヤル外科医カレッジの会員）　77-78
MRCP（ロンドンのロイヤル内科医カレッジの会員）　78
LRCP（ロンドンのロイヤル内科医カレッジの免許所有者）　77-78
LSE（ロンドン・スクール・オブ・エコノミクス，ロンドン大学，ロンドンを見よ）
王立ロンドン医科大学の特別研究員　165
ODM（普通の献身的な母親を見よ）

カ　行

オックスフォード大学，オックスフォード　299,312,330,352
「オン・ディマンド」法　258,272-273，300，339
カーディガン湾，ウェールズ　72
解釈　87,109-111,114,136
抱える環境　35,201,224,237
抱えること　202-205,224
科学委員会，英国精神分析協会，ロンドン　39
科学会合，英国精神分析協会，ロンドン　94
カップル精神分析　296
カップル問題のためのタヴィストック・センター，タヴィストック医学心理学研究所，ロンドン　296
『家と学校における新時代』　157,308
カルナック・ブックス，ロンドン　8,211,323-324,362-363
関係精神分析　291,336
『ガンディーの真理：戦闘的非暴力の起原』（エリック・エリクソン）　308
感応精神病　204
「木」（ドナルド・ウィニコット）　40,41,43,65,303
技法上の実験　170-171，336
逆転移　178,188
『逆転移のなかの憎しみ』（ドナルド・ウィニコット）　171,175,180,194,207
救急医療　311
究極の依存　214
教育研究所，ロンドン大学，ロンドン　271,303,321
共生精神病　204
クイーン・アン通り，ロンドン　128,159,169
クィーンズ小児病院，ハックニー，ロンドン（「クィーン病院」）　64,79,129
「クィーンズ病院」（クィーンズ小児病院，ハックニー，ロンドンを見よ）
「砕けた分析」　273
クライン派　107-110
クライン派の人たち　108-109
「グリーン」（パディントン・グリーン小児病院，パディントン，ロンドンを見よ）
グロスター・プレイス，ロンドン　93,150,152,269
グロスター通り，ロンドン　210-211
軍医見習い生　62
訓練委員会，精神分析研究所，ロンドン　39,96,238
「研究の成果をなおざりにした代価」（ドナルド・ウィニコット）　303
「原初的苦痛」　208-210
「原初の情緒発達」（ドナルド・ウィニコット）　188

索 引（事 項）

ア 行

RSM（英国王立医学会を見よ）
RNVR（英国海軍志願予備員を見よ）
愛着に基づく精神分析　291
愛着理論　301
『赤ん坊と母親』（ドナルド・ウィニコット）382
遊び　25-26,104,147,220-222,229-230,232-234,262,280,336
『遊ぶことと現実』（ドナルド・ウィニコット）　221-222,229,235
アナライザンド　240,247,250,316,332
アメリカ神経精神病学者学会　32
アメリカ精神医学会　318
アンナ・フロイト・センター，ロンドン　26,178
アンナ・フロイト派　275,307
ECT（電気けいれん療法を見よ）
イーリング，ロンドン　27
医学部門，英国心理学協会，ロンドン　40
移行現象　216,218
移行対象　188,194,216-218
「移行対象と移行現象：最初の我ではない所有物の研究」（ドナルド・ウィニコット）259
依存　103,197,213-215
一次的なケアテイカーの父親　200
偽りの自己　118,136-137,194
「偽りの戦争」　137
医療部門，聖バーソロミュー病院，ロンドン　263,312
『D. W. ウィニコット：伝記から知る肖像』（ブレット・カー）　27,290
ウィニコット・トラスト　193,285
ウィニコット・ブラザーズ，プリマス，デヴォン州　63,355-356
ウィニコット研究チーム，ケンブリッジ大学，ケンブリッジ　305
ウィニコット出版委員会　193,300,305
ウィニコット的，ウィニコット流，ウィニコット学　210,216,290
『ウィニコットの遺産：乳幼児および児童の精神保健に関する評論集』（編者 ブレット・カー）　342
ウィリアム・アランソン・ホワイト精神分析研究所，ニューヨーク市，ニューヨーク　274
ウィンポール通り，ロンドン　40
『ヴィクトリア朝偉人伝：マニング枢機卿，フローレンス・ナイチンゲール，アーノルド博士，ゴードン将軍の最期』（リットン・ストレイチー）　86,100,350
ヴィクトリア朝風　95
ヴィクトリア女王即位60年祝典　34
ウェイマス通り，ロンドン　80-81,93,128
ウェスリー主義メソジスト派　281,353
英国王立医学会，ロンドン（RSM）　189,263-266
英国海軍志願予備員（RNVR）　62
英国軍医療部隊　140
英国国教会　319,353
英国小児科学協会，ロンドン　352
英国心理学協会，ロンドン　40,306,309
英国精神分析協会，ロンドン　39,49-50,86,93-94,97,101,107,109,114,149,151-152,159,223,247,253,266,271-272,302,309-310,313,315,322-323,325-326,333,338,340-341,345-346,348,355
英国精神療法家協会，ロンドン　325
英国放送協会，ロンドン　22,156-157,205,298

ヤ 行

ユング，カール・グスタフ　24,291,323

ラ 行

ラカン，ジャック　291,329
ランク，オットー（旧名オットー・ローゼンフェルト）　198,339
リー・オスカー　328
リー，メラニー（旧姓メラニー・ボンディ）　328
リヴィエール，ジョアン（旧姓ジョーン・ホジソン・ヴェロール）　90,120,126,128,134,136,243,301,340-341
リス，イザベル・メンジーズ（旧姓イザベル・メンジース）　238,333
リックマン，ジョン　119,185,296,340
レイン，ロナルド・デイヴィッド　329
ローゼンフェルド，ハーバート　107,343
ロバートソン，ジェイムズ　264,342
ロバートソン，ジョイス（旧姓ジョイス・ユーザー）　264,342,343
ロポコワ，リディア（ケインズ男爵夫人）（旧姓リージャ・ヴァシリェヴナ・ロプホーヴァ）　86,324,329-330

ハルトマン，アーネスト　318
ハルトマン，ドラ（旧姓ドラ・カルプルス）125,318
ハルトマン，ハインツ　318
ハルトマン，ローレンス　318
ビオン，ウィルフレッド　109,291,299
ピグル　133,272,339
フィールド，ジョアンナ（ミルナー，マリオンを見よ）
フーク，ルドルフ　321
フーク＝ヘルムート，ヘルミーネ・フォン（ヘルミーネ・フーク＝ヘルムート）（旧姓ヘルミーネ・ヴィルヘルミーナ・ルードフィカ・フーク・フォン・フーゲンシュタイン）321
フェダーン，ポール　337
フェレンツィ，シャーンドル　106,308-309,327,340
フォーサイス，デイヴィッド　310
フォーダム，マイケル　223,310,323
プフィスター，オスカー　82,338-339
ブランクーシ，コンスタンティン　54,302
フリース，アイダ（旧姓アイダ・ボンディ）328
フリース，ウィルヘルム　328
ブリーリー，マジョーリー　151,302
ブリットン，ジェームズ（「ジミー」）40,303
フリューゲル，ジョン・カール　309
フレイザー夫人，アントニア　332
フレーザー卿，フランシス　76,78,311
フロイト，アンナ　49,101-103,121-122,125,130,132,178,251,272,275,287,300,307-308,311-312,328,340-343
フロイト，ジークムント　4-5,24,44,49,71,74,82-85,88,92,95-96,99,111-112,114,119-120,124-125,186,215,217,237,243,249,252,258,267,291,293-294,296,308,310-312,322-323,326-328,337,339-342,348-350
ブロイラー，オイゲン　323
ペイン，ケニス　338
ペイン，シルヴィア（旧姓シルヴィア・メイ・ムーア）97,151,338
ベリオソワ，スヴェトラーナ　250,298-299
ベンジー，イサ（ロイストン・モーリー夫人）205,298
ボウルビィ，ジョン　5,74-75,132-133,138,165-166,230,264-266,291,301,319-320,327,342-343,345
ボウルビィ卿，アンソニー　74,301
ホーナイ，カレン　344
ボーン，ジェフリー　76,300
ボーンシュタイン，ベルタ　300
ホプキンズ，ジュリエット（旧姓ジュリエット・フェルプス・ブラウン）319-320
ボラス，クリストファー　257,299
ホルダー，トマス（アッシュフォードのホルダー男爵）155,320-321

マ　行

マーラー，ポール　331
マーラー，マーガレット（旧姓マーガレット・シェーンベルゲル）216,331
マクダウェル，エドワード　47,330
マックキース，ロナルド　330
ミッチェル，スティーヴン　291,336
ミラー，アーサー・アッシャー　334
ミラー，エマニュエル　138-139,265,334-335
ミルナー，マリオン（「ジョアンナ・フィールド」としても知られている）（旧姓マリオン・ブラケット）60,136,280,307,329,335-336
メルツァー，ドナルド　107,332
モンロー，マリリン（旧姓ノーマ・ジーン・モーテンソン）217,316,334,336-337

136,151,169,178-179,209-210, 215,248,291,293,299,303,309,315-316,322,326-327,332,340,341,343-346,354
クランマー，トマス　304
グリーンソン，ラルフ　217,316,336
クリス，エルンスト　327-328
クリス，マリアンヌ（旧姓マリアンヌ・リー）　125,217,327-328,334,336
グレイ，アーサー（「インガルファス」）　56,315
グローヴァー，エドワード・ジョージ　315
グロスカース，フィリス　179,316
ゴーディエ＝ブルゼスカ，アンリ（旧名アンリ・ゴーディエ）　54,313
コールズ，ジョイス（旧姓ジョイス・バード）　284,287,304,337
ゴールドスミス教授，ロンドン大学教育研究所，ロンドン　303

サ　行

サーガント，ウィリアム　158,189-190,344
サール，ニーナ　97,345
サックス，ハンス　322,338
サリヴァン卿，アーサー　314,350
シーハン＝デア，ヘレン　143,347
ジェームズ，コリン　13
シビル・ソーンダイク夫人　351
シャープ，エラ・フリーマン　346
シュミドバーグ，メリッタ（旧姓メリッタ・クライン）　126,179,344-345
ジョーンズ，アーネスト　74,83,92-93,102-103,112,125-126,128,273,315,322,327,338,341,348
ジョーンズ，キャサリン（「キティ」）（旧姓キャサリン・ヨックル）　102,322
スィーガル，ハンナ（旧姓ハンナ・ポズナンスカ）　107,109,136,346
スコット，クリフォード（「スコッティ」）　91,323,345
スティーヴン，エイドリアン　150-151,348,357
ストレイチー，アリックス（旧姓アリックス・サーガント＝フローレンス）　99,107,330,348,357
ストレイチー，ジェームズ　38,84,86-92,99,106,120-122,128,135,243,324,330,348-350,357
ストレイチー，リットン　84,86,100,349-350
スワン，エリザベス（旧姓エリザベス・イード）　232,294,351

タ　行

ダーウィン，チャールズ　51,53,203,305
チャーチル，ウィンストン　303,337
デイヴィス，ジョン・アレン　305
デイヴィス，マデライン　305
ディックス，ヘンリー　52,305

ナ　行

ナンバーグ，ヘルマン　328
ナンバーグ，マーガレット（旧姓マーガレット・リー）　328
ネーモン，オスカー　114,266,312,337

ハ　行

ハーデンバーグ，ジャネット・アグネス（旧姓ジャネット・アグネス・ウォーカー）　318
ハーデンバーグ，ヘルマン・エドワード・ウィリアム　318
バーネット，バーナード　282,297
ハリソン，ジョージ　297
バリント，イーニッド（旧姓イーニッド・フローラ・アルブ）　246,296-297
バリント，マイケル（旧名ミハエル・バーグズマン）　246,260,296-297

索 引（人 名）

ア 行

アームストロング＝ジョーンズ卿，ロバート（旧名ロバート・ジョーンズ） 70,82,84,295-296,332
アイザックス，スーザン（旧姓スーザン・サザーランド・フェアハースト） 157,271,321,347
アダムズ，メアリー（旧姓メアリー・イード） 293-294
アブラハム，カール 99,293,315,327
アレクサンダー，フランツ 294
アンドルーズ卿，クリストファー 76,294
イード，ハロルド・スタンレイ（「ジム」） 54-55,293,302,306,313,351
イード，フィオーナ 307
イード，ヘレン 55,351
イード，ミルドレッド・メアリー・ファーリー・ブランチ（旧姓ミルドレッド・メアリー・ファーリー・ブランチ） 306
「インガルファス」（アーサー・グレイを見よ）
ウィニコット，アリス（旧姓アリス・バクストン・テイラー） 54-55,82,85,98,138,141,144,149,166-168,181-182，261-262，273，294,345,353-354
ウィニコット，ヴァイオレット 356
ウィニコット，エリザベス（ウィニコット夫人）（旧姓エリザベス・マーサ・ウッズ） 40-42,354-355
ウィニコット，キャスリーン 356
ウィニコット，クレア（旧姓クレア・ブリットン） 13,110,113-114,121,141,144,147-149，166，181-183，254，257，261-264，267，270-271，273，276-278，288,299,302,304,316,345,354
ウィニコット，リチャード 356
ウィニコット卿，フレデリック（ジョン・フレデリック・ウィニコット） 36,39-40,307,313,332,347,354-356
ヴォルコフ，ペギー 184,352
ウォルフ，アンナ・クリス（旧姓アンナ・クリス） 328
ウルフ，ヴァージニア（旧姓ヴァージニア・スティーヴン） 86,100,150,348,357
エリクソン，エリック・ホンブルガー 291,308
エルカン，イルミ 26,287,307
エンソア，ベアトリス（旧姓ベアトリス・ニーナ・フレデリカ・ド・ノーマン） 157,308,352

カ 行

カーン，モハメッド・ターヘル・ラザ 325
カーン，モハメッド・マシュード・ラザ 325
カーン，マシュード 15-16，33，121，150-151，185-187，250-255，257，259，298，324
ガスリー，レオナルド・ジョージ 317
カルナック，ハリー 210-211,323-324
キャメロン，ヘクター 131,303
ギャロッド卿，アーチボルド 312
ギルバート卿，ウィリアム・シュベンク 314,350
キング，トルビー 52-53,201,326
キング，パール 152,253,325-326
クライン，アーサー 326
クライン，エリック 98,303-304
クライン，メラニー（旧姓メラニー・ライツェス） 5,49,91,98-99,101-128，132-

訳者略歴

妙木浩之（みょうき・ひろゆき）
1960 年生まれ。上智大学文学研究科博士課程満期退学。精神分析家、東京国際大学教授。
著書に『寄る辺なき自我の時代』（現代書館）、『初回面接入門』（岩崎学術出版）等多数。

津野千文（つの・ちぶん）
1969 年東京都生まれ。看護師、臨床心理士、公認心理師。
2017 年、東京国際大学大学院臨床心理学研究科博士課程（前期）修了。
現在、独立行政法人国立病院機構東京病院勤務。

ISBN978-4-409-34054-7 C3011

ウィニコットとの対話

二〇一九年四月二〇日　初版第一刷印刷
二〇一九年四月三〇日　初版第一刷発行

著　者　ブレット・カー
訳　者　妙木浩之・津野千文
発行者　渡辺博史
発行所　人文書院
〒六一二-八四四七
京都市伏見区竹田西内畑町九
電話〇七五（六〇三）一三四四
振替〇一〇〇〇-八-一一〇三

印刷・製本　モリモト印刷株式会社
装丁　（株）META　田端恵

乱丁・落丁本は送料小社負担にてお取替いたします。

http://www.jimbunshoin.co.jp/